应用文写作

主　编　赵荣凤

主　审　吴　荣

副主编　赵晓梅　许飞若　孟　晓　周　莉

北京理工大学出版社
BEIJING INSTITUTE OF TECHNOLOGY PRESS

版权专有　侵权必究

图书在版编目（CIP）数据

应用文写作/赵荣凤主编. —北京：北京理工大学出版社，2016.8（2021.7 重印）
ISBN 978-7-5682-3055-1

Ⅰ.①应…　Ⅱ.①赵…　Ⅲ.①汉语-应用文-写作-高等职业教育-教材　Ⅳ.①H152.3

中国版本图书馆 CIP 数据核字（2016）第 206823 号

出版发行 / 北京理工大学出版社有限责任公司
社　　址 / 北京市海淀区中关村南大街 5 号
邮　　编 / 100081
电　　话 / (010) 68914775（总编室）
　　　　　 (010) 82562903（教材售后服务热线）
　　　　　 (010) 68944723（其他图书服务热线）
网　　址 / http://www.bitpress.com.cn
经　　销 / 全国各地新华书店
印　　刷 / 三河市天利华印刷装订有限公司
开　　本 / 787 毫米 × 1092 毫米　1/16
印　　张 / 15　　　　　　　　　　　　　　　　　责任编辑 / 李慧智
字　　数 / 346 千字　　　　　　　　　　　　　　文案编辑 / 李慧智
版　　次 / 2016 年 8 月第 1 版　2021 年 7 月第 10 次印刷　责任校对 / 王素新
定　　价 / 39.80 元　　　　　　　　　　　　　　责任印制 / 马振武

图书出现印装质量问题，请拨打售后服务热线，本社负责调换

前　言

在现代生活中，应用文的写作，无论是对机关文秘人员，还是普通公民，都具有十分重要的现实意义。而对需要全面提高个人综合素养的高职院校学生来说，应用文写作更是一项必备的基本能力。正如叶圣陶先生所说："大学毕业生不一定能写小说、诗歌，但是一定要能写工作和学习中实用的文章，而且非写得既通顺又扎实不可。"因此作为公共基础课的应用文写作课程日益受到高职院校的重视，绝大多数院校都在各专业开设了这门课程。同时，高职教育不同于一般的专科、本科教育。一般的专、本科教育是以理论为主，以实践为辅，而高职教育是以实践动手能力为主，以理论为辅。本教材是根据高职教育教学要求编写的。为了把学生培养成切实有用的技术型、应用型人才，本书在编写中以学生会写为目的，在理论知识够用、管用的前提下，尽量简化理论知识的介绍，尽可能比较细化地介绍各个文种的写作规范，以期最大限度地提供指导性。

本教材采用项目法编写，打破了原有教材过于注重系统性和应用文全面覆盖的特点，有针对性地选取了适合于本校学生学情的内容，特别增加了建筑类和化工类的基本文书的写作。新教材围绕工作目标、任务、操作程序中所需掌握的写作知识与技能来编写。结合学校实际，始终轻理论讲解，重实际训练，不讲为什么，少讲是什么，专练怎么做。

目　　录

项目一　应用文基础知识 ·· 1
　任务一　应用文的概述 ·· 1
　任务二　应用文的结构和语言 ··· 3
项目二　日常文书 ··· 7
　任务一　条据 ··· 7
　任务二　启事 ··· 10
　任务三　海报 ··· 13
　任务四　请柬 ··· 15
　任务五　邀请函 ·· 19
　任务六　申请书 ·· 24
　任务七　电子邮件 ··· 28
　任务八　个人简历 ··· 32
项目三　党政公文 ·· 44
　任务一　党政公文基础知识 ··· 44
　任务二　公告 ··· 45
　任务三　通告 ··· 48
　任务四　通知 ··· 51
　任务五　通报 ··· 55
　任务六　报告 ··· 59
　任务七　请示 ··· 62
　任务八　会议纪要 ··· 66
项目四　常用事务文书 ·· 70
　任务一　计划 ··· 70
　任务二　总结 ··· 74
　任务三　调查报告 ··· 78
　任务四　会议记录 ··· 93
　任务五　简报 ··· 95
项目五　常用会议文书 ·· 98
　任务一　开幕词 ·· 98

  任务二 闭幕词 …………………………………………………… 101
  任务三 欢迎词、欢送词、答谢词 …………………………… 104
项目六 常见财经应用文 ………………………………………………… 112
  任务一 商业广告 …………………………………………………… 112
  任务二 经济合同 …………………………………………………… 118
  任务三 劳动合同 …………………………………………………… 125
项目七 建筑工程文书 …………………………………………………… 134
  任务一 施工方案 …………………………………………………… 134
  任务二 施工日志 …………………………………………………… 138
  任务三 安全日志 …………………………………………………… 146
  任务四 建筑工程施工合同 ………………………………………… 150
项目八 化工类文书 ……………………………………………………… 155
  任务一 记录填写（生产记录） …………………………………… 155
  任务二 检修计划 …………………………………………………… 156
  任务三 事故分析报告 ……………………………………………… 162
附录一：党政机关公文处理工作条例 ……………………………………… 171
附录二：中华人民共和国国家标准 ………………………………………… 177
附录三：标点符号用法 ……………………………………………………… 199
附录四：标点符号用法的补充规则 ………………………………………… 214
附录五：标点符号若干用法的说明 ………………………………………… 218
附录六：出版物上数字用法 ………………………………………………… 224

项目一　应用文基础知识

 学习目的与要求

通过本项目两个任务的学习，了解应用文基础相关知识，更加深入地学习其概念、分类、发展、结构及语言。

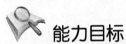 **能力目标**

通过学习，了解应用文写作基础知识，体会与一般文体写作的区别，掌握应用文的概念、特点、分类等具体知识。

 核心能力

能够通过对应用文基础知识的学习，对应用文有宏观的认识和把握，对进一步系统学习日常文书、行政公文、常用事务文书、常见财经应用文等有极大的帮助和推动。

任务一　应用文的概述

一、任务导入

（一）学习应用文的意义

著名作家、教育家叶圣陶先生说："大学毕业生不一定要能写小说、诗歌，但一定要能写工作和生活中实用的文章，而且非写得既通顺又扎实不可。"美国大学董事会全国写作委员会发布的三份调查：2003 年 4 月第一份调查《被遗忘的"R"》，呼吁掀起一场写作革命；2004 年 9 月第二份《写作：通向工作的门票》，在调查了 120 家美国大

· 1 ·

公司后结论是——当今职场，写作成为工薪雇员获得聘任与提升的"敲门砖"；2006年7月第三份报告《写作：来自州政府的强烈信息》指出，尽管政府部门对雇员的写作能力高度重视，但相当比例的政府雇员没有达到政府的要求。（2005年12月1日宁波教科网转发源自《中国教师报》）

以上例子都说明学习和掌握应用文的重要性。应用文作为在知识化、信息化、全球化时代的信息载体，是人们在工作生活中交流沟通的重要工具，而应用文写作能力，则是体现个人职业素养和人文内涵的重要方面。

（二）应用文的概念、发展

1. 应用文的概念

应用文是指国家党政机关、企事业单位、社会团体及个人在日常工作、学习和生活中行使管理职能、办理具体事务的工具，是用以办理公务和个人事务时经常使用的具有惯用体裁和格式文章的总称。

2. 应用文的发展

人类结绳记事——仓颉造字——国家出现后，誓、典、檄、书、诰等——先秦时，表、令、诏等——秦汉后，奏、章、表、册、札、议、启等——辛亥革命后，令、咨、呈、状等——新中国成立前训令、指令、布告等——新中国成立后，1951年、1981年（9类15种）、1987年（10类15种）、2000年（13种）。

二、任务要求

应用文的分类——

（1）行政公文：根据国务院办公厅颁布的《党政机关公文处理工作》规定，现行公文有15种：命令（令）、议案、决定、决议、公告、公报、通告、通知、通报、报告、请示、批复、函、会议纪要和意见。

（2）事务文书：计划、总结、调查报告、意见、函、会议纪要等。

（3）经济文书：广告、说明书、经济合同、市场调研报告等。

（4）法律文书：起诉状、答辩状、上诉状、申诉状等。

（5）日常文书：书信、条据、请柬、海报、讣告、悼词等。

（6）学术文书：试验报告、毕业论文、学术报告等。

应用文的写作要求——

（1）熟悉方针政策；　　　　　　（2）注意调查研究；

（3）掌握文种格式；　　　　　　（4）丰富专业知识；

（5）提高理论水平；　　　　　　（6）重视立意选材；

（7）端正写作态度，提高思维能力；（8）借鉴范文，加强实践练习。

【知识拓展】应用文的特点

1. 实用性

实用性是应用文体与常用文体的最大区别。常用文体对读者认识生活的美有直接的启发作用,能够陶冶人的情操,在很大程度上可以给人带来审美愉悦。而应用文的侧重点在于解决生活的实际问题,如一份公文,可以发挥传达指令、号召宣传的功能,它在实际的生活与工作中呈现的是与常用文体不同的实用价值。

2. 真实性

应用文传递的信息必须是生活与工作中真实存在的人与事,它涉及国家法规政策、经济贸易等,如果不能做到真实,将会对人们的工作生活带来不便,重则将会造成巨大的经济损失或社会的不安定。

3. 时效性

应用文的时效性本质上对时间和效益提出了更高的要求,这不同于文学作品,为了呈现作品的完美,作者可能会经历十年的时间对作品进行修改。而应用文随着社会的快速发展,也将加快它的速度,及时为各个行业服务。如关于新闻,如果没有及时报道,新闻本身的价值就不复存在。

4. 规范性

应用文的文体模式不是短时间形成的,而是在历史发展过程中逐渐沉淀下来的一种约定俗成的书写格式。规范的学习和正确的书写是对人们的基本要求,熟练地掌握将有利于提高工作效率,方便信息的传递和理解,而且还可以避免因为不统一而出现的某些误解和重大错误。

任务二 应用文的结构和语言

一、任务导入

文章的结构,是写作对象的客观形态和作者写作思路的统一体,是对材料的具体的组织和安排。它具体表现为作者在写作中对写作材料的主次、详略、先后顺序的安排,又称为谋篇布局。

文章的结构有两种含义:一为宏观结构,即文章的总体构思、大体框架;二为微观结构,即对文章的层次、段落、开头、结尾、过渡、照应和主次的具体设计。

"三部式"结构是一种概括。虽然应用文的结构形式多样,但多数应用文通常采用的格式为"三部式":1. 从外部形态看,一类分为眉首、主题、版记;另一类分为标题、正方、落款三部分;2. 从内部形态来看,分为开头、主题、结尾三部分。

应用文写作是以主旨为核心和归宿的,应用文的结构就是作者运用材料主次分明、条理清晰地表现主旨的形式。通常的比喻是:主旨是文章的灵魂,材料是文章的血肉,结构就是文章的骨骼和经络。

二、任务要求

（一）应用文结构的特点

文章的结构是由文章的主旨、内容和作者的思路所决定的。"文无定法"，指的是文章的形式（包括结构）富于变化。但应用文的结构是有"定法"的：应用文的文本结构由外在的格式和内在的要素组成。与其他文章相比，应用文结构的主要特点是规范性和条理性。

（1）规范性。这是应用文在外在格式上的显著特点，这种规范性在公文写作中表现为"法定使成"——是由《中国共产党机关公文处理条例》《国家行政机关公文处理办法》等法规规章做了明确规定的制作格式。各类事务文书、科技文书的外在结构，则体现为"约定俗成"，采用了一些相对固定的惯用格式。

（2）条理性。是应用文内在结构要素的主要特点，指的是其段落层次、过渡与照应、开头与结尾都必须严谨有序，充分反映出作者的理性思路和客观事物的逻辑规律。

（二）应用文的语言

1. **书面语的分类**

（1）文艺语体，以形象、生动为基本特征；

（2）科技语体，以准确、严密为基本特征；

（3）政论语体，以严谨、庄重为基本特征；

（4）事务语体，以简明、平实为基本特征。

2. **应用文语言的要求**

（1）简洁。应用文以高效、快速地传递信息为任务，要求语言简明扼要，切忌冗长拖沓，避免空话、套话、大话和言之无物。

（2）朴实。应用文的语言要平实直白、质朴无华，不求藻饰、不加雕琢地表现出事物的原貌。要少用比喻、夸张、渲染等修辞手法，但可以用排比、对仗等修辞手法使语言富有节奏和韵律。

（3）准确。应用文涉及的面很广，贯穿到生活的方方面面，如果表达不准确，甚至是严重的错误，必然会影响到个人生活和国家利益。

（4）规范。一般采用现代书面规范语，不使用方言、土语、网络语和"火星文"等。

3. **应用文语言句式特点**

（1）宜用短句，慎用长句；

（2）宜用散句，慎用整句；

（3）宜用肯定句，慎用否定句；

（4）宜用陈述句、祈使句，慎用疑问句、感叹句。

4. 应用文常用的表达方式

（1）叙述。叙述是应用文写作中最基本、最常用的表达方式。应用文中的叙述要力求真实、准确，不带主观感情色彩；线索清晰、表述完整；以概述为主，尽可能用概括的语言说出其前因后果、来龙去脉，使读者了解其梗概。

（2）说明。说明在应用文中使用广泛，如解说词、广告词、说明书、简介等文体，主要是用说明的方法来写的。

（3）议论。在应用文写作中，议论经常使用。调查报告、总结、通报等文体，经常在叙述事实、说明情况的基础上，表明对人物、事件、问题的评价。

 知识拓展

1. 标点符号

标点符号是辅助文字记录语言的一套符号，是书面语言能够准确表达文本意义的重要辅助工具。

2. 常用的标点符号

（1）点号：句号（。）、问号（？）、感叹号（！）、逗号（，）、顿号（、）、分号（；）、冒号（：）。

（2）标号：引号（""）、括号（（））、破折号（——）、省略号（……）、着重号（.）、连接号（-）、间隔号（·）、书名号（《》）、专名号（＿）。

3. 标点符号歌

标点符号很重要，组成文章不可少。
该用哪种小符号，都要认真来思考。
意思未完用逗号，一句完了用句号。
喜怒哀乐感叹号，提出问题用问号。
并列词语用顿号，并列分句用分号。
提示下文用冒号，对话引用加引号。
书文名称要标明，前后加上书名号。
有些意思要省掉，可以加个省略号。
转折解释破折号，表示注释加括号。
标点符号用准确，文章清楚都说好。

4. 应用文常见的开头和结尾

（1）开头方式：目的式、根据式、原因式、概述式、结论式、提问式、引述式；

（2）结尾方式：自然收尾式、总结归纳式、强调说明式、希望号召式、专门结尾用语式。

5. 应用文惯用语

（1）开头语：兹、兹有、兹因、奉、谨悉、为了、根据、按照、遵照、依照、关于、由于等,旨在表示行文的目的、依据、方式、对象等。

(2) 经办语:经、业经、兹经、复经、前经、经过、通过、均经等,说明文件承办过程中的情况。

(3) 收文语:前接、近接、悉、欣悉、收悉、据报、据查等,是引说来文时的用语。

(4) 综述语:为此、对此、据此、有鉴于此、现函复如下、现通告如等,用在下文之前,引出过渡句,表明从缘由、根据、背景过渡到正文部分。

(5) 时限语:顷闻、顷接、顷奉、迅即、从速、届时、即日、应即、兹有、兹派、兹因等,表示事由的时间和发文部门提出问题的依据。

(6) 表敬语:谨、谨电、谨悉、谨启、惠存、恭请、敬请、承蒙协助、承蒙惠允、不胜感激等,表示对对方的尊敬和礼貌。

(7) 提示语:切、切实、切勿、务必、切切等,用以提请对方特别注意。

(8) 期请语:请、拟请、恳请、务请、函请、务希、尚望、当否、妥否、请批示、请批复、请核准、即请查照、希即遵照、是否可行、是否同意,表达行文者期望、请求。

(9) 结尾语:为要、为盼、为荷、专此布达、特此通知、特此通告、望遵照执行等,表示行文的意愿和目的。

项目二　日常文书

学习目的与要求

通过本项目九个任务的学习，了解日常文书相关知识，特别是对条据、启事、海报、请柬、邀请函、申请书、电子邮件、个人简历及求职信的概念、结构、写法有更深入的了解并能够具体地运用。

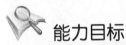
能力目标

1. 了解条据的基本知识和要求；
2. 了解启事的基本知识和要求；
3. 了解海报的基本知识和要求；
4. 了解请柬的基本知识和要求；
5. 了解邀请函的基本知识和要求；
6. 了解申请书的基本知识和要求；
7. 了解电子邮件的基本知识和要求；
8. 了解个人简历的基本知识和要求；
9. 了解求职信的基本知识和要求。

核心能力

能够按照日常文书对条据、启事、海报、请柬、邀请函、申请书、电子邮件、个人简历和求职信的写作要求，掌握以上九种应用文的写法。

任务一　条　据

一、任务导入

条据是一种用途十分广泛的应用文体。在日常生活中，如果我们有什么事情要告诉另一方，或委托他人办事时，在不能面谈的情况下就可以用便条进行沟通。如因事、因病不能上学，就需要事先写假条向老师请假。在我们的学习、工作和生活中，还有很多例子足以说明条据的重要性。

（一）条据的概念

条据是单位或个人之间为说明涉及钱财、物品或某种情况而留下的作为凭证或告知的字条。

（二）条据的分类

条据可分为凭证类、告知类这两大类。

1. 凭证类条据

常见的凭证类条据有借条、收条、领条、欠条、代收条等，用来作为借、收、领、欠等的凭证。

2. 告知类条据

告知类的条据有请假条、留言条、便条等。

二、案例分析

高三（4）班的李明因为感冒，加之学习压力太大，导致发烧，不得不住院进行两天（4月21—22日）的专门治疗，于是他请同学将自己2015年4月20日写的假条转交给班主任王老师。

请 假 条

王老师：

我因感冒发烧，需要住院治疗，想请个假，望批准为谢！

小李

评析：请假条是人们在日常生活和学习中经常会用到的文书。上文李明所写的请假条包括了标题、正文和落款这三个要素，大致一看没有什么问题，若同学们再仔细分析一下，是不是还可以帮着李明完善一下这张请假条：（一）"请假条"的字样应该居中，字体稍大；（二）称呼的下一行可空两格写上礼貌语"您好！"；（三）正文部分没有交代清楚请假的时间；（四）落款中的"小李"概念模糊，应该在右下角明确写上"李明"，而且还应该写清请假条的时间，即年月日。

三、任务要求

（一）条据的基本结构

条据的结构一般由标题、称谓、正文、结语、落款五部分组成。

1. 标题

标题由事由和文种构成,一般是细化分类名称。如《请假条》《借条》中的"请假""借"为事由,"条"就是文种"条据"。另外还有"领条""收条""欠条"等,写在条据上方中间的位置,字体稍大些。

2. 称谓

有的条据需要写称谓,如请假时需写上对方的职务、尊称。

3. 正文

正文表达要简洁、明确,如借条、领条一般用"今收到""今借到"等开头,写清对方,即单位或个人的名称、数量及金额等。

4. 结语

凭据类条据的结语一般写"此据""立此为凭"等,以示慎重;告知类条据由于内容、人物身份不同,结语有"为谢""为盼""此致敬礼"等,以示期盼、谢忱和尊敬等心情。

5. 落款

落款的位置在条据的右下方,包括经手人署名和立据时间。有些署名还要写上单位及职务等。

(二) 假条、借条和领条

1. 假条的概念、结构及示例

(1) 假条的概念:假条,即请假条,是指因故向相关人员请假时所写的条子。

(2) 假条的结构:"请假条"居中,下面一行顶格写对方称呼,并加上冒号;然后另起一行空两格写正文,正文结束后另起一行空两格写"此致",然后再空一行顶格写"敬礼",以示礼貌。

2. 借条的概念、结构及示例

(1) 借条的概念:借条也称为借据,是由借方写给出借方作为收到借物或借款和日后归还的凭据。

(2) 借条的结构:"借条"或"借据"居中,正文写明从哪里得到了什么东西,数量多少,以及所借钱物的数目及物品的品种、型号、式样、规格等;写明归还的具体日期或大致时间,若情况复杂,还需要写明归还的方法;落款要写上借条者的单位名称和经手人姓名,必要时加盖公(私)章。在署名的下方要写上借钱物的具体时间(年、月、日)。

(3) 示例:

借　　条

今借到王正(身份证号码:××××××)现金 123 456 元(壹拾贰万叁仟肆佰伍拾陆圆整),两个月内归还。

此据

红星企业杨林(盖章)
2015 年 12 月 25 日

3. 领条的概念、结构及示例

（1）领条的概念：领条是向单位或个人领取钱物后，向给予钱物的单位或个人所写的一种凭据。

（2）领条的结构：在正文上方中间写"领条"，另起一行顶格写正文，内容包括从哪里领取什么，数量多少。落款分为经手人和时间两个部分。

（3）示例：

领　　条

今领到分院办公室新发办公用品，计有信封100个、便笺50本、中性笔80支和小蜜蜂扩音器30台。

向海
2015 年 9 月 2 日

四、实训操作

请结合个人实际，拟定假条、借条、领条各一则。

【知识拓展】 学习条据需要注意的事项

（1）使用条据时一定要选对文种，虽然不是正式文件，但也要做到格式齐全，书写工整，特别是涉及钱物往来时，正确的书写可以避免产生矛盾或纠纷。

（2）除了要写好文字，还应该准确地写出 1 到 10 的大写，分别是壹、贰、叁、肆、伍、陆、柒、捌、玖、拾。在写数额之前，必须写上"人民币"，而在数额末尾要加上"整"。

任务二　启　　事

一、任务导入

第八届"多彩校园·青春校园"的征文比赛马上就要启动了，为了给同学们提供展示的平台，加强在学生中的宣传力度，团委按照上级文件要求，准备拟写一份启事，并让学生会干部张松协助做好此事。他是否可以完成此事，你们能帮帮他吗？

（一）启事的概念

启事中的"启"含有"陈述"之意，"事"，即事情。启事是单位或个人通过报刊、电视、广播等传播媒介，向公众说明事情或希望大家给予协助办理的一种应用文体。

（二）启事的分类

启事可分为征招启事、寻领启事、告知启事三大类。

1. 征招启事

征招启事一般包括征稿、招聘、招生等启事。

2. 寻领启事

寻领启事一般包括寻人、寻物、招领启事。

3. 告知启事

告知启事一般包括竞赛、开业、迁址、遗失等启事。

二、案例分析

赵林在篮球比赛后忘记拿上自己的一件灰色夹克外套,等他回到操场边去找时,发现衣服不见了。他决定写一份寻物启事,内容如下:

哪位同学拣到一件衣服,请交还给赵林。

2015 年 3 月
赵林

评析: 在丰富的校园生活中,篮球是一项非常受欢迎的运动。案例中的赵林是校篮球队队员,在一次篮球比赛后忘记拿走自己的外套,有的同学会不会有同样或相似的经历呢?下面让我们来讨论一下,赵林的寻物启事能不能帮助他找到丢失的外套。(一)赵林写的寻物启事没有点明主题,应该在正上方中间位置写上稍大字体的"寻物启事"。(二)正文中的内容过于简单,没有交代清楚丢失衣服的原因、时间、地点,以及丢失物的重要信息,如颜色、款式等。同时也没有涉及拾物者送还的具体方式,即发文者的详细地址和电话等。一般在正文的末尾还要表达内心的谢意。(三)落款一般包括发文者和发文时间,赵林似乎满足了这个要求,但细心的同学可以发现,赵林所写的时间没有具体到哪一天,而且发文者应该写在发文时间之上。

三、任务要求

(一)启事的基本结构

启事的结构一般由标题、正文、落款三部分组成。

1. 标题

标题由事由和文种构成。如"招领启事""开业启事";有的"启事"前需要写上公司名称,如"××公司招聘工作人员启事";若事项重要或紧急,可以加上"重要"或"紧急"字样,如"××公司重要启事"等。

2. 正文

启事要用简练、清晰的语言说清楚目的、原因、要求、具体事项和联系人等。如"寻物启事",要写明丢失物件的具体时间、地点、数量、颜色或形状等;又如"招领启事",要写明拾到物品的时间地点,而数量及其他特征就不能表明,以防被别人冒领。若写"征集设计启事",一般要讲明征集目的、相关背景、设计要求、奖励办法及截稿日期等。

3. 落款

落款包括启事单位名称或个人姓名及具体日期。若标题或正文中已经写明单位名称,此处可省略。以机关、团体或单位名义所写的启事,一般应加盖公章。

(二)寻物启事的概念、结构及示例

1. 寻物启事的概念

是单位或个人丢失物品,希望通过公众的帮助找回物品的一种应用文。

2. 寻物启事的结构

在正文的上方中间位置写上"寻物启事",然后另起一行空两格写正文,最后在右下角写上启事单位名称或个人姓名及具体时间。

3. 示例

寻 物 启 事

本人不慎于4月5日坐3路公交车时,将内装驾驶证、单位业务发票的一棕色公文包遗失。有拾到者请与工商局305办公室联系,必有重谢。电话:××××××。

××××年×月×日

四、实训操作

(1)学生会干部张松需要完成一份征文启事,如果你是他的同学,准备如何帮助他?如果你来写,应该怎样着手?请写出关于征文比赛的启事。

(2)通过学习关于启事的相关知识,赵林已经知道了自己的问题,你觉得接下来他应该怎样写寻物启事?

【知识拓展】学习寻物启事的顺口溜

寻物启事用处大
帮你找回丢失物
"寻物启事"要写大
互相之间空一点
正文前面空两格
写明地点和时间
物品特征要写清
最后写上交给谁
感谢用语不能忘
右下署名和日期
写完启事请张贴

任务三 海 报

一、任务导入

在日常生活、学习和工作中,我们可以在很多地方看到张贴的海报,根据内容的需要,海报的设计各有不同,有的是字体漂亮,有的是图案非常精致,人们会在这些亮点中关注到海报的内容,无形中会被海报的主题所吸引,对这主题背后的故事产生兴趣。

(一) 海报的概念

海报是向公众发布或介绍有关电影、体育、学术报告和文艺活动等消息时所使用的一种招贴性应用文。海报多用于张贴形式。

(二) 海报的分类

海报一般分为公益海报、政治海报、文体海报和商业海报四大类。

1. 公益海报

通过文字和图画表现海报的主题,向人们传递一定的精神价值和文化观念。如"尊重生命,吸烟有害健康"。

2. 政治海报

主要以传播政治思想为目的,来提高人们的思想觉悟的海报。如"中国梦的影响与意义"。

3. 文体海报

主要以传递文艺活动、体育竞赛、电影或戏曲等信息的海报。如"2015年重庆剧场精品剧目展演"。

4. 商业海报

主要是对商业活动或商品信息的宣传,以获取一定经济利益的海报。如"长城电脑与你同在"。

二、案例分析

为了进一步提高高职院校学生的自信心、责任感,教会学生如何获得成功,学院邀请省知名企业的成功人士罗华经理于2015年3月7日下午14:00在大礼堂做"成功的奥妙"的专题讲座,欢迎全院师生参加。以下为海报的全部内容。

时间：2015年3月7日

地点：学院大礼堂

欢迎参加罗华经理的讲座。

3月7日

评析：在美丽的校园，师生们可以经常看到宣传栏里风格各异的海报，可以及时了解在校园里开展的各类活动。关于罗华经理讲座的海报，您看懂了吗？（一）不管写什么公文，都应该有一个明确的题目，这与上一节中赵林所犯错误相同，正确的方式是在正文上方中间处写上醒目的"海报"。（二）时间、地点、主题是三个重要的因素，而在上面的海报中，时间还不够具体，没有具体到3月7日的下午14：00。此次讲座由罗华经理主讲，却没有讲明讲座的主题——成功的奥妙。在文中"欢迎"的后面，最好注明参与的对象，如"欢迎全院师生"等。（三）落款处既要有发文单位和时间，还要注意两者的前后顺序。在实际的工作生活中，一般海报张贴最好在举办的前三四天，根据活动需要，宣传时间还可以延长。这样做更有利于活动的宣传，以及参与者能较好地协调时间以便参与活动。

三、任务要求

（一）海报的基本结构

海报的结构一般由标题、正文、落款三部分组成。

1. 标题

海报的标题形式较多，一种为单独的文种名，如在正文上方居中写上"海报"；第二种是标题包含了活动内容，可以不出现"海报"字样；还有一种是采用描述性语言，如"粽香""党在我心中"等。

2. 正文

海报的正文要写明活动的目的、意义、时间、地点和主要项目，以及参加活动的具体方法和一些重要的注意事项等。

3. 落款

落款包括活动主办单位名称和具体的发文日期。

有时海报在实际使用中会将部分内容略写或去掉，如一些促销海报，多以图片来代替某些文字。

（二）商业海报的结构及示例

1. 商业海报的结构

在正文的上方中间位置写上商业海报的主题，然后另起一行写正文，最后在右下角写上主办单位名称及具体活动时间。

2. 示例

长城电脑与您同在

长城十五周年庆，真情回馈广大消费者

即日起在××数码城购买长城笔记本电脑

送 299 元大礼包

活动时间：10 月 1 日—10 月 7 日

不见不散

××数码城
××年×月×日

（三）海报的写作要求

（1）海报一定要真实地写明活动的时间、地点和内容，文中可用鼓动性的词语，但不能虚假或夸大。

（2）海报的文字要做到简洁明了，篇幅要短小精悍。

（3）海报的版式为了吸引大众可进行适当的艺术处理。

四、实训操作

根据下列材料拟制一张图文并茂的海报。

为了欢庆元旦佳节，××高等职业技术学院院学生会准备在大礼堂举办"元旦青春舞会"，具体时间是元旦当日 18：00 - 21：00，并欢迎全院青年教师和学生踊跃参加。

【知识拓展】海报的三要素与特点

1. 海报设计的三要素

A. 文字（具有说明之意）；

B. 图案（可以产生强烈的视觉效果）；

C. 色彩（具有象征意义）。

2. 海报的特点

（1）广告宣传性。海报是广告的一种，有的海报加以美术的设计，以吸引人们积极地参与，起到了较好的宣传效果。

（2）商业性。海报对演出类的活动宣传较多，而大多演出类广告具有商业目的，这也就成为海报的一个重要特征。

任务四　请　　柬

一、任务导入

艺术节就要到了，同学们将以怎样的方式迎接这次重大的活动？在迎接家长及朋友的到来时，又将以怎样的方式去邀请他们？请柬作为一种礼仪性的书信，可以承担此任务，而且在中国传统文化的浸染中，请柬的设计具有许多中国元素，显得精美独特，极具收藏价值。所以在通信发达的今天，遇到某些活动时，人们还是会选择使用请柬。

（一）请柬的概念

请柬，又称为请帖。请柬是为了邀请客人参加某项活动而发出的礼节性的通知书，是表示举行活动的隆重。

（二）请柬的分类

(1) 请柬按内容可分为活动和节日请柬、商务请柬；
(2) 按形式可分为单贴、双贴和组合贴；
(3) 按篇幅可分为邀请信和请柬。

二、案例分析

×××先生：
　　十月八日上午八时在厂会议室召开新产品发布会，敬请光临指导。
　　此致！

×××高清源酒厂

评析：在华丽的灯光下，一场隆重的新产品签定会结束了。小江作为校企合作的优秀实习学生代表参加了此次活动。除了在参加活动时长了见识，得到了许多收获，小江也将这次活动的请柬保留了下来，作为人生的一种美好回忆，同时也是对今后个人事业的鞭策。请同学们思考，将上文（案例）修改为小江所收到的那份正确的请柬。（一）以上内容中仍然没有"请柬"字样，是否同样在正文上方写上？这一点要特别注意，一般请柬的封面上会单独印有醒目的"请柬"，在真正涉及请柬的内容时，并不需要再注明；（二）请柬的正文开头一般要写上"兹定于"，后面的"新产品发布会"要与主题一致，应改为"新产品签定会"；（三）正文后的敬语"此致！"用法不妥，一般是"此致敬礼"连用，可以不用标点符号，即使要用，感叹号也只能放在"敬礼"之后；（四）落款处于正文的右下角，除了写上邀请单位，还应该署明具体的日期。

三、任务要求

（一）请柬的基本结构

请柬的结构一般由标题、称呼、正文、敬语、落款五部分组成。

1. 标题

在封面上写有"请柬"（请帖）字样，文字一般要做艺术加工，有的是美术体，有的文字的色彩是烫金,而且可以有图案装饰。通常请柬已按照书信格式印制好,发文者只需要填好正文即可。

2. 称呼

称呼需要顶格写出被邀请者(单位或个人)的名称或姓名,并在称呼后加上冒号。

3. 正文

请柬正文要写明活动内容、时间、地点和方式,一般用"兹定于""谨定于"等开头。若是邀请别人观看表演或有特别要求还应附上入场券,或者加上"请准备发言"等。

4. 敬语

敬语就是写上问候语或恭候语,一般写"敬请光临""请届时光临""此致敬礼"等。

5. 落款

落款包括邀请者(单位或个人)的名称或姓名,以及发出请柬的时间。

(二)请柬的示例

1. 事务请柬

×××女士/先生:

兹定于 9 月 27 日 19:00—21:00 在省政协大礼堂举行中秋茶话会,届时敬请光临。

此致

敬礼!

××省政治协商会议
××年×月×日

2. 结婚请柬

请柬 a 面

送呈

×××先生台鉴

请柬 b 面

> 谨定于×××年×月×日（星期×），为×××先生和×××女士在××大酒店举行婚礼。敬备喜筵，恭请×××光临。
>
> ×××诚邀
> 时间：×时×分
> 地点：×××

四、实训操作

孙浩是一年级的新同学，进校不久就迎来了学院即将举行的 80 周年校庆，学院将举办盛大的庆祝活动，作为志愿者中的一员，孙浩要参与到一系列的准备工作中，包括请柬的制作。孙浩作为一位新生，之前没有制作请柬的经验，不过他主动地在网上搜索了一些参考图片，想为志愿者这个团队制作请柬提供思路。当看到参考图片后，你又能制作出怎样的一份请柬呢？

孙浩的参考图片一

孙浩的参考图片二

【知识拓展】请柬的特点及尺寸

请柬的特点：

(1) 礼貌性；(2) 庄重性；(3) 公开性；(4) 精美性。

请柬的尺寸：

在传统的请柬中主要分三种形式，正方形、长方形、长条形这些产品的外形和尺寸都有一定的比例和大小。过大或过小都会给视觉和感官造成不适：大了蠢笨不精致；小了不大气，不稳重。

1. 正方形

尺寸范围在 130 mm×130 mm 至 150 mm×150 mm。在国外，通常在卡内增加副卡，请柬（如：路线卡、回复卡、项目卡，等等）副卡，一般可以做到 100 mm×100 mm 左右。

2. 长方形

尺寸范围在 170 mm×115 mm 至 190 mm×128 mm，大小要随比例改变，要符合黄金分割。如有副卡不宜太大。

3. 长条形

尺寸范围在 210 mm×110 mm 至 250 mm×110 mm，大小要随比例改变。打开方式只适合横向和单边打开。

任务五 邀 请 函

一、任务导入

邀请函是对客人发出邀请时使用的专门礼仪信函，是邀请对方前来参加某项实质性的活动，如学术讨论会、展销订货会等。在当今社会的公共关系中，邀请函的应用非常广泛而频繁，是社会礼仪交际的重要媒介和平台。它可以用信封通过邮局寄出，或者通过电子邮件发送，形式较为自由。

（一）邀请函的概念

邀请函是单位或个人邀请某人参加会议、庆典和各类活动的一种应用文体。

（二）邀请函的分类

邀请函一般可分为个人信函和商务信函两大类。

1. 个人信函

个人信函一般是邀请某人参加宴会、出席典礼、观看电影等。

2. 商务信函

商务信函一般是邀请某人参加某项重要会议、学术活动等。

二、案例分析

第八届全国社会语言学学术研讨会
邀　请　函

尊敬的＿＿＿＿＿＿＿先生/女士：

　　第八届全国社会语言学学术研讨会拟于2015年5月在北京华文学院昌平新校区召开。研讨会由教育部语言文字应用研究所和北京华文学院主办，商务印书馆、语文出版社、武汉大学（中国语情与社会发展研究中心）、北京语言大学（中国语言文字规范标准研究中心）协办。现将有关事项通知如下：

　　一、会议主题

　　语言能力与语言政策研究

　　二、主要议题

　　1. 语言教育研究

　　2. 领域语言研究

　　3. 语言政策与语言规划研究

　　4. 社会语言学其他相关理论与实证研究

　　三、开会地点与时间

　　开会地点：北京华文学院（北京市昌平区七北路56号）。

　　开会时间：2015年5月3日（周日）全天报到；5月4日（周一）上午开幕式、主题报告，下午学术讨论；5月5日（周二）上午学术讨论，下午大会总结、闭幕式；5月6日（周三）离会。

　　四、费用说明

　　受邀者需交会务费600元，学生减半，差旅费及住宿费自理。

五、回执发送时间

"住宿交通信息回执"请务必于2015年4月10日前发到会务组联系人邮箱(联系人:付西,fuxi1980@163.com,联系电话:13910812478)。

六、特别说明

盖章邀请函原件,报到时在会务组领取。

我们恭候您的回音!期待您的光临!

教育部语言文字应用研究所

北京华文学院

2015年4月1日

评析:这是2015年4月由教育部语言文字应用研究所北京华文学院向有关专家学者发出的邀请。这篇文章由标题、称谓、正文、落款组成,是一篇格式完备,内容齐全的文章。(一)标题由事由和文种组成;(二)称谓使用"尊敬的×××先生/女士",合乎常规习惯。(三)正文简要说明会议主题、时间、地点,以及参会的注意事项等,并对被邀请方发出得体、诚挚的邀请;(四)落款。需要写明邀请单位和邀请时间,同时还要注意两者的先后顺序。

三、任务要求

(一) 邀请函的基本结构

邀请函的结构一般由标题、称呼、正文、敬语、落款五部分组成。

1. 标题

标题一般只写"邀请函",字体比一般标题略大一些。有时也可以加上事由,如"关于参加贵州大数据研讨会的邀请函"。

2. 称呼

称呼包括邀请对象的姓名、职务、职称等,也可用"同志""先生""女士"等,在这之前也可加上"尊敬的"等来表达敬意。

3. 正文

邀请函要写明邀请的主要内容,如具体的时间、地点和主要事项。若需要详细说明的,还要另附纸进行说明。

4. 敬语

一般用"敬请光临""敬请光临指导"等,有时也可用"此致敬礼""顺致节日问候"等敬语。

5. 落款

落款包括邀请单位名称或个人姓名及成文日期。

(二) 邀请函的示例

例一

邀请函

尊敬的×××教授：

  我们协会决定于××年×月×日省城××宾馆举办少数民族文学理论报告会，恭请您就有关少数民族的现状与发展发表高见，务请拨冗出席。

  顺祝

安康！

×××省文学研究会

联系人：×××

××年×月×日

例二

词汇学国际学术会议暨第一届全国汉语词汇学学术研讨会
邀　请　函

尊敬的_____先生/女士：

  "词汇学国际学术会议暨第一届全国汉语词汇学学术研讨会"将于2011年6月上旬在辽宁锦州举行。欢迎您与会。现将相关事项告知如下：

  一、会议时间：2011年6月7日至10日。

  二、报到时间及地点：6月7日全天，渤海大学外国专家楼。

  三、参会费用：参会者需交纳会务费500元人民币；研究生会务费减半；差旅费及住宿费自理（住宿费：标间200元人民币/间/天，套房300元人民币/间/天）。

  四、会议论文：论文提要由会务组在会前印刷成册，报到时发给大家。如未能按时提交，请自带论文复印件100份报到时交给会务组。

  未交论文提要或题目有变化的代表，务请于5月5日前把论文提要寄交会务组，以便及时安排会议程序（论文提要500字左右，纸张A4；页边距上下为2.54厘米，左右为3.17厘米；单倍行距；标题：宋体、四号、加粗；单位、姓名及正文：宋体、小四号）。

  五、其他：

  1. 如果您需要我们帮助预订返程票，务请于5月25日前将您返程的日期、车次（航班号）、座位等级及身份证号、数量等告知会务组（建议返程票最好自行预定；锦州机场、锦州站始发较少）。

  2. 乘车路线

  锦州机场　　　乘出租车20分钟，费用20元。

  锦州站　　　　乘出租车30分钟可到，费用20元。

  锦州南站　　　乘出租车15分钟可到，费用20元。

  3. 会务联系　孙　扬：13640597499　sunyang2008@126.com

林启华　13604057578　qihua1959@163.com

通信地址：辽宁省锦州市大学路16号渤海大学文学院

邮政编码：121013

我们期待着您的光临。

词汇学国际学术会议暨第一届全国汉语词汇学学术研讨会筹备委员会
2011年3月5日

附一："第一届全国汉语词汇学学术研讨会"回执

本人论题是：

姓名		民族		性别	
工作单位				职务/职称	
通信地址				邮政编码	
联系电话	（固话）			（手机）	
E-mail					
返程时间			是否预订返程票		
需说明事项					

四、实训操作

作为公司的一名老员工，你组织了2014年的新年酒会，其中有一位公司的合作伙伴杨经理需要你代表公司邀请，你应该如何写这份新春晚会的邀请函？

知识拓展

1. 邀请函的特点

（1）感情真挚；（2）礼貌性强；（3）语言简洁；（4）适用面广。

2. 邀请函写作时的注意事项

（1）语气要热情、诚恳，使对方通过文字感受到邀请方的诚意，从而愉快地接受邀请；

（2）层次要清楚，文字要简洁，尤其是时间、地点、参加人员和具体内容等关键信息要表述清楚；

（3）要表现出对受邀方的尊重，同时要使参加人对活动内容有明确的了解。

3. 请柬和邀请函的异同——

（1）请柬和邀请函的相同处：

①确指性：二者发送的对象都是单位或个人。

②礼仪性：二者都有表达敬意、联络和增进情感的意味。

(2) 请柬和邀请函的不同处：

①内容篇幅。请柬要求内容极为简约，具有简洁性。邀请函的篇幅可长可短，一般情况要比请柬的内容更具体详细。

②形式的设计。请柬在款式或装帧设计上多追求精致和美观。邀请函可忽略这些因素。

③邀请对象的身份。请柬的邀请对象与主人可能存在着上下级关系或管理与被管理的关系，而邀请函的邀请对方与主人是宾主关系，而非上下级或管理与被管理的关系。

任务六　申　请　书

一、任务导入

申请书是一种专门书信，在社会生活中使用广泛。它同一般书信一样，是表情达意的工具，要求一事一议。不同的对象有不同的申请书，如常见的入团申请书、入党申请书、转正申请书等。

（一）申请书的概念

申请书也称为申请，它是个人或集体因某种愿望或需要，向社会团体、上级机关或有关部门提出请求时使用的一种专门文书。

（二）申请书的分类

1. 按申请人不同

申请书可分为个人和集体申请书。

2. 按使用范围不同

申请书可分为社会组织、工作学习、日常生活这三个方面的申请。

3. 按写作格式不同

申请书可分为书信式和表格式。

二、案例分析

转正申请书

我于2013年8月10日成为公司的试用员工，到今天半年试用期已满，根据公司的规章制度，现申请转为公司正式员工。

经过这半年，我现在已经能够独立处理公司的接待事项，整理部门内部各种资料，进行各项事务申报，协助进行总结分析，从整体上把握公司的接待运作流程。

这是我的第一份工作，半年来我学到了很多，感悟了很多；看到公司的迅速发展，我深深地感到骄傲和自豪，也更加迫切地希望以一名正式员工的身份在这里工作。

刘艳

评析：此篇转正申请书是刘艳作为试用员工所拟写的，身为职场新人，每个细节都会影响个人在公司的发展，所以刘艳请大家帮忙修改，使她写出一份较为满意的申请书。（一）这里有一个完整的标题，但标题下方没有顶格写称呼，如"尊敬的领导"，同时称呼后还要加上冒号；（二）作为试用员工，申请中要突出在试用期中的工作情况，可以表达在工作中的良好态度、学习热情和追求上进的精神等，同时客观反省在工作中需要注意和提升的方面，并对领导和同事的指导和关心表达谢意。这部分可单独写为第二段；（三）正文的最后一段可以适当增加对这份工作的热爱，争取更多锻炼机会的恳请，以及为公司创造价值的美好愿望等内容；（四）落款时一般都包括两个要素，即书写者和书写时间，而这篇申请书只写了姓名，应该在姓名下方补上书写的具体日期；（五）整体归纳起来，正文主要包括几个方面：一是说明何时进入公司，根据公司规定已满足转正条件；二是表达试用期间所做的事情和完成效果，以及对领导和同事的谢意；三是总结从公司学到的经验和需要提升的方面；四是用朴实准确的语言表达对公司的谢意，以及愿意为公司贡献个人力量和与公司共成长的诚意。

三、任务要求

（一）申请书的基本结构

申请书的结构一般由标题、称呼、正文、结语、落款五部分组成。

1. 标题

一般直接用"申请书"写标题，置于首行正中。有时根据内容需要，可在文种前加上事由，如"入党申请书""转正申请书"等。

2. 称呼

称呼要另起一行顶格写上接受申请书的组织、机关、单位的名称或相关负责人的姓名，如"尊敬的×××先生""团总支"等，名称后还要加上冒号。

3. 正文

正文需要写清提交申请的原因、目的、意义及对申请事项的认识和态度。要先叙事后讲理。

4. 结语

一般写表达敬意、愿望和请求的话。如"此致敬礼""恳请批准""敬祈核准""请组织考验我"等。

5. 落款

落款是在右下方签署申请单位和个人的名称或姓名，并注明行文的具体日期。

（二）申请书的示例

入党申请书

敬爱的党组织：

　　我志愿加入中国共产党，拥护党的纲领，遵守党的章程，履行党员义务，执行党的决定，严守党的纪律，保守党的秘密，对党忠诚，积极工作，为共产主义奋斗终生，随时准备为党和人民牺牲一切，永不叛党。

　　中国共产党是中国工人阶级的先锋队，同时是中国人民和中华民族的先锋队，是中国特色社会主义事业的领导核心，代表中国先进生产力的发展要求，代表中国先进文化的前进方向，代表中国最广大人民的根本利益。党的最高理想和最终目标是实现共产主义。

　　1921年7月中国共产党成立至今，党领导全国各族人民，经过长期的反帝反封建反官僚资本主义的革命斗争，取得了新民主主义革命的胜利，建立了人民民主专政的中华人民共和国。新中国成立后，顺利地进行社会主义改造，完成了从新民主主义到社会主义的过渡，确立社会主义制度，发展社会主义经济、文化。十一届三中全会以来，中国共产党人总结新中国成立以来正反两方面的经验，解放思想，实事求是，实现全党工作中心向经济建设转移，实行改革开放，开辟社会主义事业发展的新时期，逐步形成建设有中国特色的社会主义的路线、方针、政策，阐明了在中国建设社会主义、巩固和发展社会主义的基本问题。我国正处于社会主义初级阶段，是在经济文化落后的中国建设社会主义现代化不可逾越的历史阶段，需要上百年的时间，中国共产党在社会主义初级阶段的基本路线是：领导和团结全国各族人民，以经济建设为中心，坚持四项基本原则，坚持改革开放，自力更生，艰苦创业，为把我国建设成为富强民主文明的社会主义现代化国家而奋斗。

　　党的十八大指出，中国特色社会主义道路、中国特色社会主义理论体系、中国特色社会主义制度，是党和人民90多年奋斗、创造、积累的"三大根本成就"。中国特色社会主义道路是实现途径，中国特色社会主义理论体系是行动指南，中国特色社会主义制度是根本保障，三者统一于中国特色社会主义伟大实践；建设中国特色社会主义，总依据是社会主义初级阶段，总布局是五位一体，总任务是实现社会主义现代化和中华民族伟大复兴；发展中国特色社会主义是一项长期的艰巨的历史任务，一定要毫不动摇坚持、与时俱进发展中国特色社会主义，不断丰富中国特色社会主义的实践特色、理论特色、民族特色、时代特色。报告强调，在新的历史条件下夺取中国特色社会主义新胜利，要牢牢把握"八个必须坚持"的基本要求，即：必须坚持人民主体地位，必须坚持解放和发展社会生产力，必须坚持推进改革开放，必须坚持维护社会公平正义，必须坚持走共同富裕道路，必须坚持促进社会和谐，必须坚持和平发展，必须坚持党的领导。只要我们胸怀理想、坚定信念、不动摇、不懈怠、不折腾，顽强奋斗、艰苦奋斗、不懈奋斗，就一定能在中国共产党成立一百年时全面建成小康社会，就一定能在新中国成立一百年时建成富强民主文明和谐的社会主义现代化国家。通过全面把握机遇,沉着应对挑战,继续努力奋斗,确保到二〇二〇年实现全面建成小康社会宏伟目标。

中共十八届三中全会做出全面深化改革重大部署,十八届四中全会做出全面推进依法治国重大决策,共同勾勒中国未来发展的路径和蓝图。在法治轨道上推进改革深入,是中国继续发展的现实选择。这是从顶层设计的层面为改革铺路。实践证明,只有依法治国才能为国家发展提供制度保障,让中国社会发展活力长存、动力不竭。这次深化改革的目的是为了建设更美好的国家,让人民生活得更幸福。我们相信,只有怀抱改革决心和法治精神,方能为国家发展扫清体制机制和思想障碍,中国才能走得更好、更稳、更远。十八大以来,习总书记针对未来的发展发表了很多重要讲话,这些讲话精神,为我们当前及今后的发展指明了方向,正引导全国人民,万众一心,为实现伟大的中国梦,努力奋斗。我们坚信中国这头东方雄狮正慢慢苏醒。

可能是耳濡目染了中国共产党对我们家乡建设的巨大贡献,目睹了父辈们对中国共产党的忠诚拥护,我从小就树立了一定要加入中国共产党的远大志向,并且一直持续到了今天。参加工作以来,我时刻以一名中国共产党员的要求来要求自己,我深知,共产党员只有精通自身的业务,才能在群众中起到良好的模范带头作用。为此我努力学习,努力工作,经常加班加点,不断提高工作效率,真诚为大家服务,同时本局的各项活动中,我都积极参加。我经常作自我批评,发现自己的不足之处及时改正。通过不断努力,我的业务很快上手,获得领导和同志们的好评。在政治上,我积极向党组织靠拢。参加工作之初,我就真诚地向党组织递交了入党申请书。在之后的业余时间,我一方面加强自身的政治理论学习,另一方面积极参加党委组织的党校培训。通过学习,我加深了对党的认识和了解,也更加坚定了加入中国共产党的决心。与此同时,我也积极向周围的同志学习,从他们身上找差距,找自身的不足,不断端正入党动机,以实际行动争取早日加入中国共产党。

今天,我郑重向党组织再次提出入党申请。如果组织批准礼我的申请,我一定会戒骄戒躁,继续以党员的标准严格要求自己,做一名名副其实的党员。如果组织没有接受我的请求,我也不会气馁,会继续为之奋斗,相信总有一天会加入中国共产党的。我志愿加入中国共产党,为共产主义事业奋斗终生!

请党组织在实践中考验我!

此致

敬礼!

申请人:×××

申请时间:××年×月×日

四、实训操作

公司员工刘艳已经到了工作转正的时间,她需要提交一份转正申请,同事告诉刘艳这份转正申请有问题,不修改好可能会影响到这次转正,你作为其好友,应该如何帮助她呢？请写出正确的申请书。

【知识拓展】申请书的特点

（1）请求性（请求上级或有关单位批准某事）；

（2）单一性（一份申请只提一个要求）。

任务七　电子邮件

一、任务导入

"烽火连三月，家书抵万金"，家书在古代因为距离的遥远、沟通手段的有限而显得无比珍贵。从古至今，书信的传递形式开始发生着变化，曾经的书信需要在数月后才可收到，至少也需要数天。现如今在几分钟，甚至几秒钟的时间里便可收到对方的沟通内容。

普通邮票特点：

（1）将邮件投入邮箱；

（2）邮递员取信并递到本地邮局；

（3）本地邮局分拣后用邮车发至目的地邮局；

（4）目的地邮局分拣后由邮递员送到收件人或单位。

电子邮件简称电邮，是指通过电子通信系统进行书写、发送和接收的信件。它是唯一集电话的便利和信件的永久性为一体的通话方式。英文名为 E-mail。

二、案例分析

请问 1997126@.com.cn 这个邮箱名是正确的吗？

评析：邮箱名就如同一个人的名字，是不可以记错的。如果记忆有误，就会影响信息的发送，使对方无法及时收到重要的信息，有时甚至会耽误大事。首先我们应该了解关于邮箱的基本知识。（一）电子邮箱由用户名+@+服务器名组成；（二）用户名由英文字母、0-9的数字、下划线组成，开头必须是英文字母（除了QQ邮箱的用户名一般为数字），不能用汉字或运算符号；（三）@是电子邮件地址的专用标识符，读作"at"，表示"在"的意思；（四）使用频率高、较知名的邮箱有：网易163邮箱、网易126邮箱、QQ邮箱、新浪邮箱、搜狐邮箱和Yahoo邮箱等；（五）在确定用户名时，尽量选择有规律且容易记忆的字符，如姓名的拼音或加上生日等；（六）综合邮箱的基本知识可知这是一个QQ邮箱，应该将邮箱名更正为1997126@qq.com。

三、任务要求

（一）电子邮件地址的组成和格式

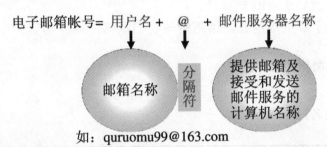

如super1314@sohu.com、78795623@qq.com、huayuan19901208@yahoo.com.cn等。

（二）电子邮件的构成

电子邮件包括收件人、主题、称呼、正文、结语、签名。

1. 收件人

收件人一栏需要写上对方正确的邮箱地址，以免错发邮件。其中还涉及抄送一栏，如果需要人员参与或知晓，在发送时还要从此处添加另外的收件人。

2. 主题

主题应该要全面概括邮件的内容，让收件人只看主题就可大致了解。

3. 称呼

称呼在电子邮件里要稍微随意一些，若是给长辈或单位领导等发邮件，还是要用正式格式和语言，如"尊敬的""先生"等礼貌用语。称呼同样要顶格写，并加上冒号。

4. 正文

通常正文的内容要简洁、明确，字号可在事先设置好，一般是宋体黑字10~12号字体。

5. 结语

结语的表达更自由一些，包括使用英文。如"Best regards！""顺祝商祺！"等。

6. 签名

签名处可以包括名字、职务、地址、电话、传真等。

（三）电子邮件示例

1. 示例（收件人＋抄送＋主题＋正文）

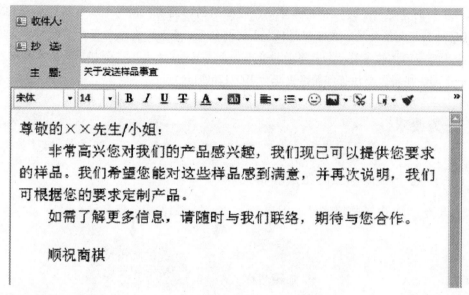

2. 示例（签名）

×××（姓名）
139-****-****

上海乐畅信息技术有限公司
地址：上海市张江高科技园区蔡伦路1690号2号楼215/309室
邮编：201203
电话：021-3384-7688-***
传真：021-3384-7866-808

四、实训操作

（1）为你的父母在不同的网站申请一个免费电子邮箱。

（2）试着给你的朋友发一封电子邮件。

（3）在学院开展征文比赛中，一些同学因为没有按照规定格式设置，给团委干部的打印工作带来了很大的麻烦。为了解决这个问题,干部们应该怎样发这份邮件?

 知识拓展

一、电子邮件的优点

1. 发送速度快

电子邮件的首要优点就是速度快。利用电子邮件发送邮件比通过邮局发送邮件要快得多。通常在数秒钟内,电子邮件就可以送于全球任意位置的收件人信箱中。

2. 安全

E-mail 软件是高效可靠的,如果目的地的计算机正好关机或暂时从 Internet 上断开,E-mail 软件会每隔一段时间自动重发,如果电子邮件在一定时间内无法递交,它会自动通知发信人。

3. 收发方便

收件人可以方便地在任意时间、任意起点,甚至是在旅途中都可以收取 E-mail,从而跨越时间和空间的限制。

4. 成本低廉

用户花费极少的话费或流量,甚至是免费,就可以将重要的信息发送到地球另一端的用户手中。

5. 更为广泛的交流对象

同一个邮件可以通过网络极快地发送给网上指定的一个或多个交流对象。

6. 信息多样化

电子邮件不仅可以寄信,还可以邮寄文本、图片和音乐等许多东西。

二、申请免费电子邮箱

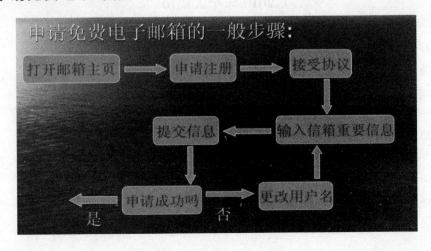

任务八　个人简历

一、任务导入

个人简历是个人在特定阶段学习和工作经历的简单总结，在某种程度上是一个人形象的缩影。在即将求职时，个人简历就如打开就这扇就业大门的钥匙。一份优秀的个人简历，好比有力的"敲门砖"，可以让你最先赢得招聘者的青睐，可以让你在众多的求职者中脱颖而出，为获得工作加上筹码。

（一）个人简历的概念

个人简历又称为履历，是求职者为获得某一职业而向用人单位着重陈述自己学识、才能和经历的，对自我进行推销的专门书信。

（二）个人简历的分类

从形式上可分为条文式和表格式。

1. 条文式

这种形式主要是按年月顺序列出某人的学习、工作经历等信息。

2. 表格式

表格式可以根据需要有选择地列出学习、工作、成绩及其他重要的信息。

二、案例分析

例一

2010 年个人简历

姓　　名：×××　　　　国　　籍：中国
目前住地：清远　　　　　民　　族：汉族
户籍地：清远　　　　　　身高体重：169 cm 50 kg
婚姻状况：未婚　　　　　年　　龄：23 岁

求职意向及工作经历

人才类型：普通求职
应聘职位：经营/管理类：电子商务、酒店/旅游后勤类：技术维护、餐饮/娱乐类：技术维护

工作年限：2　　职称：中级
求职类型：全职可到职日期：随时
月薪要求：1 000～1 500　希望工作地区：广州佛山

工作经历：
公司名称：武汉格莱美国际俱乐部
起止年月：2008-02—
公司性质：私营企业所属行业：饮食，旅游业，宾馆
担任职务：工程技术部
工作描述：
离职原因：准备转换工作环境

公司名称：武汉圣宝龙大酒店
起止年月：2007-06—2007-12
公司性质：私营企业所属行业：饮食，旅游业，宾馆
担任职务：娱乐部音控维护
工作描述：
离职原因：公司结业转让

公司名称：
起止年月：2006-10～2006-12
公司性质：私营企业所属行业：计算机业
担任职务：技术网管
工作描述：
离职原因：兼职

公司名称：武汉市华创科技有限公司
起止年月：2005-09—2006-11
公司性质：私营企业所属行业：计算机业
担任职务：技术/销售服务部
工作描述：
离职原因：兼职

公司名称：长江职业学院多功能演艺厅
起止年月：2004-12—2007-06
公司性质：事业单位所属行业：教育事业
担任职务：音响、灯光设备操作维护

工作描述：音响、灯光设备操作维护

离职原因：勤工俭学、毕业离校

语言能力

外　　　语：英语 一般

普通话水平：良好

粤语水平：良好

工作能力及其他专长

熟悉 Windows 系统各版本、计算机软硬件、网络维护知识、Office 系列基本操作、网页基础制作、Visual Basic、Photoshop 系列、Adobe Premere 等。

略通 Cool Edit 2.0、调音台、灯光音响、华视、雷石 KTV 等 VOD 点播系统及各种常用音频、视频软件操作。

详细个人自传

个人联系方式

联系电话：150897217××

手　　　机：QQ 号码：88282＊＊

电子邮件：××××　　个人主页：szcuil.cn

评析：这是一份个人简历，对于一个没有真正参加工作的同学来说，如何去判定它的好坏还是有些难度的。现在先从简历的几个方面来认识：（一）一般简历包含个人较详细的身份说明，如性别、年龄、籍贯、民族、政治面貌、健康状况、联系地址、邮编、电话、邮箱等；（二）对学习及相关经历要作介绍。介绍你的就读学校、专业名称和学习成绩（这部分可结合所获证书或职业培训的资料等），同时还有你实习的单位、担任过的学校和社会工作等；（三）介绍兴趣、特长，特长包括专业技术特长和一般特长，如外语、计算机、普通话等；（四）还要介绍获奖情况，如三好学生、优秀学生干部、优秀党员、奖学金等；（五）根据逐项对照，可清晰地发现在这份简历中，求职者没有很好地呈现个人的学习经历或教育背景，只有把这个重要的部分补充上，才是一份较为完整的个人简历。

例二

（三）教育经历	例2：求职意向：外贸业务员
1.学校、专业（方向）、成绩或排名；	2008.9-2012.6　浙江财经学院英语语言文学专业本科
2.主修或自修课程及成绩；	排名：3/56
3.校内外相关培训经历。	自修课程：国际贸易 89/100
优势在哪里？	2005.9-2008.6　浙江余杭××中学读高中
例1：	连续两年担任校女生部部长
2005.9-2008.6　浙江余杭××中学读高中	
2008.9-2012.6　浙江财经学院外国语学院英语语言文学专业本科	亮点突出：优异的成绩\相关课程　沟通与组织能力

> **（四）工作经历**
> 　　阶段实习和毕业实习；
> 　　社会工作；
> 　　社会与市场调查；
> 　　兼职经历等。
>
> **例1：工作经历**
> 　2009.7-2009.8　　浙江恒通公司客服中心实习
> 　2009.9-2009.12　兼职英语家教
>
> （优势在哪里？）
>
> **例3 工作经历**
> ○浙江恒通外贸公司　客服中心　2009.7-2009.8
> 　负责英美客户接待、投诉，协调各部门解决客户问题，迅速掌握了外贸公司客服工作的基本要求，给客户留下良好印象，提高了自己的心理承受能力和耐心。
> 　实习单位评价：适应能力强，善于沟通。
> 评：用职责、收获、他人评价来显示优势

评析：在上面的第一个案例中，已经具体分析了一份完整的简历所需具备的重要方面。而个人的教育和工作经历又是一份简历的重中之重。（一）从左边部分的两个图可以看到，这位求职者只是详细地罗列出个人求学和工作的时间、地点，这样的表达方式很普通，不会达到明显的效果；（二）右图关于教育经历部分，求职者在本科院校和专业介绍后增加了成绩排名，突出了个人在学习成绩方面的优势，为建立良好个人形象打下基础。同时在介绍高中后补充了个人担任部长的经历，这是除学习成绩外关于组织沟通等能力的全面展示，会加分不少；（三）右图关于工作经历部分，求职者新增了在工作中具体做了什么，收获是什么，以及实习单位的评价。这种谦逊的语气既反映了客观事实，也让应聘单位能够全面掌握求职者的工作能力和发展优势；（四）做好一份简历的良好态度，也将会是一个应聘单位对你的第一考核。同样的内容，不同的呈现，说明了求职者积极主动、善于思考、努力把握人生机遇的心态，这些素质一定会让这位求职者在激烈的竞争中处于优势，较快地获得一份满意的工作。

三、任务要求

（一）个人简历的撰写

简历的规格和版式
（1）简历的篇幅最好在1~2页纸；
（2）在中文简历中，小标题和姓名可以用黑体，而正文一般用宋体；
（3）排版时要尽量做到整齐、大方、简洁。

（二）简历各要素撰写

1. 个人信息

必填信息：姓名、联系方式（手机、地址、E-mail）；

可选信息：性别、年龄、民族、籍贯、政治面貌、照片。

2. 教育背景

必填信息：受教育时间段、学校、学院、专业、学历等；

可选信息：主修课程、辅修课程、研究方向等。

3. 实习实践经历

描写实习实践经历时要把握好用数字说话、用专业术语表达和与职位相关的原则。

4. 社会工作情况

可以重点强调在社会工作中取得的成绩，并以具体数字说明。

5. 获奖情况

获奖情况可先写获奖时的学校及等次，再写获奖时间，最后可注明具体的名次或总体参加比赛的人数。

6. 专业技术、英语和IT技能

可以简要地写，把基本情况说清即可。

（三）撰写时应该注意的问题

（1）突出特长，扬长避短；

（2）语言简练，态度诚恳；

（3）文面整洁，书写规范；

（4）把握分寸，客观评价。

四、个人简历的示例

1. 模板一

个人简历	姓　名		性别		年龄	
	文化程度		专业		籍贯	
	联系方式					
	家庭住址					
	身份证号码					
	个人工作经历：					
	个人简历：					

2. 模板二

个人求职简历

姓名		性别		
年龄		出生日期		
所在城市		从事行业		
学历		民族		
婚姻状况		身份证		
籍贯		户口所在地		
毕业学校		计算机能力		

	姓名	成员关系	职务	工作单位
家庭成员				

	工作时间	公司名称	职位名称	所属部门
工作经历				

	时间	学校	学历
教育情况			

	培训时间	培训机构	培训内容
培训经历			

备注	

续表

项目经验	项目	1.	
		2.	
	开发	3.	
		4.	
		5.	
		6.	
		7.	
		注：	
	其他项目	8.	
		9.	
		10.	
职业技能			

五、实训操作

请同学结合个人实际和学习后的思考，做一份自己的求职简历。

知识拓展

1. 简历中的材料要达到的效果

（1）打开简历立刻让人觉得你是合适人选；

（2）写学过什么不如写做过什么；

（3）最好有你对应聘岗位能力的证明；

（4）材料要力求创新。

2. 个人简历的特点

（1）真实性。个人简历要突出自己与工作相关的特长和动手能力，做到真实、准确、不夸大、不编造。

（2）正面性。简历内容应当选择正面性的材料，没有必要告知全部不太相关的细节。

（3）精练性。坚持简洁精练的原则。一般用一页纸准确全面地展示自己，最多把

握在第二页内容的 2/3 以内。

任务九 求 职 信

一、任务导入

聂馨是贵州一所职业院校的 2013 级中职生。毕业临近，她很想早日找到一份适合自己的销售工作。前段时间，她看到了某公司刊登在《贵州日报》上的一则招聘信息，非常想获得这份工作。在老师的指导下，她向那家公司投递了一份求职书。经过筛选，她获得了面试的机会；凭着扎实的基本功和良好的综合素质，她成功地被该公司录用了。

聂馨求职成功的原因是什么？首先在于她制作了一份优秀的求职信。

二、求职信的概念和分类

（一）求职信的概念

求职信是求职者为了求得适合自己的工作或职位，为求职单位专门推荐自己所写的信函，又称为自荐信或自荐书。

（二）求职信的分类

求职信可分为被动求职信、主动求职信。

1. 被动求职信

根据用人单位的招聘条件，向用人单位进行自我推荐的求职信。

2. 主动求职信

应聘者不知道用人单位是否需要招聘，向用人单位大胆自我推荐的求职信。

三、案例分析

评析一：标题居于第一行正中央；称谓顶格写；如知道用人单位名称就要写全称或规范化简称，然后写自荐缘由，态度诚恳，用语礼貌。

> **求职信**
>
> 尊敬的领导：
> 　　您好！
> 　　请恕打扰。本人是一名刚刚从××商学院会计系毕业的大学生，很荣幸有机会向您呈上个人材料，在投身社会之际，为了找到适合自己的工作，更好地发挥自己的才能，谨向各位领导作一自我介绍。

评析二：本部分强调了自己对公司业务的了解，以确切、具体的事实证明自己的工作能力，对自己的优点阐述非常明确。

评析三：本部分强调了自己既具有目标工作——会计所要求的教育资历与专业知识，同时又指出了自己具有把这些知识转化为实际的写作能力、人际关系和心理素质。

评析四：本部分在一开始就抓住了对方的注意力，表明了得到的信息是关于该公司的第一手材料；也点明了自己的求职资格和能力。

评析五：本部分举例说明了自己参加过的社会活动，表明自己具有目标工作相关的良好的素质和综合能力。

评析六：本部分表示自己的愿望、要求，礼貌地提出希望参加面试的要求。

评析七：本部分证据诚恳、胸怀大度。结尾有得体的祝颂语。注意这种祝颂语的特定格式要求。

由于贵公司专门研究税收保护项目，我想我在这一专业领域内的工作经验亦会对贵公司有所贡献。我曾在一家证券经纪公司做过两年的业余簿记工作，随后被提升到社会投资部任财务投资主力。2008年8月，我为公司分析和选择了一种特殊而有效的税收保护计划，得到公司经理的赏识，公司特意增加了我的工资。

在大学里，我学习商业会计专业，并参加过计算机操作技能的培训和训练，这使我相信，我能够在贵公司这样高度专业化和现代化的公司里，熟练地应用计算机处理各种会计业务。在商业写作、人际关系和心理学方面的训练，将会帮助我与公司客户建立密切而融洽的业务联系。

今天我与贵公司人事部的罗林强先生谈话，得知贵公司目前需要一名会计。经过了解贵公司的情况，我相信我的工作资格和能力完全符合这项会计工作的要求。

此外，我具有较强的领导和组织能力，曾是学校金融协会副主席和市慈善活动团体的筹资部部长，能与人密切合作的能力对我做好会计工作也将十分有益。

随函呈上个人简历、论文及获奖证书复印件等，敬请参考。希望各位领导能够对我予以考虑，我热切期盼着您的回音。如果有机会与您面谈，我将十分感谢。

四、任务要求

（一）求职信的结构

求职信一般包括标题、称呼、问候语、正文、结语、落款和附件。

1. 标题
居中写标题，字号偏大。

2. 称呼
另起一行顶格写收信的单位名称或领导姓名，一般需要加"尊敬的"一类敬语，以表尊重。

3. 问候语

一般另起一行写"您好"。

4. 正文

正文一般包括开头、主体和结尾。开头要简单地进行自我介绍，以及求职信息来源和应聘岗位名称；主体部分要针对求职的岗位简要介绍个人基本情况、成绩、特长和工作经历等，以充分展现较全面的能力；结尾要表达对工作的期望，希望能得到对方肯定的答复，并送上祝福性的话语。

5. 结语

结语一般写是另起一行空两格写"此致"，再在下一行顶格写"敬礼"。

6. 落款

在正文的右下方写上自荐人姓名及书写日期。若是打印件，需要本人亲自签名，以示敬意。

7. 附件

求职信一般要附寄自荐人情况的原始证明材料，如毕业生推荐表、盖有公章的学习成绩、毕业证、学位证、获奖证书、专业技能等级证书等。

（二）求职信的示例

求职信

尊敬的包经理：

您好！

我是重庆×××职业技术学院一名即将毕业的高职生，想在贵公司找一份有关汽车销售方面的工作。

我学的专业是汽车贸易，每门功课成绩均在85分以上。现附上一份个人简历和大学期间各科成绩一览表，供您参阅。

今年上半年，我在贵公司实习了一段时间，并深深地感到，贵公司领导非常重视人才，注重员工的团结协作精神以及工作效率等。可以想象，作为贵公司的一员在这样的环境中工作、成长，那是多么自豪的一件事。

当然，条件如此优越的公司，能成为其中一员并非易事。但我坚信，我有这个自信和能力去迎接挑战，去努力打开贵公司的这扇希望之门。我性格开朗，乐观向上，诚恳务实，待人热情；工作认真负责，积极主动，能吃苦耐劳；有较强的组织能力、实际动手能力和团体协作精神，在学校与同学关系融洽。在各类社会实践活动中，我养成了敏锐的洞察力、独立的思考判断能力、果断的行事作风。目前我已熟练掌握本专业的基础理论和操作技能，能够独立完成工作。此外，我的英语过了六级，获得汽车修理技术中级证书，通过了汽车贸易专业国家中级考试。在贵公司实习期间也发挥了个人的专业特长，获得贵公司的好评。我相信，在一个崇尚公平竞争的公司里，我会一展宏图。

现随函将本人简历、学习成绩表、论文及相关证书复印件呈上。

最后，我希望贵公司能给我一个尽献微薄之力的机会，敬候您的答复。

此致

敬礼！

罗靖

2015年5月25日

联系地址：××××××
邮政编码：××××××
联系电话：××××××

五、实训操作

1. 阅读下文，指出示求职信中存在的问题。

求职信

尊敬的公司领导：

您好！

首先感谢您能抽出宝贵的时间来看我的自荐信。我叫姜玉树，现年22岁，身高174 cm，来自四川峨眉，是××××××学院精品班——城市轨道专业2009届毕业生。今天我是怀着快乐而又激动的心情呈上这份求职信的。之所以激动，是我决定到贵公司，实现共同的辉煌。

三年的大专生活中，我勤奋刻苦，力求向上，努力学习基础与专业知识，三年来，我的各学科没有补考的记录，专业学科成绩优良，在校期间曾被评为优秀团员和优秀学生干部。普通话达到国家标准水平，计算机已拿到国家四级等级考试证书，同时英语也达到了国家四级水平。

三年的学习生活，铸就了我勤奋诚实，积极热情的性格，培养了我拼搏向上的精神，提高了自我判断、策划、协调等多方面能力，为自己注入了全新的营养，为今后的工作打下了良好的基础。由于以上情况，本人适合担任地铁站务员工作，能与外国人交流，为他们指引方向。哪里谁叫随到，需要就往哪里跑，有一分热发一分光。让乘客井然有序上下车，老幼病残有专人护理，到地铁站就像到自己家一样幸福温馨！

实践是检验真理的唯一标准。所以每年我利用放假时间参加了春运、暑运！了解到怎样工作才能让乘客满意，旅客放心。并且参观了地铁设施，查阅大量的资料，对地铁方面的规章制度，管理要求都比较清楚！我想一个人只有把聪明才智应用到实际工作中去，服务于社会，有利于社会，让效益来证明自己，才能真正体现自己的自身价值！虽然现在应聘的只是一名普通的站务员，但我坚信，不久后的将来我一定会有惊人的进步和提升，担任更高一级的职务。路是一步一步走出来的。只有脚踏实地，努力工作，才能做出更出色的成绩！

通过我的这封求职信，能使您对我有一个更全面深入的了解。我愿意以极大的热情与责任心投入到贵公司的发展建设中去。您的选择是我的期望。给我一次机会还您一份巨大的惊喜。

  此致

敬礼！

求职者：姜玉树
2008 年 5 月 2 日

同学们分为四个学习小组阅读并讨论，指出其中的不足，可以推荐一位同学回答。

2. 课后练习：

毕业后你想到什么单位从事哪些岗位的工作？利用网络等资源搜寻相关招聘信息，给对方投递一份求职书。

 知识拓展

1. 求职信的特点

（1）针对性。求职信要针对用人单位对岗位的要求、读信人的心理和本人的特点、求职目标等来写。

（2）自荐性。是指要恰当地推销自己。求职信是沟通求职者与用人者的一种媒介，在相互不了解的情况下，求职者要恰如其分地展现自己，用你的"闪光点"吸引对方，以期引起用人单位的兴趣。

（3）独特性。是指内容和形式不同于一般书信。要想在竞争中取胜，就要出奇制胜。

（4）求实性。求职信要实事求是，不能夸大其词，言过其实。

2. 写求职信时的准备

（1）对方要什么？不同职业、不同岗位，对人才的需求是不同的。如地铁站务员和火车站的信号工，由于他们的工作性质和内容不同，对求职者的要求也不同。弄清楚对方的要求，我们就能有针对性地进行写作，从而提高求职成功的概率。

（2）我该给什么？一般情况下，应聘不同的企业、不同的岗位，求职信的内容应该也不一样。"放之四海而皆准"，对求职信来说是不行的。对方对人才的要求是什么，求职者就应该把自己与之相关的知识和技能提供给对方。

项目三　党政公文

学习目的与要求

通过本项目八个任务的学习，了解党政公文的概念、种类和特点，掌握公告、通告、通知、通报、请示、报告、会议纪要的概念、特点、作用、种类和写法。

能力目标

1. 了解党政公文的基本知识和要求；
2. 了解公告的基本知识和要求；
3. 了解通告的基本知识和要求；
4. 了解通知的基本知识和要求；
5. 了解通报的基本知识和要求；
6. 了解请示的基本知识和要求；
7. 了解报告的基本知识和要求；
8. 了解会议纪要的基本知识和要求。

核心能力

能够按照党政机关公文对公告、通告、通知、通报、请示、报告、会议纪要的写作要求，掌握以上七种应用文的写法；

能够根据给定材料判定公文文种并按要求拟写公文。

任务一　党政公文基础知识

一、任务导入

公文一般指党政机关、社会团体和企事业单位在行政管理活动或处理公务活动中产生的，按照严格的、法定的生效程序和规范的格式制定的具有传递信息和记录作用的载体文件。

党政机关公文是党政机关实施领导、履行职能、处理公务的具有特定效力和规范体式的文书，是传达贯彻党和国家方针政策，公布法规和规章，指导、布置和商洽工作，请示和答复问题，报告、通报和交流情况等的重要工具。

2012年4月16日，中共中央办公厅、国务院办公厅联合发布《党政机关公文处理工作条例》（中办发〔2012〕14号），同年7月1日起施行。新条例确定的公文种类有15种，分别为决议、决定、命令（令）、公报、公告、通告、意见、通知、通报、报告、请示、批复、议案、函、纪要。

党政公文按照行文方向划分，上述公文可分三类：

（1）上行文。是下级机关向具有隶属关系的上级机关报送的公文，如请示、报告等。

（2）平行文。指同一组织系统的同级机关或不相隶属机关之间的来往公文，如函，部分通知有时也可作平行文。

（3）下行文。指领导机关对下级所属机关发的公文，如命令（令）、决议、决定、公告、通告、意见、通知、通报、批复、纪要等。

有些公文的行文方向并不十分固定。例如通知，主要为下行文，有时也具有平行文的性质；函，主要是平行文，有时也兼用作上行文或下行文。

此外，公文按缓急程度可划分为特急、加急两类，电报分为"特提""特急""加急""平急"四类。按保密级别可划分为绝密、机密、秘密三类。

党政公文有三个特点：

一是由法定作者制发。法定作者指依法成立并能以自己名义享有权利承担义务的社会组织及其领导人。

二是具有法定的权威性和现行效用。法定权威性是指公文在法定时间和空间范围内能够对受文者的行为产生一定程度的强制性影响。现行效用指公文在其内容所针对的现行公务活动中直接发挥实际效力具有依据和凭证功能。

三是公文具有规范的体式和特定的处理程序。公文的规范体式是指公文的文体和格式必须符合国家的统一规定。收文和发文均有一定的处理程序，各环节皆有顺序性和规范性，不得自行其是。

任务二　公　　告

一、任务导入

公告是较高级别的党政机关向国内外宣布重要事项或者法定事项的知照性公文。

公告按其性质、内容和发布机关的不同，一般可分为国家重要事项公告和法定事项公告。

国家重要事项公告，是宣布有关国家的政治、军事、经济等方面重要事项的公告，如《教育部办公厅关于发布〈2013年教育部政府信息公开工作年度报告〉的公告》《中华人民共和国司法部公告》。

法定事项公告，是国家公布有关法律、法令、行政法规和由司法机关依照法律有关规定发布重要事项的公告。它可以分为法定专门事项公告和法院公告，如《中华人民共和国专利法》规定的专利公告、《中华人民共和国企业破产法》规定的破产公告以及开庭公告、强制执行公告等。

二、案例分析

关于征集2016年贵州省'十件民生实事'的公告

近年来，省委、省政府聚焦百姓关切点，每年均集中力量实施一批民生实事，有效解决了一些事关人民群众切身利益的热点难点问题。为更好地应民之呼、聚民之智、解民之忧，省政府办公厅决定开展2016年"十件民生实事"征集活动。

一、征集时间

2015年11月10日至2015年11月30日。

二、征集内容

请广大干部群众围绕与民生密切相关的扶贫开发、教育医疗、住房养老、社会保障、就业创业、市场监管、环境保护、城乡规划建设、交通出行、饮水安全、文化体育、科技信息、公共安全、社会治理、物价等方面亟待解决的问题提出意见和建议（建议内容应文字简洁、条理清晰）。

三、征集方式

请写明实事名称、内容及办理建议等，同时将建议人姓名、联系电话和通讯地址等相关信息一并发送至电子邮箱：gzszfyjszhc@163.com。

希望全省广大干部群众和网民朋友踊跃参与，提出宝贵建议。我们将充分考虑和尊重群众意见，认真阅读每一封来信，认真梳理汇总每一条建议，供省委、省政府决策参考。

省政府办公厅
2015年11月10日

评析：这是贵州省政府办公厅发布的一则公告，标题采取"事由（关于征集2016年贵州省'十件民生实事'）+文种（公告）"的形式，抬头未明确主送机关，说明其具有广发性；公告开篇明确发布缘由，主体部分采取分条列项式明确具体时间、内容和方式等；公告的结语可写可不写，如需写结语，一般用"现予公告""特此公告"等习惯用语，本则公告并未使用结语；公告的落款使用规范性简称，落款时间为阿拉伯数字。

三、任务要求

（一）公告的标题

公告的标题一般有四种形式：

（1）由"发文机关名称+事项+文种"组成，如《教育部关于2014—2015学年度本专科生国家奖学金获奖者的公告》；

（2）由"事项+文种"组成，如《2015年国家司法考试公告》；

（3）由"发文机关名称+文种"组成，如《中华人民共和国司法部公告》；

（4）只写出文种"公告"即可。

（二）公告的正文

公文的正文一般由"缘由+事项+结语"三部分构成。

正文开头一般简要写出公告的依据和原因，之后可使用惯语"特此公告如下""现将有关事项公告如下"等进行过渡，引出公告事项。

公告事项是公告的核心部分，要求明确写出公告的决定和要求。

结语可写可不写，如需写结语，一般用"现予公告""特此公告"等习惯用语。

（三）公告的落款和发布日期

公告的落款要求写出发布机关的名称和发布日期，发布机关名称须为全称或者规范化简称，日期的年月日须使用阿拉伯数字。

四、实训操作

1. 阅读下文，并指出公文中存在的问题。

关于春运重点安全隐患排查情况的公告

为切实做好2016年春运工作，确保实现"平安春运、文明春运、温馨春运"的总目标，省春运联席会议成员单位对各承运场所、设备等进行了安全隐患排查。现将排查和整改情况予以公示通知，接受社会各界监督。春运期间，排查和督促整改工作将贯穿始终，通知内容实时更新。

特此通告！

附件：春运安全隐患统计表.xlsx

贵州省春运工作联席会议办公室
2016年1月28日

2. 根据下面的文字材料，拟写一则公告。

贵州省人民政府拟在广大干部群众中征集城市工作意见建议，征集时间为2016年3月29日至2016年4月1日。征集内容为围绕与城市规划建设管理密切相关的城市功能、交通出行、居住条件、卫生环境、建筑设计、市容市貌、城市执法、社会治安、公共服务以及产业支撑等方面的问题和困难，提出希望改进城市工作的意见和建议。

【知识拓展】公告的特点

公告属于公开宣布的公文，主要用于公布宪法、国家重要领导人出访、任免、逝世以及其他一些国家重大事项等，通常在报纸、电视台、电台发布。此外，司法机关、税务、海关、新华社等机关也可用公告的形式宣布有关规定或决定的事项。

在知照性文件中，公告公布的范围最广，它可以在世界范围内予以公布，而且行文庄重、态度严肃，其制作者一般为党和国家的领导机关及领导人，基层单位对一些具体事项不宜使用公告来公布。

任务三 通 告

一、任务导入

通告是公布社会各有关方面应当遵守或周知的事项的公文，是行政机关及职能部门、基层单位与社会团体广泛使用的公布性公文。通告既具有告知性，又具有法规性，在某种情况下具有法律效力与行政约束力。

通告可分为知照性通告、办理性通告和行止性通告。

（1）知照性通告。告知一些应当知道或需要遵守的简单事项的通告，如《贵阳市人民政府关于开展环境保护大检查的通告》。

（2）办理性通告。办理一些例行事项通告，其内容如注册、登记、年检等。

（3）行止性通告。公布一些令行禁止类事项的通告，其内容如查禁淫秽书画、收缴非法枪支、加强交通管理、查处违禁物品等。

二、案例分析

贵阳市人民政府关于开展环境保护大检查的通告

为推进我市全国生态文明示范城市建设，打造贵阳发展升级版，全面防控环境污染和环境风险，严守我市生态底线，进一步纵深开展"六个一律"环保"利剑"执法专项行动，根据新实施的《中华人民共和国环境保护法》《国务院办公厅关于加强环境监管执法的通知》和《贵州省环境保护大检查工作方案》要求，市人民政府决定自通告之日起,在全市组织开展环境保护大检查,市生态委、市公安局、市检察院、市中级人民法院、市住建局、市城管局、市水务局等工作部门及各区(县、市)人民政府、开发区管委会对我市范围内各类环境违法行为进行全面检查和依法查处。现将相关事项通告如下:

一、检查范围。对我市范围内大气、水、重金属、危险废物、工业园区、交通干道污染防治,核与辐射安全,建设项目环评与环保"三同时"制度执行,国控重点污染源自动监控设施运行情况进行全面检查。

二、违法责任。对在检查中发现的各类环境违法行为,将按照2015年1月1日施行的《中华人民共和国环境保护法》依法查处,对涉嫌犯罪的,移送司法机关处理。

三、社会参与。各重点排污单位如实向社会公开其污染物排放状况和防治污染设施的建设运行情况。在环保大检查中发现的环境违法行为,相关部门将全面向社会公开,接受公众监督。鼓励社会公众对发现的环境违法行为积极举报,并按《贵阳市环境违法行为举报奖励办法(试行)》进行奖励。

举报电话:12369

贵阳市人民政府
2015年1月18日

评析:这是贵州省人民政府发布的一则知照性通告。通告标题采取"发文机关(贵阳市人民政府)+事由(关于开展环境保护大检查)+文种(通告)"的形式;通告抬头未明确发送机关,说明其具有广发性;通告开篇明确发布缘由,并使用通告惯用语"现将相关事项通告如下"进行过渡;通告主体部分采取分条列项式,确保通告相关内容清晰明了;通告结尾一般使用"特此通告"等惯用语,也可不使用,本则通告就未使用;落款和其他公文一样。

三、任务要求

(一) 标题

通告的标题,一般有四种形式:

1. 由"发文机关+事由+文种"组成。对外界发布(发表、张贴)的通告,一般采用完全式标题,如《河南省地方税务局关于认真落实〈事业单位、社会团体、民办非企业单位企业所得税征收管理办法〉的通告》;

2. 由"发文机关+文种"组成,如《中华人民共和国公安部通告》;

3. 由"事项+文种"组成,如《关于金阳临时客车站搬迁至西南商贸城客运分站的通告》;

4. 标题仅注明文种的通告,在本部门、团体、单位内部发布的通告,可以只以文种作标题。如果事件紧急,可用"紧急通知",以引起关注。

（二）正文

通告的发布范围广泛，常常不写主送机关。通告正文一般由"缘由＋主体＋结语"构成。

1. 通告缘由

主要发布通告的背景、根据、目的、意义等之后，常用"现将有关事项通告如下"或"特此通告如下"等开启通告的主体部分。

2. 通告主体

通告主体即具体通告事项，一般多采用分条列项的写法，条理分明，层次清晰。如果内容比较单一，也可采用贯通式写法。

3. 通告结语

通告结语一般要简明扼要地提出执行日期、措施和希望、要求等，也可采用"本通告自发布之日起实施"或"特此通告"等模式化结语。有些通告也可没有结语。

（三）落款

与其他公文相同，有的通告，发布日期也可以写在标题之下。

四、实训操作

1. 阅读下文，指出公文中存在的问题。

通　　告

我厂因铺设供气管道，需挖断厂门外108国道公路，施工期间造成过往车辆无法通行。因此过往车辆必须绕道行驶，否则后果自负。

××机械厂
二〇一二年三月二十八日

2. 根据下面的文字材料，拟写一则通告

"2016中国大数据产业峰会暨中国电子商务创新发展峰会"（以下简称"数博会"）于5月25日至29日在贵阳市举行。为确保会议顺利进行和道路交通安全畅通，贵阳市公安交通管理局根据《中华人民共和国道路交通安全法》相关规定，从5月23日起，禁止大（中）型货车驶入环城高速（不含）以内道路。从5月23日至30日止，每日7：00至22：00，禁止低速载货汽车、三轮汽车和专项作业车驶入观山湖区金阳北路（含）、金阳南路（含）以东区域的道路和二环（含）以内的道路。从5月25日0：00起至29日24：00止，贵A号牌（不含临时号牌）7座以下小型客车（含7座）从贵阳环城高速公路收费站驶入，并由环城高速上的收费站驶出的（即"环进环出"）将免费通行。跨区出行的车辆请从环城高速通行。从5月25日起，凡在"数博会"举行期间的白天（7：00至20：00），悬挂原段号牌和专段号牌（即一环牌照）的车辆，自愿停驶连续三天（含）以上并备案的（点击贵阳交警信息网http：//

jjzd.gygov.gov.cn/网页浮漂进入，按操作说明备案），可在6月份自主选择不受尾号限行规定限制。具体备案方式另行公布。

【知识拓展】公告和通告文种辨析

	公 告	通 告
内容属性	向国内外宣布重要事项或者法定事项，兼有消息性和知照性的特点	在一定范围内应当遵守或周知的事项，具有鲜明的执行性、知照性
告启范围	面向国内外的广大读者、听众，告启面广	告启面则相对较窄，只是面向"一定范围内的"有关单位和人员
使用权限	通常是党和国家高级领导机关宣布某些重大事项时才用，新华社、司法机关及其他一些政府部门也可以根据授权使用公告	适用于各级行政机关和企事业单位

任务四 通 知

一、任务导入

通知适用于批转下级机关的公文，转发上级机关和不相隶属机关的公文，发布、传达要求下级机关办理和有关单位周知或者执行的事项以及任免人员。通知是各级党政机关、人民团体、企事业单位在公务活动中最常用的一种公文，使用范围广泛，使用频率高，与其他指令性的公文相比，灵活简便。

根据内容和作用，通知可分为以下几种类型。

（1）指示性通知。用于直接发布行政法规和上级机关对下级机关某项工作的指示、要求，其指示内容比较重要，带有强制性、指挥性和决策性。如《中共贵阳市委办公厅、贵阳市人民政府办公厅关于全市机关企事业单位带头缓解中心城区交通拥堵的通知》；

（2）批示性通知。是上级机关用批转、转发的方式发布某些法规，要求下级贯彻执行。批转下级机关送来的工作报告、建议、计划等，以及沟通情况，指导工作。

批示性通知包括批转性通知和转发性通知，批转性通知是对下级机关的文件加批语并转发给其他下级机关的通知，需在标题中加"批转"二字，如《国务院批转国家发展改革委关于2016年深化经济体制改革重点工作意见的通知》；

转发性通知是上级机关单位、同级机关单位或不相隶属机关单位发来的公文，对本机关所属下级机关单位具有指示、指导或参考作用，加上按语，用通知形式转发给下级机关。如《省教育厅办公室转发教育部办公厅关于开展第三届"礼敬中华优秀传统文化"系列活动的通知》。

（3）事项性通知。用来传达要求下级机关办理和有关单位周知或者执行的某些事项，除交代任务外，通常还提出工作原则和要求，让收文单位贯彻执行，具有强制性和行政约束力的通知。如《省教育厅关于组织参加第二届中国"互联网+"大学生创新创业大赛暨举办贵州省第二届"互联网+"大学生创新创业大赛的通知》。

（4）会议通知。召开比较重要的会议之前，把有关事项告知给有关单位和人员时用的通知。会议属于事项性通知，由于使用频率高，在写法上逐渐形成独立的形式。

（5）任免通知。上级机关对任免的人员用通知的形式告知下级机关。在公文中，具有任免功能的还有任免命令与任免决定。但对于一般机关来说多采用任免通知。

二、案例分析

××县粮食局关于开展
2012年度冬季粮食安全储藏工作检查的通知

各粮站：

为了准确掌握粮食储藏情况，及时发现储藏中的问题，杜绝事故隐患，采取有效的保护措施，确保国家粮食安全储藏，根据××市粮储（2010）第××号文件精神，我局决定对全县粮食安全储藏工作的情况进行一次全面检查。现将有关事项通知如下：

一、检查内容：

（一）检查各粮站所储粮食的水分是否在安全储藏的范围内，检查储粮中有无虫害。

（二）检查仓房是否有上漏下潮的情况。

（三）检查各种检测粮食安全储存器材以及消防设备是否完全。

二、检查要求：

（一）必须按照有仓必到、有粮必查、查必彻底的原则进行细致检查。

（二）查出问题必须就地提出处理方案，立即处理。

（三）检查后必须以站为单位填出检查统计表（表格附后），并写出文字材料。

三、检查方式：

各站由具有丰富防保经验、工作负责的十名以上职工组成检查小组，各站长任组长，互相交叉检查，一区粮站查二区粮站；二区粮站查三区粮站；三区粮站查四区粮站；四区粮站查五区粮站；五区粮站查一区粮站。

四、检查时间：

统一定于本月二十日至二十六日进行，本月二十八日将检查统计表和文字材料报本局储运股。请各粮站及时研究安排，做好准备工作，以确保全县粮食安全储藏工作检查顺利进行。

附表：《××粮食局2012年冬季粮食安全储藏检查统计表》

二零一二年十月六日

评析：这是一则事项性通知。通知标题采取"发文机关（××县粮食局）+事由（关于开展2012年度冬季粮食安全储藏工作检查）+文种（通知）"形式；按照公文一般模式，开篇同样明确了通知缘由，并由惯用语"通知如下"过渡到通知主体；主体采用公文常用分条列项式进行表述。这则通知存在以下问题：1. 在第三块"检查方式"中，"十名以上"概念模糊，此处应明确人数。2. 在第四块"检查时间"中，存在信息模糊现象，应明确具体报送材料人员。3. "附表"应改为"附件"并空两格。4. 缺发文机关名称，时间应用阿拉伯数字。

三、任务要求

（一）标题

（1）由"发文机关+事项+文种"组成的完全式标题，如《省教育厅办公室关于"组织第七届全国大学生机械创新设计大赛贵州赛区预赛"的通知》。

（2）由"事由+文种"组成，如《关于开展贵州省2016年"特殊教育宣传周"活动的通知》。如果通知的内容紧急，可在标题中"通知"二字前加上"紧急"二字，如《关于签订2016年度"少干计划"研究生定向协议的紧急通知》。

（3）标题只使用文种的通知适用于单位内部发布，还可以根据情况使用"紧急通知""重要通知""补充通知"等标题。

（4）批示性通知标题结构一般是"发文机关+发布（批转、转发）+被发布文件标题+通知"。

（二）主送机关

通知的发送指向很明确，不像公告或通告可以免写主送机关。当主送机关较多，要采用抽象概括的写法，并用顿号、逗号区别其类型，例如"各区、县人民政府，市政府各委、办、局，各市属机构"。

（三）正文

通知的正文一般包括通知缘由、通知事项、通知要求三个部分，不同种类的通知正文写法不完全相同。

（1）指示性通知的正文一般先写发文的缘由、背景、依据，文字应力求简短概括，用"现将有关事项通知如下"或"特通知如下"等转入通知的内容。在事项部分，大多是分条列项，或写发布行政法规、规章制度、办法、措施等，或写带有强制性、指挥性、决策性的原则、指示性意见、具体工作要求等。

（2）批示性通知一般包括转发对象和批示意见两个部分。转发对象部分要写明被转发公文的名称及原发单位名称。批语的内容主要有说明批转的目的或陈述转发的理由、对受文单位提出贯彻执行的具体要求和根据具体情况做出补充性的规定三个方面。

对下级机关要求的通常用语,有"参照执行""遵照执行""认真贯彻执行"等惯用提法。可根据通知内容选择合适用语。

(3)事项性通知在写作时要注意,通知内容要确保受文单位清楚地了解通知事项、要做什么、怎样做及相关要求。正文一般分为三个部分。第一部分是开头,主要说明发此通知的原因和目的;第二部分是事项部分,将事项具体内容分条列项,阐述清楚,并明确要求、措施和办法等;第三部分是结尾,提出贯彻执行的相关要求。

(4)会议通知要包括召开会议的就按会议名称、会议时间、会议地点、主要议题、参会人员范围、报到时间、地点、参会人员是否需携带材料等,通常采用条文式写法,要求内容周密、表达准确、语言清楚,确保不产生歧义。

(5)任免通知的写法一般是固定格式,按照任免决定写上任免人员及岗位名称即可。

(四)落款

通知落款的写法,和其他公文落款的格式基本相同。

(五)写作注意事项

(1)讲究时效实效,切忌滥发通知。
(2)力求具体明确,切忌不畅含混。
(3)把握使用范围,切忌任意替代。

四、实训操作

1. 指出下面这则通知存在的问题,并加以修改。

××职业技术学院文件
××学院字〔2016〕5号
关于召开2016年科研座谈会的通知

院各科研项目负责人及相关人员:

为深入贯彻落实国家创新战略,充分发挥科研工作的引领创新能力,有效推进我院科研工作的进行,提高我院科研创新能力,促进我院创新人才培养质量的提升。学院决定召开2016年科研座谈会,请你们提前做好准备。

会议会采取主持人汇报和互动交流相结合的形式进行,会议内容有科研进展汇报、科研过程中的难点及问题、科研工作经验交流和自由发言四项,会议时间暂定在2016年4月6日召开。

特此通知。

××职业技术学院
2016年4月5日

2. 请根据给定材料,拟写一则通知。

××学院学生会决定在"五四"青年节举办全院的"十佳歌手"青年歌咏比赛,

现在要召集各班班长、团支部书记开会，商讨歌咏比赛事宜。你是院学生会宣传部成员，受命在今天（4月23日）以学生会名义发一个会议通知，告知各班班长和团支书到学生会办公室开会，开会时间定于4月26日下午4时。

【知识拓展】通知的特点

（1）应用广泛。在所有公文中，通知的使用是最广泛的。首先，任何一级机关、企事业单位、群众团体，均可制发通知，不受机关和组织性质、级别的限制。其次，无论是上级领导机关的重要决策，还是日常的行政工作，都可以使用通知。通知不受内容轻重繁简的限制，比较灵活、实用。

（2）使用频率高。通知适用范围广泛，行文简便，写法多样，在现行公文中使用频率最高。

（3）内容单纯，行文简便。一份通知一般只布置或通报一项工作事项，对写作格式要求相对没那么严格，与其他指令性公文相比，灵活简便。

任务五　通　报

一、任务导入

通报是适用于表彰先进、批评错误、传达重要精神和告知重要情况的公文。各级党政机关、企事业单位、社会团体均可使用。通报具有指导性和告知性，主要起倡导、警戒、沟通、传达等作用。

通报可分为表彰通报、批评通报和情况通报。

1. 表彰通报

表彰通报是指表彰先进集体、个人的典型先进事迹，宣传先进思想，树立学习榜样，号召进行学习等。

2. 批评通报

批评通报是指批评严重违法违纪事件，揭露问题，处分错误，总结事故教训，要求吸取教训等。

3. 情况通报

情况通报是指通过描述对事情做重点性和针对性的情况介绍，使受文单位了解全局，更好地交流情况，正视问题，以达到推动工作目的的一种通报形式。

二、案例分析

教育部办公厅关于对2015年度教育信息工作先进单位、先进个人给予表扬的通报

各省、自治区、直辖市党委教育工作部门、教育厅（教委），各计划单列市教育

局，新疆生产建设兵团教育局，部属各高等学校，有关省部共建、省部共同重点支持建设高校：

2015年，各地各高校认真贯彻党中央、国务院关于教育工作决策部署，按照《教育部关于加强教育系统信息工作的意见》要求，结合本地本校实际报送了大量信息，为推动教育改革发展迈上新台阶发挥了重要作用，涌现出一批工作成绩突出的单位和个人。为进一步调动各地各高校积极性、主动性、创造性，全面加强教育信息工作，决定对四川省委教育工委、省教育厅等57个先进单位，北京市教委办公室许鸿弘同志等57名先进个人予以通报表扬。

希望受到表扬的先进单位和先进个人珍惜荣誉，再接再厉，认真总结经验、把握规律，不断提升信息工作质量和水平。各地各高校要坚持服务大局、及时高效、全面准确、开拓创新，进一步增强信息工作的主动性、敏感性、时效性，统筹加强信息搜集报送，更好地服务于教育科学决策、民主决策、依法决策，为加快推进教育现代化、实现"十三五"教育事业发展良好开局做出积极贡献。

附件：1. 2015年度教育信息工作先进单位名单
　　　2. 2015年度教育信息工作先进个人名单

教育部办公厅
2016年4月25日

评析：这是教育部办公厅发布的表彰性通报。通报标题采取"发文机关（教育部办公厅）+事由（关于对2015年度教育信息工作先进单位、先进个人给予表扬）+文种（通报）"；抬头因发送机关过多，进行了抽象性概括；主体部分首先叙述表彰的典型意义和现实意义，然后宣布表彰决定，提出希望、勉励先进，最后明确相关要求；附件顺序号和附件标题应当与附件说明的表述一致；落款与其他公文格式一致。

三、任务要求

（一）标题

（1）由"发文机关名称+事由+文种"组成，如《国务院办公厅关于第一次全国政府网站普查情况的通报》。

（2）由"发文机关+文种"组成，如《中共××市纪律检查委员会通报》。

（3）由"事由+文种"组成，如《关于表彰民警××同志见义勇为事迹的通报》。

（4）仅标示文种的，多用于单位内部，重要事项和正式发文的通报，一般不采用此种形式。

（二）主送机关

普发性通报可不写主送机关，但需在文后的发送范围内注明。行文对象有专指的，须写明主送机关。

（三）正文

通报的正文一般是由发文缘由、通报事项、分析、决定、要求号召构成。

（1）发文缘由一般写出通报的背景、意义或根据，概括通报事项，表达发文机关对此事项的态度，同时加上"特通报如下"等惯用过渡语。这一部分在公文写作中通常被称为"帽子"。

（2）通报事项一般要求要详写，或写表彰事迹，或写错误事实与事实经过，或写重要精神、重要情况。主要是记叙事实，明确事件时间、地点、人或单位、事或问题、结果，或分析评议性质、意义、影响等。在写法上主要分为两种：一是将通报事项直接写入正文的直述式；二是以某文件或材料为基础的转述式，其通报事项在附件里，正文一般只明确转发附件的名称即可。

（3）分析部分主要是对事项产生的根源、作用或影响进行阐述，分析要中肯简洁，有说服力，切忌脱离通报事项本身，借题发挥。

（4）决定部分是对表彰先进或者批评错误做出嘉奖或惩处的决定措施。表彰通报和批评通报要运用决定形式表达上级机关的意见，情况表彰一般无这部分内容。

（5）号召要求部分根据不同的通报内容会有不同。表彰通报以典型先进事迹号召学习，批评通报要求吸取教训、引以为戒，情况通报则是交流工作，指导全局，以推进工作。

（四）附件

部分通报如转述式通报，其通报的事项不在正文中出现，而是以附件形式表述。

（五）写作注意事项

（1）通报行文的时效性。通报内容都是新发生的事件和事情，与推进当前工作密切相关，因为要特别主要不误时机，确保时效。

（2）人事典型的真实性。通报必须选择新颖、典型、具有代表性的人与事，材料要调查核实，力求事实准确。

（3）分析定性的准确性。因为注重教育性，就要有分析评论，对表扬或批评的人和事，要有准确定性的结论，特别是批评通报，通常被认为是对批评者的一种处分形式，因此在定性上应特别慎重。

（4）语言色彩的协调性。语言描述、用词等要根据通报的类型确定语言色彩，不管是表扬还是惩戒，感情色彩应前后贯通。

四、实训操作

1. 指出下面这则通报存在的问题，并加以修改。

关于给不顾个人安危与盗窃犯顽强搏斗的计××同志记功表彰的通报

局属各单位：

　　七月四日深夜，我区××中学党支部委员、人事干部计××同志，冒着生命危险，与窃贼搏斗，保卫了学校的财产。事情的经过是这样的：

　　七月四日零时十五分，××中学三楼忽然发出"哐"的一声，睡在二楼单人宿舍里的计××同志被响声惊醒。老计侧耳倾听，又从三楼传来玻璃被敲碎的声音。老计意识到定是窃贼在作案。他立即起床，但整个教学大楼一片漆黑，原来电源已被窃贼切断。他摸黑上了三楼，发现储藏室外间铁门上的一把锁已被锯开，储藏室门口有一人影，正欲爬进储藏室去。老计想到储藏室内放着录音机、照相机、电表等贵重物品，为了保护学校财产，他不顾个人安危，立即奔上前去，把罪犯拦腰抱住。罪犯凶相毕露，用一把大旋凿猛击老计的头部，致使头部鲜血直流，并用双手卡住老计的喉咙。老计忍着剧痛，狠狠抱住窃贼不放，从储藏室门口一直翻滚到走廊扶梯处。老计年已五十七岁，扭打将近十分钟，渐感体力不支，就用手使劲掰开罪犯卡喉咙的手，并大声呼喊"捉贼"。罪犯趁老计松手之际，仓皇向楼下逃跑。老计挣扎起来，追到楼下，因头部流血过多，昏迷倒地。老计的呼喊声传到了另一幢楼，住在这幢楼房的陈××同志闻声赶来，罪犯已逃离学校。陈××同志立即向公安部门报告。××区公安分局领导和干警驱车赶到，将受伤的老计送到浦东中心医院治疗。

　　在同窃贼的搏斗中，老计头部被窃贼用旋凿击破，伤口宽约四厘米，鲜血从储藏室门口一直流到走廊，门牙也被打落两颗，左右腿部也多处受伤出血。××区分局对该案十分重视，正在侦查中。

　　由于计××同志的高度警惕性，把个人安危置之度外，与罪犯顽强搏斗，保护了学校的财产。根据《××市国家机关人员奖惩试行办法》的规定，经七月五日局党委会讨论决定，给予计××同志记功一次的奖励，并通报全区中小学，号召全区广大党员、干部和教工向计××同志学习。特别是各校已放暑假，要求各校加强值班保卫工作，以计××同志为榜样，保护好学校的财产。

中共××区教育委员会
×××年七月五日

2. 根据给定材料，拟写通报。

　　200×年×月××市林业局所属木材公司12人（内有在外单位工作的家属6人）在经理杨××率领下以洽谈业务为由，遍游八省、市风景名胜区，出入包车，住高级宾馆，吃山珍海味，历时一个半月，报销公差费218 000余元，在舆论压力下，林业局发出公文，批评木材公司，要求所属单位吸取教训，今后不得再用公款游山玩水。为教育本人，给杨××记过一次，其他人员退回公款。

【知识拓展】通知和通报文种辨析

	通　知	通　报
适用范围	发布法规，批转公文，告知周知事项	表扬先进，批评错误，传达交流重要情况
目的作用	要求遵照执行或办理，有约束力	重在宣传教育、沟通信息，无工作部署安排
表达方式	主要是简要、清楚平实的叙述	兼用叙述、说明、议论
受文单位	隶属或不隶属单位	一般为全体下属单位
制作时间	事前发文	事后发文

任务六　报　　告

一、任务导入

报告是下级机关向上级机关汇报工作、反映情况、答复询问的一种上行公文，具有汇报性和陈述性，行文的目的是让领导机关了解情况，为制定政策和指导工作提供依据；向上级反馈工作情况，以接受上级的监督和指导。

报告按照性质和用途的不同，可分为以下几种类型：

1. **工作报告**

主要是在工作进行到一定阶段，向上级反映工作进程、反映工作问题、总结经验教训等。此类报告又分为以下两类：

一是综合报告。这类报告是反映一个单位一定时期内全面的工作情况。

二是专题报告。这类报告是就某件事情或某项工作所做的报告。

工作报告要把前一阶段某项工作的基本情况、取得的成绩、存在的问题、经验教训等阐述清楚，并做出恰当的分析和判断，对下一步工作提出具体意见。如《××学院关于报送2015年工作总结的报告》。

2. **情况报告**

用于反映本机关、本地区发生的重大事件，带有倾向性的新问题、新现象、新动向等。如《××学院关于"六五"普法工作开展情况的报告》。情况报告涉及的内容主要有两方面：

一是工作反省方面，对工作中出现的重大事故或失误，进行认真检查并总结经验教训；

二是公务活动中出现的新情况、新问题写成的书面报告，提供给上级机关了解掌握情况。

3. 呈转报告

下级机关向上级机关提出自己的工作安排、设想和建议，期望得到上级的认可和采纳，转有关单位的报告。如《关于呈转〈××学院五号实训楼可行性报告〉的报告》。

呈转报告一般是由某项业务的主管机关或部门拟制，报告中提出的解决有关业务问题，处理工作方法、措施等，需有关部门合作或支持，但在职权范围内又无权向相关部门部署工作。因此，用呈转的方式向上级机关做出报告，提出解决问题、推进工作的建议，上级批准后可转发到有关单位贯彻实施。结语一般采用"以上报告如无不妥，请批转有关单位执行"等惯用语。

4. 答复报告

用于答复上级机关有关事项的报告，这种报告简单明了，其内容主要写明答复的依据及答复事项即可。如《××学院关于"小金库"清查结果的报告》。

5. 报送报告

主要用于上级机关说明报送文件、材料或物品的情况，这种报告的正文内容比较简单，所报送的文件都是报告的附件。如《关于上报〈廉政风险防控管理工作实施方案〉的报告》。

二、案例分析

关于预防传染病工作情况的报告

××市卫生局：

为了贯彻落实市政府关于预防传染病会议精神，我中心自2012年7月15日至2012年7月20日止，共出动人员421人次、车辆84台次，到各街道、乡镇开展工作。现将有关情况报告如下。

1. 认识到位，传达迅速，层层落实责任。……
2. 全面动员，积极行动，防控工作富有成效。……
3. 主动宣传，营造氛围，凸显城管部门执法地位。……

××市疾控中心（公章）
2012年7月25日

评析：这是一则情况报告。报告标题采取"事由（关于预防传染病工作情况）+文种（报告）"；抬头明确了主送机关为××市卫生局；报告以"现将有关情况报告如下"惯用语进行过渡；报告主体采用分条列项式进行表述，条理清晰，内容明确，以便将相关情况提供给上级机关了解掌握；报告落款与其他公文一致。

三、任务要求

报告的落款、成文日期与其他党政公文相同，因此这里就不再赘言。

（一）标题

（1）由"发文机关名称＋事由＋文种"组成，如《国务院关于城镇化建设工作情况的报告》；

（2）由"事由＋文种"组成，如《关于领导班子民主生活会开展情况的报告》。

报告内容紧急，可在标题中"报告"二字前加"紧急"字样。要特别注意的是，报告无单元素标题，不能只写文种。

（二）主送机关

报告的主送机关只有一个，如需呈送其他上级机关，可采用抄送的形式。

（三）正文

一般由缘由、主体、结语组成。

（1）缘由。以简要概括的语言写明报告的目的、根据或原因，一般是直陈其事，常用"现将有关事项报告如下"与报告事项进行衔接。

（2）主体。主要是报告具体情况、存在的问题和今后的打算。内容较多的报告，可分条列项，或按部分安排主体的结构层次。关于主体的具体写法，不同类型的报告，有简有繁，不尽相同。

（3）结语。在陈述完报告事项后，简要说明今后的打算或提出工作意见，或使用惯用语"特此报告""专此报告""请审阅"等结束全文。报告不具期复性，所以结束语不可写"以上报告，请指示（批示）"等语句。

（四）注意事项

（1）材料要真实，数据要可靠；
（2）观点要明确，分析要中肯；
（3）篇幅要简短，用语要精练；
（4）文体要鲜明，内容要新鲜。

四、实训操作

根据下面提供的材料，请以××市商业局的名义向××省商业厅起草一份情况报告。

1. 2012年7月20日上午9点20分，××市××百货大楼发生重大火灾事故。

2. 事故后果：未造成人员伤亡，但烧毁三层楼房一幢及大部分商品，直接经济损失800万元。

3. 施救情况：市消防队出动10辆消防车，经4个小时扑救，火灾被扑灭。

4. 事故原因：直接原因是电焊工××违章在一楼焊铁窗架，电焊火花溅到易燃物上引起火灾，但也与××百货公司安全制度不落实，许多安全隐患长期得不到解决有关。

5. 善后处理：市商业局副局长带领有关人员赶到现场调查处理；市人民政府召开紧急防火电话会议；市委、市政府对有关人员视情节轻重，做了相应处理。

知识拓展

1. 报告的特点

（1）汇报性。报告是下级机关向上级机关反映本机关工作中的基本情况、工作中取得的经验教训、存在问题以及今后工作的设想时使用的一种应用文，为使上级机关掌握基本情况，及时对工作进行指导，所以报告应有汇报性。

（2）陈述性。报告属陈述性的上行公文，它是下级机关向上级机关汇报情况，反馈信息，沟通上下级机关纵向联系的重要形式。上级机关收到下级机关的报告后，一般不需批复。行文主要运用叙述的方式、概括地叙述工作的进程与有关动态、建议，直陈其事。报告中有时也适当加以分析，提出看法，但要求在叙述的基础上采用叙议结合的方式。

2. 工作报告和情况报告的区别

	工作报告	情况报告
适用情况	反映经常性常规工作	反应偶发性特殊情况
内容确定性	内容相对确定	因事因时而异
写法及语言	写法基本稳定，有不同程度说理	写法灵活多样，重在叙述说明

任务七　请　　示

一、任务导入

请示是向上级机关请示指示或批准使用的一种上行公文。凡是下级机关无权解决、无力解决以及按规定应经上级决断的问题，必须正式行文向上级机关请示。

请示的使用频率高，适用范围较广。凡涉及有关方针政策界限、工作中的重大问题、需要上级机关予以审核批准的事项（如财政支出、资产购置、人员定编、机构设置）等诸多方面的内容时，均应以"请示"行文。各机关都有自己的职权范围，对属于超出职权范围的事项，即应向上级机关行文请示，获准后方可执行和办理。

请示文种的分类比较复杂。从不同的角度，依据不同的标准，可以将其分成不同的种类。为方便起见，从请示的内容、性质和功用的角度，可将其分为两大类：

一是批准性请示。即下级机关就某项工作或某一问题直接向上级机关请求指示和批准。

二是批转性请示。此类请示通常是下级机关就某一方面的工作制定出办法或措施以后，因职权范围所限，无权要求有关单位和人员予以贯彻落实，遂向上级机关请示，要求批转给有关单位办理，这类请示被批转后，实质上即已成为上级机关的意见。

二、案例分析

关于对××机械厂有关违反财经法纪问题进行专案审计的请示

××局长：

最近，我处接到两封署名群众来信，揭发××机械厂财务科有严重违反财经纪律问题（来信附后），经分析来信内容及进行初步调查后，我们认为有必要对该厂有关问题进行一次专案审计。

特此请示，请批复。

工业审计处（处长签名）
二〇一三年×月×日

评析：这是一则不符合公文撰写要求的批准性请示。请示存在的问题如下：1. 标题不妥当，××机械厂有关违反财经法纪问题尚未真正落实，要审计后才能确定，故标题中不应该出现"有关违反财经法纪问题"字样；2. 主送机关不应该是个人；3. 正文中"认为有必要对……"不妥当，因为不是请求上级机关认定下级机关看法的正确，而是请示是否能采取专案审计行动，应该改为"拟对……"；4. 期复语也嫌生硬，应写"当否，请批示"，或"妥否，请批复"；5. 落款不正确，应该是单位名称加盖公章，签发人不能代替单位；6. 时间书写不规范，应用阿拉伯数字书写。

三、任务要求

作为上报公文，请示的眉首部分与其他党政公文有所区别，要求其发文字号居左空一格，对应的右侧为签发人姓名。

（一）标题

（1）由"发文机关名称＋事由＋文种"组成，如《××学校关于申报建立实训基地的请示》；

(2) 由"事由+文种"组成，如《关于成立审计部的请示》。

请示的标题不能使用单元素，也不能使用"发文机关+文种"形式，在表述主要内容时，一般只需使用一个动词，不再使用"申请""请求"此类词语，以免语意重复。

（二）主送机关

请示的主送机关只可写一个，即负责受理请示的机关，如需同时送达其他上级机关，可用"抄报"的形式注明。

（三）正文

正文部分是请示的核心内容，一般包括发文缘由、请示事项和要求三部分。

1. 请示缘由

这是请示事项的基础，也是请示写作的关键环节，它直接关系到请示目的能否得以顺利实现。要用简明扼要的语言将请示的原因和背景情况或者请示问题的依据、出发点及思想基础交代清楚。在写法上，一般采取叙事和说理相结合的表达方式，叙事要精练，说理要透辟。这部分在拟写时确保理由充分，言简意赅、清楚明白，这样才能提高请示的成功率。

2. 请示事项

这是请示的核心内容。要将请求上级机关给予指示、批准或批转的具体问题和事情和盘托出，请求上级机关做出答复。要写好请示事项，关键在于两点：其一是明确，即要直截了当。是请求上级机关对某项工作做出指示，还是对处理某一问题做出批准，还是请求批拨资金或物资，等等，必须明确无误地予以表述，令人一目了然。其二是具体，即指对于请示事项的表述，一定要细致。请求批拨资金，则应写明总计需用资金数额多少，已筹集几何，尚需领导解决多少，切忌运用一些诸如"大概""左右""或许"等模糊词语表述；请求批拨物资，则应将物资的品名、规格、数量等项目要素交代清楚。视具体情况，也可提出本单位对解决问题的观点、看法和方案，供领导参考，但应表明本单位的倾向性意见。

3. 要求

要求是向上级机关提出肯定性要求，请示的结尾一般有较为固定的结语，以示对上级机关的尊重。惯用语有"妥否，请批复""特此请示，请指示""请批准""请审批"等。要特别注意请示的结语中绝不能出现"报告"字样，以免造成混乱，甚至延时误事，给工作带来不应有的麻烦。

（四）附注

附注应在成文日期下一行居左空2字，加圆括号注明发文机关联系人的姓名和联系电话号码。

（五）注意事项

1. 一文一事

请示要严格贯彻"一文一事"原则，不得在报告和非请示性公文中夹带请示事项。如请求解决的问题较多，可多分几次写。

2. 一个主送机关

请示的主送机关只能是一个，不能多头请示。多头请示容易使主办与协办单位之间相互推诿，延误批复时间或者由于批复意见不一致，使下级难以适从。受双重领导的单位，在请示问题时，应当本着谁有权力批准这一问题就请示谁的原则，可将另一上级单位列为抄送，以便对方了解情况。

3. 逐级请示

请示应逐级请示，不得越级上报。一般应按隶属关系逐级行文。如遇事情紧急、情况重大，不越级会贻误工作，造成重大损失，或已报上级机关但未得到批复、事情继续处理时，才可特殊处理，在越级行文时必须抄报上级机关。

4. 语气温和谦恭

请示的语气宜采用"请""拟""建议"等词语，不可生硬武断。

5. 控制篇幅

请示的篇幅一般不宜过长，如果需要反映某些详情和数据，可列入附件。

四、实训操作

1. 请找出下面公文存在的问题，并加以修改。

关于要求进口一台复印机、一部小轿车的请示报告

中华人民共和国交通部：

我广州××局服务公司从去年五月成立以来，国内外商务活动日益增多，经常有许多文件、合同、契约、外事资料、技术资料需要复印，而且时间要求很急，为了便于工作，我们拟进口一台复印机。同时，由于商务活动频繁，为了工作方便，我们拟进口一部小轿车。

可否？请批复。

广州××局劳动服务公司（章）
二〇〇三五月二日

2. 根据给定材料，拟写一则请示。

××职业学院经过几年的发展，已升格为××大学，在校学生人数已超过6 000人。但是学校一些必要的教学设施却一时不能适应其发展规模的需要，特别是缺乏一座独立的图书馆，这既影响了学生的学习，也制约了学校的发展。为解决这一问题，学校决定建造一座独立的图书馆。为此，学校拟向省计委计财处写一份文件，请求拨款1 500万元修建一座4 000平方米的图书馆，并抄报省省教育厅和省财政厅计财处。

知识拓展

1. 请示的特点

(1) 期复性。请示是请求上级给予指示并期待上级批复的公文。

(2) 单一性。请示要求一文一事,因此内容具有集中、单一的特点。

(3) 请示内容的限定性。请示必须是在自己的职权范围内无法解决或无权解决的问题。

2. 报告和请示文种辨析

	报告	请示
行文目的	让上级了解情况,掌握动态;无须批复	要求审核,批准事项,解决困难;必求批复
内容构成	陈述性文体。汇报工作、反映情况、建议意见。可"一文多事"	请求性文体。情况和意见只能作为请示缘由。只能"一文一事"
行文时限	不受时间限制	必须事前行文
结语	不具期复性	必具期复性

任务八　会议纪要

一、任务导入

纪要"适用于记载会议主要情况和议定事项",具有纪实性、提要性和指导性。它是对会议的重要内容、决定事项,进行综合、整理、归纳、摘要而形成的一种公文。会议纪要既可以作为上行文报告会议精神,也可以作为下行文单独印发,还可以作为平行文使用。

会议纪要的分类从性质与作用上分,主要有决议性会议纪要和情况纪要。

(1) 决议性会议纪要,具有决定和议定的性质,它所记载和反映的是会议重要精神与结论性意见。因而决议性会议纪要的政策性和指导性都很强,某些会议纪要必须提交大会讨论通过才能发布。

(2) 情况纪要,用于记载传达会议基本情况的文种,一般供与会机关或相关单位了解会议的精神、进程时使用,用于传递信息、通报情况。

二、案例分析

××县人民政府第六次常务会议会议纪要

会议时间：2015年2月1日8：00

会议地点：县政府会议室

会议主持：×××县长

出席人员：×××　×××　……

列席人员：×××　×××　……

公　　假：×××　×××　……

记　　录：×××

2015年2月1日上午八点半至十二点，县长×××在县政府会议室主持召开了县人民政府第六次常务会议，计××人参加了会议。会上，副县长×××汇报了全县经济工作会议准备的情况，会议讨论和决定了如下问题：

1. 讨论了扩大县属企业自主权的十条规定。
2. 同意县经济工作会议准备情况汇报……
3. 决定今年各项经济工作指标……
4. 决定在县经济工作会议上……
5. 原则同意县民政局关于民政事业费管理使用办法的修订意见。
6. 会议同意将县政府办公室提出的转变机关工作作风的规定意见（讨论方案）印发各部门……

评析： 这是一则政府常务会议纪要，会议纪要要明确会议时间、地点、主持、出席人员、列席人员、公假及会议记录等，可列在纪要内容前，也可列在纪要内容后；会议纪要内容以议定事项进行分条，一般以讨论了、同意了、决定、原则同意、会议同意等惯用语如实记录会议精神。

三、任务要求

（一）标题

1. 由"发文机关＋事由＋文种"组成，如《××学校关于校园安全综合治理工作会议纪要》；
2. 由"会议名称＋文种"组成，如《全国城市爱国卫生现场经验交流会纪要》；
3. 由"事由＋文种"组成，如《关于解决××土地纠纷问题专题会议纪要》；
4. 双标题，正标题一般概括会议内容和精神，副标题表明会议名称和文种，如《牢固树立和落实科学发展观，大力推进科技进步和创新——首都部分科技、经济工作者座谈会纪要》。

（二）成文日期

成文日期通常写在标题之下，位置居中，并用括号括起，也可专门列出，也可在文末注明。

（三）正文

会议纪要正文一般包括会议概况、会议事项和结尾语。

（1）会议概况，主要简述会议基本情况，文字要简明扼要。

一是写明会议内容，包括会议名称、议题等，有的还介绍会议召开的背景或根据，有的阐述会议意义，对会议的评价等；

二是写明会议组织情况等，包括会议日期、地点、主持人或主持单位、与会人员、领导同志参加会议情况等，有的还说明会议程序。

（2）会议事项，主要写会议研究的问题、做出的决定、提出的任务要求、采取的措施等，用惯用语和表述方式组织材料。

一是惯用语，在说明会议总体情况时常用"会议听取了""会议介绍了""会议讨论了""会议研究了"等，介绍领导讲话常用"××同志指出""××同志强调"等；在阐述会议精神时常用"会议认为""会议指出""会议提出"；在宣告会议事项时常用"会议通过了""会议决定""会议商定"等。

二是表述方式，主要分为概述式、条项式和发言式。概括式是将会议事项或按落实顺序或按会议程序表述；条项式将会议分条列项，依次叙述；发言式是将具有典型意义的报告或发言提炼出来，逐次叙述。

（3）结尾。会议纪要的结尾有多种写法，或提出希望、号召，要求有关单位贯彻执行；或列出会上尚未得到解决的问题，供以后继续研究讨论；或对会议提供支持和做出贡献的有关单位与人员提出表彰或表示感谢。

（四）注意事项

（1）会议纪要的行文呈现灵活性：可以对上汇报会议情况，起"报告"作用；可以对下布置任务、指导工作，起"通知"作用；可以与平行、不相隶属机关、单位举行会议，形成决议，起"协议"作用；还可以与有关单位互通情况，起"通报"作用。

（2）会议纪要一般不需署名，不加盖公章。

（3）撰写会议纪要应注意，一是概括全面，如实反映会议精神，不得随意取舍；二是具备一定的分析、综合能力和表述能力，确保做到文字简练、重点突出、条理清晰。

四、实训操作

2012年春节期间，沈阳市因部分居民在烟花爆竹禁放地区随意燃放，引发多起火灾，使人民生命财产受到损害。沈阳市公安局适时召开局长办公会，研究议定了几项防止类似事故发生的措施。请代为制作一份会议纪要。

知识拓展

1. 会议纪要的起草程序

（1）阅读会议文件。会前尽量多地阅读会议相关资料，比如有关公文、与会单位发言稿、下级单位报送的材料、领导讲话稿等。

（2）做好会议记录。详细的会议记录是会议纪要的基础。

（3）听取小组发言。会议纪要记录者不仅要参加会议，还要认真听取小组发言，确定最后决议。

（4）梳理材料、构思框架。把握会议精神和会议宗旨，起草者应在认真分析材料的基础上构思会议纪要的框架。

（5）写作会议纪要。先拟写初稿，征求领导意见修改后提交会议讨论通过。

2. 会议纪要和会议记录文种辨析

	会议纪要	会议记录
要求	主要记述重要会议情况	正式会议都有会议记录
性质	整理记录形成的正式文件	未经整理的原始材料
写法	在会议记录的基础上整理	按照会议自然顺序记录
功能	可作为正式文件印发	作为资料和凭证而保存

项目四　常用事务文书

 学习目的与要求

通过本项目五个任务的学习，了解计划、总结、简报、会议记录、调查报告的概念、特点、作用和种类，切实掌握这五种应用文的写法。

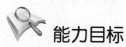 **能力目标**

1. 了解计划的基本知识和要求；
2. 了解总结的基本知识和要求；
3. 了解简报的基本知识和要求；
4. 了解会议记录的基本知识和要求；
5. 了解调查报告的基本知识和要求。

 核心能力

能够按照常用事务文书对计划、总结、简报、会议记录、调查报告的写作要求，掌握以上五种应用文的写法。

任务一　计　　划

一、任务导入

计划是单位或个人对将要进行的某一阶段工作或某项具体任务做出安排与部署的事务文书。"凡事预则立，不预则废。"计划是学习、工作不可逾越的起始环节，对于人们做好某件事或完成一定时期的工作和学习任务，具有十分重要的现实意义。

依据不同的分类标准，可以把计划分为不同的种类：

按性质分，可分为综合性计划、专题计划；

按内容分，可分为工作计划、生产计划、学习计划、科研计划等；

按范围分，可分为国家计划、省市计划、单位计划、个人计划等；

按时间分，可分为长远计划（规划）、年度计划、季度计划、月份计划等；

按形式分，可分为条文式计划、表格式计划和条文、表格兼用式计划。

计划只是一个统称，常见的规划、纲要、设想、打算、安排、意见、要点、方案等，都属于计划，但计划内容的详略、时间跨度的长短有区别。

二、案例分析

××职业技术学院2013年行政工作要点

2013年学院行政工作的总体思路是：以"三个代表"重要思想为指导，以发展为主题，以改革为动力，以科学管理为保证，以人才培养工作水平评估为主线，正确处理好改革与发展、继承与创新、教学质量与办学规模、办学效益与合理分配的关系，坚持质量立校、人才强校、特色兴校，坚持以服务为宗旨、以就业为导向，走产学研相结合的办学道路，坚持以人为本，全面、协调、可持续发展。

一、加快新教学大楼建设速度，确保工程顺利完工。（略）

二、加大迎评工作力度，争取人才培养工作水平评估顺利通过。（略）

三、高度重视人才的培养与引进，加强师资队伍、职工队伍和干部队伍建设。（略）

四、强化专业建设和课程建设，全面推进质量管理。（略）

五、加强科学研究和学术交流，推进产学研相结合。（略）

六、坚持科学管理和校务公开，不断深化内部管理体制改革。（略）

七、强化学生素质教育，切实提高学生管理工作水平。（略）

八、解放思想，开拓创新，进一步完善后勤服务体系。（略）

九、加强财务管理和监督，不断提高教职工的收入水平。（略）

十、严格落实综合治理工作措施，创建安全文明校园。（略）

2013年，是我院实现"十一五"规划的关键之年，我们要深入学习落实科学发展观，开创学院又好又快发展的新局面，促进学院全面、协调、可持续发展，以办好人民满意的职业教育为目标，为全面实现小康社会做出我们新的更大的贡献！

2012年12月28日

评析：这是一份条理清晰，内容完整的工作计划。该计划采用完全式标题（单位+时限+内容+文种）。前言部分，列出总的工作思路。在正文部分，分条目写出各项工作内容，各项工作内容表述简明扼要。结尾部分发出号召。特别注意：标题中有单位名称时，落款可只标明时间。

三、任务要求

（一）表格式计划

制作表格计划时，先要把各项内容划分成几个栏目，再把制定好的各项具体计划内容填写进栏目中，形成表格。这种方式适用于时间较短、范围较小、方式变化不大、内容较单一的具体安排，如销售计划、值班表等。

（二）文表结合式计划

文表结合计划即表格式和条文式相结合的计划。一般是将各项目的内容填进计划表格后，再用简短的文字做解释说明。

（三）条文式计划

这类计划又被称为"公文式计划"，使用频率较高。一般由标题、前言、正文、结尾、落款组成。

1. 标题

标题即计划的名称。有全称标题、简称标题和文章式标题三种。全称标题包括制订计划的机关或单位名称、计划的适用时限、计划内容和文种四项。如："×学院2012年行政工作计划"。简称标题就是标题只有全称标题前三项的两项。如："×学院2012年计划"，"2012年行政工作计划"。文章式标题往往由正题和副题组成，正标题概括计划的内容，副标题则标出计划的制作单位、适用时限、内容范围和文种。如："提高知名度 保证招生数——××学院2012年招生工作计划"。

2. 前言

前言是计划的核心，先写订计划的背景、依据和目的，回答"为什么做"的问题，然后写将要"做什么、怎么做、什么时候做"，即大致的任务、目标、措施、步骤，或直接写下一步的工作思路。

3. 正文

正文是计划的主要部分，是前言的具体化。因计划类型不同，其正文的内容和篇章结构有差异。一般包括以下几个方面：任务和指标、措施和办法、步骤和程序。

4. 结尾

即结束语。可提出希望，发出号召，以鼓励本单位全体人员为实现计划而努力。但也可视情况不写此部分。

5. 落款

在右下方署上制订计划的单位名称，在署名的下一行写上日期。如标题中已经写明作者的，此部分只写日期。

（四）计划的写作要求

（1）制订计划要有依据。一是政策依据，指党和国家在一定时期内的方针政策、法律法规；二是客观依据，指本地区、本部门、本单位的实际情况，是制订计划的必要性、可行性的依据。

（2）制订计划要坚持实事求是的原则，量力而行，要留有余地，保持一定的弹性。

（3）计划的整体设想要清晰，内容要具体明确，文字表述要简明扼要，任务措施要分项列出，使人一目了然，有利于实施检查。

四、实训操作

1. 阅读下面的材料，完成后面的练习。

企业发展规模：新建××车间，发展××产品的生产；扩建××车间，使×种产品的生产比上年提高××，年产量达到××万只。增加工程技术人员、技术工人和部分管理人员，使之分别从现有的××人增加到××人。

产品发展方向：与××研究所合作，积极研制新产品，其中××新产品达到国际水平。对现有××等几种产品进行技术改造，以符合国内和国际市场的需要。

总目标：研制尖端产品、赶上国际先进水平；进行部分老产品的更新换代；新建和扩建部分生产车间；大力培训工人，促进技术进步，提高企业经营管理水平和经济效益。

主要经济指标：1. 提高劳动生产率。随着新设备新技术的应用和工人生产技术的提高，全年全员劳动生产力比现在提高××左右。2. 增加总产值。年总产值达×××万元，比现在提高×倍。3. 降低产品成本。通过提高劳动生产率，节约原材料、燃料等消耗，使产品成本比现在降低××%左右。4. 加速资金周转。在产量增加的情况下，尽量不增加流动资金，缩短资金的周转期。5. 提高赢利水平。在增加生产、降低消耗的基础上，使利润从现在的×××万元，增长到×××万元。

办法措施：1. 举办各种培训班，提高工人文化素质。2. 加强管理，严格制度。3. 开展劳动竞赛，提高劳动生产率。4. 严肃财经纪律。

（1）根据上面的材料，编一篇条文式的××企业年度工作计划（可以合理想象，补充一些项目和资料）。

（2）将条文式计划改成表格式计划。

2. 在全班实施"梦想成真"工作。选择一个你一直想实现的愿望，然后写一份计划。无论你的愿望最终能否实现，这份计划一定要有可操作性、可行性。

3. 从团委或学生会、某学生社团查找同一年度的综合性计划和专题性计划各一份，比较其异同，列出一张表格，将这些异同点填进表格中。

【知识拓展】计划的特点

1. 科学的预见性

预见性是写计划前对该计划在数量、质量、时间、步骤、措施、内部与外部的工作条件等诸方面做出成功与不成功因素的分析，对发展趋势和所能达到的目标、可能出现的问题做出科学的预见，以保证计划的科学性和成功率。只有根据实际情况，对未来做出科学的预见，才能制订出周密可行的计划。

2. 明确的目的性

没有明确的目的，就谈不上计划。计划的目标应该是经过努力后能够实现的，如果目标定得太高，经过努力不能实现，容易挫伤人们的工作积极性；目标定得太低，则不易调动人们的工作积极性。要杜绝单凭理想和愿望定目标、提要求，目标应该定到"跳起来能摘到苹果"的高度。

3. 措施的可行性

制订计划要坚持实事求是的原则，要在调查研究的基础上进行。计划中的每一项内容都为保证实现目标而服务。指标要恰当，措施要得力，步骤要明确具体，既不盲目，也不保守，切合实际情况，只有这样才能保证目标的实现。

4. 执行的约束性

计划是建立正常工作秩序、提高工作效率的重要前提。计划一经制订，就要对完成任务的实际活动起到指导和约束作用。工作的开展、时间的安排等，都必须按计划严格执行。既使自己制定的个人学习计划、工作计划，也应具有自我约束力。

任务二 总 结

一、任务导入

总结是对已经做过的工作进行理性思考后写出的文字材料。它要回顾的是过去做了些什么，如何做的，做得怎么样。总结与计划是相辅相成的，总结要以计划为依据，订计划总是在总结经验的基础上进行的。其间有一条规律，就是：计划——实践——总结——再计划——再实践——再总结。

通过总结，能够肯定成绩，得出经验，发现问题，吸取教训，减少工作失误。通过总结，为领导机关提供情况，为推广经验、制定政策提供依据。通过总结，能更正确地认识世界，掌握客观规律，取得更好的工作效益。

总结按照不同的标准可以进行以下分类：

1. 按总结的时间分，有年度总结、半年总结、季度总结。进行某项重大任务时，还要分期总结或叫阶段性总结。
2. 按总结的范围分，有单位总结、个人总结。
3. 按总结的性质分，有工作、生产、教学、科研总结等。
4. 按总结的内容分，有综合性总结、专题总结等。

二、案例分析

××职业学院2011年度工作总结

在过去的一年，我院在省教育工委、教育厅的正确领导和亲切关怀下，以"三个代表"重要思想为指导，认真贯彻落实党的十六大、十七大精神，牢固树立科学发展观，紧围绕学院党委提出的"尽快实现由外延扩张向内涵发展的转型"的目标，进一步加强师生思想政治教育和各项管理工作，顺利完成了年初提出的各项工作任务。现将我院主要工作总结如下：

一、不断加强和改进党建工作

学院党委以科学发展观为指导、以构建和谐校园为目标、以党建创新为动力，不断地加强和改进党的建设，推动党建工作上了一个新的台阶。（略）

二、维护校园稳定、创建平安校园

（略）

三、以就业为导向，采取有效措施做好就业指导与服务工作

（略）

四、师资队伍建设进一步加强

（略）

五、教学管理、科研工作成绩显著

（略）

六、学生管理工作

（略）

七、完成招生计划，报到率较高

（略）

八、中外合作办学取得了实质性进展

（略）

九、高校安全稳定工作检查，我院获好评

（略）

十、响应省委、省教育工委号召，积极支持新农村建设

（略）

十一、第28届田径运动会顺利举办

（略）

十二、职业技能鉴定工作

（略）

十三、存在的问题

一年来在学院党委的正确领导和全体师生的共同努力下，我院各项工作取得了显著成绩。但我们也清醒地看到，工作中还存在一定的不足，如：（略）

2012年的工作思路是：

1. 进一步完成由外延扩张向内涵发展的转变。更新教育观念、坚持教育创新、深化教学改革、强化教学管理，全面提高教育质量和办学效益。

2. 坚决落实"以评促建、以评促改、以评促管、评建结合、重在建设"的评估方针，以良好的精神面貌、优美的校园环境、完善的办学条件、丰硕的办学成果、一流的工作业绩、突出的办学特色、充分有力的评估材料，做好迎评准备工作。

3. 建立较为完善的激励与约束机制，使责、权、利更加明确。

2011年12月26日

评析：这是一份结构完整，条理清晰的总结。该总结采用完全式标题（单位+时限+内容+文种）。前言部分，概述全年工作情况，并用过渡语"现将我院主要工作总结如下"承上启下到正文部分。正文部分对学校各项工作分条列项进行总结，同时找出存在的问题，明确今后的工作思路。最后是在落款部分标明日期。

三、任务要求

总结一般由标题、正文、结尾、落款四部分组成。

（一）标题

（1）公文式标题。由"单位名称+时限+内容范围+文种"组成。如"×烟草专卖局2011年工作总结"。

（2）双标题。由正副题组成，正标题用结论性的语言概括总结的内容，副标题则标出总结的制作单位、适用时限、内容范围和文种。如"以就业促招生 以招生促发展——×学院2011年招生就业工作总结"。

（3）新闻式标题与一般文章的标题基本相同，它是对总结内容的高度概括。如"校企合作 实现三赢"。

（二）正文

总结的正文一般分为如下三部分。

（1）前言，即情况回顾。这是总结的开头部分，叫前言或小引，用来交代总结的缘由，或对总结的内容、范围、目的作限定，对所做的工作或过程作扼要的概述、评估。这部分文字篇幅不宜过长，只作概括说明，不展开分析、评议。

（2）过程做法，经验体会。这部分是总结的主体，在第一部分概述情况之后展开分述。用小标题分别阐明过程做法，经验体会。如果不是这样，就无法让人抓住要领。

如果是专题性总结，可以以时间为序组织材料，也可以提炼出几条经验，以起到醒目、明了的作用。要注意各部分之间的关系。各部分既有相对的独立性，又有密切的内在联系，使之形成合力，共同说明基本经验。

（3）存在的不足和今后的打算。先找出前一段工作中存在的不足，再根据已经取得的成绩和新形势、新任务的要求，提出今后的设法、打算，成为新一轮制订计划的依据。如果是经验性总结，不要写存在的不足，只写努力方向。

（三）结尾

内容包括应如何发扬成绩，克服存在问题。也可以展望未来，得出新的奋斗目标。

（四）落款

在右下方署上单位名称，名称下面标明时间。如果标题上已有单位名称，这里只标明时间。

（五）总结的写作要求

（1）指导思想要正确。我们做的任何工作都是在党和国家的方针政策指导下进行的，总结经验，评价工作的标准，只能是党和国家的方针政策。

（2）实事求是。实事求是是写好总结的基础，也是总结写作时应有的态度。总结是对以往工作的评价，必须坚持实事求是的原则，是成绩就写成绩，是错误就写错误；是大错误就写大错误，是小错误就写小错误。这样才能有益于现在，有益于将来。如果夸大成绩，报喜不报忧，就违反了写作总结的目的。

（3）重点在找出经验，找出规律。总结的最终目的是得出经验，吸取教训，找出做好工作的规律。因此，总结不能停留在表面现象的认识和客观事例的罗列上，必须从实践中发现新事物，揭示新规律，总结新经验，归纳出规律性的结论来。

（4）突出重点。总结要求有典型生动的材料，总结涉及本单位工作的方方面面，但不能不分主次、面面俱到，而必须抓住重点。什么是重点？是指工作中取得的主要经验，或发现的主要问题，或探索出来的客观规律。不要分散笔墨，兼收并蓄。现在有些总结越写越长，有的是执笔人怕挂一漏万，有的是怕某方面工作没写上几笔就没有成绩等，造成总结内容庞杂，中心不突出。要写好总结，就需要对材料进行分析选择、突出重点。

（5）要注意点面结合，努力做到观点与材料和谐统一。面上的材料具有概括性，反映的是事物的全貌；点上的材料生动具体，用来充实、印证面上的情况，增强说服力。总结中的经验体会是从实际工作中，也就是从大量事实材料中提炼出来的。经验体会一旦形成，又要选择必要的材料予以说明，经验体会才能"立"起来，具有实用价值。这就是观点与材料的统一。但常见一些经验总结往往不注意这一点，把材料和观点割断，讲材料的时候没有观点，讲观点的时候没有材料，材料和观点互不联系。

（6）语言要准确、简明。准确就是判断明确，用词准确，用例确凿，评论不含糊。简明则是要求在阐述观点时，做到概括与具体相结合，要言不烦，切忌笼统、累赘，做到文字朴实，简洁明了。

四、实训操作

联系自己本学期以来在德智体几方面的情况,写一篇1 500字左右的学习总结。

【知识拓展】总结的特点

1. 总结与其他应用文种相比,具有回顾性、客观性、理论性、叙议结合的特点。工作总结要求人们对以往做过的工作进行冷静的反思,因此具有回顾性和客观性。通过反思,提高认识,获得经验,为进一步做好工作打下思想基础。

2. 强调理论性。总结经验不能就事论事,"跟着感觉走"。而要就事论理,辩证分析,力求得出科学结论,这样才能完成从实践到理论的转化,对今后的工作起到促进作用。

3. 表述上叙议结合,有评有论。工作总结除了叙述、说明外,还要议论,通过典型材料的介绍及分析评议,阐明作者的观点,使经验教训条理化、理论化,避免空洞无物和堆砌材料两种偏向。

任务三 调查报告

一、任务导入

调查报告是针对某一现象、某一事件或某一问题进行深入细致的调查,对获得的材料进行认真分析研究,发现本质特征和基本规律之后写成的书面报告。

调查报告可以通过对典型事例的分析、总结,得出具有方向性和普遍意义的经验来,推动工作;它是领导掌握和研究某种情况,制定方针政策、措施的重要依据;调查报告可以用调查的事实,教育说服群众,以帮助其明辨是非。

调查报告可做如下分类:

(1) 按调查的内容分:有市场调查报告、青少年犯罪调查报告、社会治安调查报告、农民工待遇调查报告、股票交易调查报告等。

(2) 按调查的范围分:有综合调查报告、专题调查报告。综合调查报告就是全面调查,对调查对象的历史的、现实的、好的、坏的全方位进行调查。专体调查报告是对一项业务、一个案件、一个问题或一项工作等做深入系统的调查。

(3) 按调查内容的时期分:有历史情况调查、现实情况调查。

(4) 按调查的性质分:有预测性调查报告、揭露问题的调查报告、判断是非的调查报告。

二、案例分析

大学生暑期旅游活动调查报告

×××

  每年的暑假对于广大学生来说，都是一个极大的诱惑，对漫长的两个月时间我们通常会做精心的计划，包括学习、旅游、访亲等。对于我们××旅游职业学院的学生来说，旅游更是重点中的重点，不仅仅是出于喜爱，更是源于与自身专业息息相关。社会上的众多相关单位对于暑假这一档期所推出的活动也是精彩纷呈。在面对众多诱惑的同时，我们也不禁多了份冷静与思考，究竟什么样形式的旅游是我们所热衷的？而它的内容又包含了哪些？为此，我们对学院四个系一、二、三年级的近100位学生和部分教师做了抽样调查。本次调查共发100份，实收98份，其中大一55份，大二30份，大三8份（毕业实习原因不能填写），教师5份。

  经过此次调查，我们发现学生普遍对假期旅游充满期待。有90%以上的人都有假期出游的打算。近80%的同学会选择自己组织游玩，这不仅体现在学生方面，老师们也如此。如今更多的旅行社推出优惠政策、黄金套餐，仍不足以吸引学生的眼球。当代大学生开拓创新的组织能力在进一步加强。尽管今年是红色旅游年，但同学们普遍选择了采摘游。这种接近大自然、最淳朴、最直接的旅游仍是大众所爱。近50%的同学选择了三日游，20.8%的同学说若在金钱条件允许下会进行为期一周的旅行；29.2%的同学出于考虑家庭等多方面因素会出游1~2天，以短线居多，主要围绕附近省市。一般价位在2 000元左右，不包括自己的零花钱在内，最多的控制在5 000元以内。大学生是个特殊的群体，处在一个不上不下的年龄阶段，很多同学看到父母工作劳累，很难开口向他们要钱。于是有近30%的同学是利用平常的周末等时间外出兼职，赚钱后用于平常乃至暑期的消费。有将近50.6%的同学选择了山水游，看来中国的如画风景仍是大家欣赏的一个重点。其余近30%选择了海滨，甚至包括众多出生在海边的同学，这种安逸休闲、身心放松的度假方式在暑期将得到最好的体现。19.4%的人选择了人文类，"红色之旅"一直是我们传统文化中的一个亮点，特别是今年这个具有纪念意义的年代，众多同学的选择还是让大家看到了"红色"所带来的震撼力。对于小说式旅游，同学们表示概念有点模糊，很多表示不赞同。游玩在于一种心境，只有全身心投入了，才能真正体会大自然所给予我们的厚赐。

  在对5位老师所做的抽样调查中，我们深感为人父母的不易。一部分老师在孩子刚经历"黑色高考"后，均希望能陪同孩子去各大高校参观，为填报志愿做个参考，目的能获取相关方面的信息；另一部分则会选择让孩子与同学出游，更多的体现了家长那份包容之心，希望孩子在一个更宽松的环境下生长，接受更多的挑战，独自承担生命的重量，从小锻炼孩子独立生活的能力。

  通过此次调查，我们不难发现，在当今社会，我们在大学生身上还是看到了那种质朴的、热爱大自然的优良品质。旅游不仅仅能起到身心放松的作用，更让我们在学习之余，多了一个与大自然接触，与外界交流的机会。在领略祖国大好河山的同时，充分享受千年文化所带给我们的震撼。

评析：这是一份立足实际情况，调查深入细致，数据真实的调查报告。该调查报告结构完整，采用突出主题式标题。标题下面为作者署名。在引言部分写明调查的意图及问卷发放的情况。主体部分对学生和老师的调查结果分别进行分析，最后得出此次调查的结论。

三、任务要求

调查报告一般由标题、署名、引言、主体、结尾五部分组成。

（一）标题

调查报告的标题与报告的主题有着密切的联系。在一般的情况下，调查报告的标题，往往就是调查报告的主题，如《公开招标势在必行——××市部分商贸企业公司公开招聘经理的调查》，这个标题既高度概括，又明确具体地反映出了这篇调查报告的主题。常见的调查报告的标题，有下列几种类型：

1. 肯定和赞扬式

如《乡镇企业管理机制的优越性调查》《市委书记攻克"顽症"调查》。

2. 疑问或反问式

如《国有大企业连年亏损的原因何在？》《为什么乡镇企业效益好？》《"老亏"何以戴"红帽"？》。

3. 暴露式

如《"官学"正在窒息学术生命》《一种令人不安的趋向——民营企业家族化管理》。

4. 公文标题式

如《关于打击假、冒、伪、劣产品的调查》《关于××市×××公司经理接受贿赂的调查》。

5. 号召式

如《要重视科技干部的培训——××市经委科技干部培训的调查》。

6. 拟人式

如《手持金钥匙的人——××省××市教师队伍状况的调查》。

7. 抒情式

如《还我美好山河——××风景区的保护和治理工作亟待加强》。

8. 突出主题式

如《公开招标，势在必行》《凯里市鸭塘镇发展庭园经济的调查》。

调查报告的标题远不止这8种类型。但无论选用哪一种类型做标题，都应力争做到贴切、简明、醒目，突出主题。

（二）署名

调查报告一律要求署名。无论是以单位的名义进行调查，还是以个人的名义进行调查，都应签上单位的全称或个人的姓名。其作用：一则给人以真实感；二则加强了调查者的责任感。

署名一般有两种。一种是单位署名，是一个单位进行的调查，就署上这个单位的全称。如果是两个单位联合进行的调查，就署上这两个单位的全称，以此类推。第二种是个人署名，谁调查就署谁的名。如果需要公开发表此篇调查报告，可根据作者的要求，既可署真实姓名，也可以署笔名。

从署名的位置上分，有以下三种情况：署名在标题正下方、署名在调查报告的尾端、署名在题目中。如《××大学学生工作处关于学生厌学的调查》《××市冶金局关于当前人事制度上存在的几个问题的调查》。

（三）引言

调查报告中的引言，也就是调查报告的开头。引言在调查报告中起总领或引出全文的作用。引言部分写什么，如何写，没有具体的规定，作者应根据掌握的材料、结构安排和写作目的等具体情况，不拘一格灵活而定。引言主要有以下几种写法：

交代总体情况；说明调查意图；表明调查结论；提出问题引起重视；议论点明主题；自问自答，引出下文。引言的写法多种多样，没有固定的模式。无论采用哪一种类型的引言，都必须为内容服务，为表现主题服务。同时，引言也要做到新颖别致，吸引读者。

（四）主体

主体部分是调查报告的基本内容，是充分表达主题的重要组成部分。主体部分写得如何，不仅直接决定着调查报告质量的高低，而且还决定着调查报告作用、价值的大小。主体部分的常用结构：

1. 横式结构

横式结构的调查报告，是按照事物的内在联系来安排内容的先后顺序。这种结构适用于大型的调查报告，因为，大型的调查报告不仅背景广阔、内容丰富，而且涉及面较广，综合性较强，故此，只有抓住事物的本质特点和内在联系进行结构，才易于掌握和利于表达。

2. 纵式结构

纵式结构的调查报告一般是按事物的发展时间和层次为线索，依次或层层递进，从而揭示事物的产生、发展、变化过程，将其来龙去脉反映出来。典型（正面典型或反面典型）调查的写作往往采用这种结构形式。

3. 因果式结构

因果式结构的调查报告往往有两种情形：一是先把调查的内容（事物产生、发展、演变的原因）写出来，然后再进行分析、研究，得出结论（结果）；二是先把调查研究的结果写出来，然后再阐述形成这一结果的原因。

4. 并列式结构

并列式结构的调查报告往往是指同一性质的事物，不分主次，并排平列地写出来。

5. 三段论式结构

三段论式结构的调查报告往往是将要写的内容分为三大部分，依次写来。一般来说，这三大部分的内容包括：具体做法，主要经验；存在的问题；建议、思考或打算。

调查报告的结构形式还有标题式、条文式、集纳式等。在具体写作时，不是一篇调查报告只用一种结构形式，可能是几种结构形式的交叉使用。值得注意的是，采用哪一种结构形式写作，应视具体内容的容量和复杂程度而定。

（五）结尾

调查报告的结尾，应根据具体内容的不同，依据写作的需要采取多种多样的写法，但要求不说废话，切勿画蛇添足。

从总体上看，调查报告的结尾可分为以下几类：

一是对调查的情况和问题，提出解决的办法、措施、建议和意见。

二是概括全篇观点，进一步深化主题。

三是指出未来的发展方向，对未来做出展望。

四、实训操作

1. 填空题：

（1）调查报告是针对＿＿＿＿＿＿、＿＿＿＿＿＿进行深入细致的调查，对获得的材料进行＿＿＿＿＿＿，发现＿＿＿＿＿＿写成的书面报告。

（2）一般认为，调查报告根据其性质不同，可分为三大类：一是＿＿＿＿＿＿；二是＿＿＿＿＿＿；三是＿＿＿＿＿＿。

（3）调查报告主体部分的结构方式由于调研主旨不同而不相一致，但基本结构方式主要有五种，即＿＿＿＿＿＿、＿＿＿＿＿＿、＿＿＿＿＿＿、＿＿＿＿＿＿和＿＿＿＿＿＿。

2. 论述题：

（1）写作调查报告怎样体现客观性？

（2）谈谈调查研究与报告的关系。

（3）阅读下面的市场调查报告，希望对您今后创业前的市场调查有所帮助。

广州服装批发市场调查报告

×××、×××

广州自古以来就是国内服装产业的主要供应地，也是国外的主要服装加工基地。

随着服装产业的快速发展,广州产生了各种综合的、专业的批发市场。经过二十多年的发展变迁,广州已建成全世界最密集的批发市场群落之一,成为全国乃至全世界最大的服装流通基地。目前,广州已形成以白马为龙头的流花板块及以沙东有利为龙头的沙河板块的服装批发市场。

流花板块主要有广州白马服装批发市场、黑马服装批发市场、流花服装批发市场、红棉步步高时装广场、天马大厦服装广场、广州市越秀区天龙服务总汇、广州服装汇展中心、莱莉阁时装批发商场、广州市越秀区新星服装批发商场。

沙河板块主要有沙东工业品商场、天河区沙东工业品市场、沙河第一成衣批发市场、沙东第二成衣批发市场、沙河第三成衣分场、长运商业广场小商品成衣批发市场、天宝成衣批发市场。

此外,还在其他地区有零星的服装批发市场存在。前几年,广州的服装批发市场基本处于异常红火的局面,但是这几年,却逐渐走下坡路。据调查,那些曾以款式新、价格廉而闻名全国的广州服装批发中心,已有五成处于亏损,于是服装批发市场纷纷开始寻找新的出路,他们将设计理念、流行文化、品牌形象、经营理念贯彻于商品经营中作为服装批发业市场发展的新方向,实现从销售低档的"大路货"向品牌经营过渡。各类市场为了在市场竞争激烈的环境下生存下去,纷纷寻找新的出路和经营方式,下面我们将对白马服装批发市场和沙东有利服装批发市场做深入的分析。

一、广州白马服装市场

1. 白马服装市场概况

市场是由广州市城市建设开发集团投资建设,市场位于紧邻广州火车站的站南路,现有建筑面积60 000平方米,共10层,有4层商场,5层写字楼,1层地下停车场。广州白马服装市场开办于1993年,由广州白马服装市场有限公司经营管理。市场配置中央空调、客货电梯、安全监控系统、消防系统、宽带网等现代设施。商场装饰美观,通道宽敞,附设时装表演广场、储蓄所、商务中心、托运站、停车场、快餐店等配套服务设施。

广州白马服装市场是广州地区规模最大、装修最好、配套最完善、管理最规范、交易量最大的中高档服装市场。在市场内经营的业户有2 000多户,既有珠江三角洲地区、浙江、福建乃至全国各地服装企业,也有香港、台湾的厂商。白马服装市场既是中、高档服装的现货批发、零售中心,也是服装品牌连锁加盟中心。批发零售、看样下单、专卖代理、连锁加盟等多种交易方式可供选择。女装、男装、套装、晚装、休闲装、唐装、衬衫、外套、大衣、内衣品种齐全。

服装市场自开业以来,市场辐射能力不断增强。客商遍布黑龙江、新疆、内蒙古、西藏等地的全国30个省、市、自治区。近年来辐射面更是越过国界蔓延向国际直达五大洲,日均客流量达数万人,年交易额均在20亿元以上,在广州地区超亿元市场评比中排名第一。

市场以环境舒心、服务贴心、经营放心、不断创新为服务质量方针,获得ISO9001:2000国际质量管理体系认证,连年荣获"全市文明市场""全省文明市场"

"全国文明市场"及"全省十佳文明市场""消费者满意市场"等称号，同时被广州市委、市政府评为"广州地区百家最佳服务单位""广州市文明单位"。

2. 白马服装批发市场情况

经营面积：60 000平方米；

摊位面积：4~8平方米；

摊位数：2 000多户；

市场布局：一楼为男装，二楼为女装，三楼为品牌专卖店，如老爷车、苹果、华伦天奴、洛兹等，四楼港台时装；

经营档次：中高档服装；

经营类别：女装、男装、套装、晚装、休闲装、唐装、衬衫、外套、大衣、内衣；

市场类型：批发零售、看样下单、专卖代理、连锁加盟；

仓储方式：各档口服装基本存放在档口，仓库经营户自行解决；

货物运输：市场正门口有南方航空公司货物空运办理部，火车托运办理处；

广告宣传：通过电视、报纸、广播及网络等手段宣传市场形象，在中央电视台长期做广告，市场外墙有其他品牌服装的广告；

承租比例：全部售出；

租金：地下商场是1.5万/月，一楼是6万/月，三楼是2.5万/月，四楼是8万（费用全包）/月；

营业时间：08：30—17：30。

3. 白马服装批发市场的优势

（1）位置优越；

（2）交通便利：火车站、省汽车站、流花车站、广州市汽车站近在咫尺；

（3）物流运输发达：火车站和南方航空公司均在市场内设有货物托运办事处；

（4）人流量大：由于服装批发市场就在广州市交通枢纽地带，在这一区域有巨大的人流，每天人流量数万人次；

（5）周边商业氛围好：在白马服装批发市场周围有红棉批发市场、步步高市场、天马市场等；

（6）交易方式灵活：服装市场贸易方式灵活，有批发零售、看样下单、专卖代理、连锁加盟等；

（7）品种齐全：女装、男装、套装、晚装、休闲装、唐装、衬衫、外套、大衣、内衣等各类服装应有尽有；

（8）经营档次较高：服装批发市场主要经营中高档服装；

（9）公司资金实力雄厚：公司有着足够的资金能够为市场的不断发展注入资金；

（10）稳定的广告投放：每年都会在一些全国性媒体和地方媒体做大量的广告宣传企业形象；

（11）经营时间早：服装批发市场于1993年开业，当时是广州市经营层次最高、经营面积最大的批发市场；

(12) 服务专业，管理科学：服装批发市场有着一支敬业、负责的专业化队伍。

4. 白马服装批发市场的劣势

(1) 周边市场的激烈竞争。在白马服装批发市场周边有红棉棉纺批发市场、步步高批发市场、天马批发市场，这些市场都在瓜分白马服装批发市场的经营份额。

(2) 服装经营成本在增加。由于现在服装制造成本在增加，导致服装进货价格提高，增加了批发市场经营户的经营成本。

(3) 租金较高。在白马服装批发市场内，地下商场的租金 1.5 万/月，一楼为 6 万/月，三楼为 2.5 万/月，四楼为 8 万（费用全包）。租金明显比其他周边市场要高。

(4) 土地资源紧张，不能进行有效的品牌扩张。白马服装批发市场所在区域已经是寸土寸金了，没有可以利用的土地了，影响着市场的品牌扩张，不能利用白马的品牌效应开发出白马童装市场、白马鞋业批发市场、白马内衣批发市场、白马服装装饰批发市场等。

(5) 周边治安环境较差。在火车站周边地区抢劫杀人事件时有发生，这些事件影响着市场美誉度，给市场造成了许多负面的影响。

(6) 缺乏准确的市场内部布局图。在市场内部没有市场布局图，采购者不能很好地找到自己需要的批发门市部采购服装。

5. 广州白马服装批发市场取得成功的原因

(1) 得天独厚的地理位置和便利的交通。广州白马服装批发市场处于站前路一带，与省汽车站、流花车站、广州汽车站近在咫尺，交通网络便利，内环高架桥线可以直通白云机场以及周边各县市。由于火车站、汽车站都在市场周边不到 400 米的地方，因而，物流发达便捷，能够使采购的服装快捷地流向销售场地。

(2) 产品丰富，质量可靠是其生存的根本。广州白马服装批发市场经营的品种涉及女装、男装、套装、晚装、休闲装、唐装、衬衫、外套、大衣、内衣等各类服饰，在产品层次上高中低应有尽有，负一层的西郊商场主要经营一些较低档次的服装，而二楼、三楼、四楼的服装档次一个比一个高。人们在购买服装时能够享受到一站式购物的便利，免去了到处奔波的烦恼。

(3) 科学有效的经营管理。一个团结务实的管理团队是市场经营好坏的一个重要的因素。广州白马服装批发市场是由广州白马服装市场有限公司经营管理，公司以"专业精神，创新服务；竭诚合作，共同繁荣"作为服务宗旨。公司有着一支年轻、专业的队伍进行管理操作，使整个市场的经营都在一种规范的行为和管理模式下运作，保证了市场朝着健康的方向发展。

(4) 龙头效应与集群效应相得益彰，共同促进整个市场的繁荣。广州白马服装批发市场是最早在站前路这一带经营专业的服装批发，随着经营的扩大，已经是这个地区的领头人物，起着很好的示范效应。其他商店由于发现白马服装生意好做，纷纷在周边安营扎寨，因而，就形成了整个服装批发的商业气息，这些市场走着一条差异化的成长道路，尽量避免和白马服装批发市场的正面攻击，采取经营与服装相关的其他的商品经营，如棉纱、皮具等。通过各个商场的努力形成了今天白马这一带繁荣的市场。

二、沙东有利国际服装批发市场

1. 市场概况

广州市沙东有利国际服装批发城位于中国当代服装专业批发市场的重要发源地——广州濂泉路。广州市沙东有利国际服装批发城由北城、南城、恒利组成,有利服装批发城南城位于广州市先烈东路、濂泉路口,该服装城建筑面积22 000平方米,商铺1 200家,商铺通道流畅,有中央空调、多台自动电梯和货梯。北城位于广州市天河区濂泉路沙河服装城内。建筑面积44 000多平方米,商铺1 700多家。广州市沙东有利国际服装批发城集现代化设备设施于一身,融服装批发销售、展示服饰品牌形象、产品分销代理、发布行业信息、仓储配送、传播服饰文化于一体的综合性现代服装批发市场。

近几年,沙东有利集团有限公司积极更新观念、锐意进取、大胆创新,由一个粗放式经营管理公司迈向更高层次的融包装策划、资本组合投资、智能化管理、多功能配套服务为一体的混合型现代化企业。今年,沙东有利集团有限公司为提升国际竞争力,适应广州的商业定位与商业特点,强化自身优势,力邀南中国最具权威的时尚品牌策划机构——广州服装设计师协会成立"沙东有利国际服装设计研发中心"。中心将顺应"沙东有利"品牌工程,积极建成打造中国服装批发品牌的权威平台。中心以推动中国服装批发产业的发展为己任,致力为活跃在中国服装批发第一线的企业,推出包括产品开发与设计、品牌策划与推广、专业咨询与培训、产业资讯与研究等项目的专业服务。

2. 沙东有利国际服装批发市场情况

经营面积:南城22 000平方米,北城44 000多平方米,南城和北城营业面积共计66 000多平方米;

摊位面积:5~6平方米;

摊位数:南城1 200多家,北城1 700多家,南城和北城摊位将近4 000家;

市场布局:无明显的市场布局区隔,各楼层经营的商品都比较类似,但有较突出一点的是,一楼设有湖北时装区;

经营档次:中低档,主要经营没有知名度的非名牌产品;

经营类别:各类服装,包括童装、男女成衣、毛巾毛毯、内衣、鞋子等;

市场类型:综合性服装批发市场,在经营上主要以批发为主并有少量零售;

经营模式:出租;

仓储方式:各档口服装基本存放在档口,仓库经营户自行解决;

广告宣传:通过电视、报纸、广播及网络等手段宣传市场形象,主要是招租广告,市场外墙及商场内部预留了广告位;

承租比例:全部售出;

租金:单铺面2 640元,双铺面3 080元,五楼租金1 500~1 800元不等;

营业时间:6:00—19:00;

消防措施：市场内共有14个消防栓，市场内明显处有干粉灭火器，有醒目的禁止吸烟提示，装有自动喷淋系统，保安配有对讲系统；

金融：附近有中国银行、中国农业银行、中国工商银行；

停车场：门口有停车位40个（主要针对本地人停放），地下有两层停车场；

管理费：物业管理、卫生费80元/月，消防设施维护费30元/月，保险费350元/档，有效期为一年；

集资费：18万，可以享有20年使用权；

其他：门口有明确的指示牌和分布图，主要是地理位置图、周边交通规则、首层平面图。手扶电梯1个，电梯9个（人货共用梯），安全楼梯8个，洗手间2个，每层有12个通道口。

3. 沙东有利国际服装批发市场的优势

（1）沙东有利国际服装批发市场地理位置优越。地处广州市沙河大街服装批发市场地段。

（2）交通便利。公交862、833、271、236、252、236、252、219、290、201、246、85、72、11、65、60、27、864、112、883、535、637、664等共23条线路公交车经过，广园路就从市场旁边经过，可上内环直接到火车站、省汽车站行车，时间不到20分钟。

（3）租金便宜。租金为1 500～1 800元，年租金低，起点高，环境好。在设计时就充分考虑市场布局的分配和安排，使人们在比较干净的环境中购物。

（4）周边已形成较好的商业氛围。市场所在地有大大小小的各类批发市场，为商场的兴旺聚集了大量的人气。

4. 沙东有利国际服装批发市场的劣势

（1）周边卫生治安环境较差；

（2）周边市场经营档次较低。周边主要是以经营低档次服装的沙河大街批发市场，制约着沙东有利国际服装批发市场的经营档次，成为批发市场向中高档发展的障碍；

5. 沙东有利国际服装批发市场取得成功的原因

（1）政府支持。政府支持是市场兴旺发达的政策保障和政治支柱，广州市全力支持沙河大街服装批发市场的升级改造，沙东有利服装批发市场是沙河大街服装批发市场升级改造的样板工程，因而，政府持续不断地给予政策方面的支持和市场环境的支持，被政府列为规划资助的重点对象之一。

（2）准确的市场定位。广州市沙东有利国际服装批发城集现代化设备设施于一身，集服装批发销售、展示服饰品牌形象、产品分销代理、发布行业信息、仓储配送、传播服饰文化于一体的综合性现代化的服装专业批发市场。

（3）科学的经营管理。服装城由沙东有利集团公司管理，而沙东有利集团公司已经实现了从粗放式经营向集约式经营的转变，已经成为一个融包装策划、资本投资组合、智能化管理、多功能配套服务于一体的混合型现代化企业，在服装市场经营管理方面也积累了大量的经验。

（4）雄厚的资金实力。公司拥有强劲的资金实力，为市场的进一步发展提供了坚实的资金来源，确保了市场运作有足够的资金维持和提升。

（5）先进的计算机通信网络系统。在市场内，每个客商可以充分享有计算机网络用户终端配套建设。商务网站为每个客户免费提供上网资讯，让全球采购商可以通过网络进行信息查询和市场交易活动，突破地理局限，拓展市场空间。

（6）合理先进的规划设计。六层无障碍渐进式螺旋上升环流设计构成了自成一体的现代化物流体系，客商及物品可以不受阻滞到达任何一个楼层、进入任何一个停车场目字形的商铺，使每个商铺的空间得到最充分的利用，也避免了线形商铺设计的拥挤、嘈杂。

三、广州虎门服装批发市场调查报告

广东虎门不仅是坚实的服装生产基地，而且是庞大的服装市场，有着名闻遐迩的富民商业大厦、黄河时装城等多个现代化服装批发市场。

虎门镇雄踞珠江东岸，毗邻广州、深圳、香港、珠海和澳门，南临伶仃洋，面积170平方公里，常住人口11.5万，外来人口50多万。虎门拥有上规模的服装企业1 000多家，还有织布、定型、漂染、拉链、刺绣等配套厂100多家。全镇年产服装逾亿件/套，年销售额逾100亿元。虎门不仅成了全国最活跃的服装批销中心，而且成为出口东南亚、欧美、西亚各地的重要基地，被中国纺织工业协会、中国服装协会授予"中国女装名镇"称号。虎门服装市场名牌荟萃，精品如云。迄今为止已成功举办过八届中国（虎门）国际服装交易会和四届"虎门杯"国际青年设计（女装）大赛，成为服装界闻名遐迩的瞩目盛事。

1. 虎门富民服装批发市场概况

富民服装批发市场是由专注于批发市场开发与管理的虎门富民服务公司投资兴建，在投资富民服装批发市场之后，陆续开发了富民童装城、富民农副产品批发市场、富民鞋业市场、富民布料批发市场、富民第二市场、富民夜市、富民皮料皮具批发市场，富民进出口公司和富民时装网，富民服务公司拟投资建一座占地3 000亩的富民物流中心，其中包括首期占地500亩投资20亿元的富民商贸城，使富民成为华南地区拥有传统与现代物流相结合的商业航母。

（1）富民服装批发市场的优势分析：

富民服装批发市场地理位置优越，交通便利；经营品种齐全；有着丰富的市场资源。服装城所在地处在全国闻名的服装生产基地——虎门镇。在虎门拥有上规模的服装企业1 000多家，还有织布、定型、漂染、拉链、刺绣等配套厂100多家，全镇年产服装逾亿件/套，年销售额逾100亿元。这些都为服装市场的经营提供了货源；有效的经营管理；浓厚的商业氛围。市场周边是虎门镇重要商业繁华区，商业氛围及其浓厚；客流量大。每天的人流量达到十万人次以上；实现了品牌经营。在富民服装批发市场的市场基础上，已经形成了富民童装城、富民农副产品批发市场、富民鞋业市场、富民布料批发市场、富民第二市场、富民夜市、富民皮料皮具批发市场等专业批发市场；广告宣传手段多样。富民服装批发市场广告宣传有网络广告、电视广告、广播广告、

户外广告、内部刊物、DM 等,富民还建立了自己的专门服装网,不仅宣传企业形象,还发布服装市场信息和各种与服装有关的市场知识、管理技巧等;经营时间早,管理经验丰富。

(2) 富民服装批发市场的劣势分析

周边服装批发市场正在瓜分经营份额;租金偏高。比黄河时装城的租金明显偏高。

2. 黄河时装城市场

(1) 概况:

黄河时装城位于服装名城——虎门。坐落于太平繁华商业中心,南贯通虎门大道、西临银龙路及虎门广场。黄河时装城是黄河集团公司属下开发的,集时装批发、超市百货、商贸、证券、娱乐、餐饮、休闲度假于一体的综合性商贸中心。

一至四楼为大型时装批发中心,拥有 1 400 多间铺位。黄河时装城是由 56 层黄河中心大厦、两幢 28 层商住两用公寓和 9 层面积达 11.8 万多平方米的大型商城所组成,其建筑气势宏伟、装修典雅、布局实用、设备功能齐全,是一个现代化的智能物业群。广场及地下停车场可同时停泊 800 多辆汽车。根据大型服装批发市场的需求,时装城内建立了一套完善的服务机制;如电子信息平台、商务中心、银行服务、服装设计中心、时装展示中心及导购、礼仪等配套服务。能够为进驻黄河时装城的业主和顾客,提供一个安全、舒适的购物环境。四楼香港时装城又称为(城中城),其经营的品牌来源如:中国香港、中国台湾、日本、韩国、意大利、东南亚及西欧等国家和地区,凭借世纪南来风尽展典雅浪漫、精雕细琢、别具一格的名家风范。

黄河时装城集传统服装批发商场经营管理之精髓,注入现代企业管理的精髓,独创了适应现代市场经济发展和虎门本土文化经济的经营管理模式。公司秉着:营造大市场、搞好大流通、推动大生产、带动大繁荣的经营理念;荣辱与共。经营目标:创建全国性至大服装批发贸易中心,成为南派时装的代名词;在变化中抢占先机、在竞争中创造优势。

(2) 黄河时装城的优势:

地理位置优越:市场坐落于太平繁华商业中心,南贯通虎门大道、西临银龙路及虎门广场;交通便利:商场南临太平中巴站、虎门货物托运总站,拟在商场东北侧建中巴站,在广州、深圳等火车站、机场设立黄河商业城办事处,运送顾客及货物。

黄河时装城起点高,规划合理。市场一至三楼是时装商场,四楼是香港时装城,六楼是中国虎门国际服装交易会主会场,七楼是南方证券、黄河集团、黄河时装城办公室,八楼是高级时装写字楼、大型时装表演中心。市场定位准确。黄河时装城集时装批发、超市百货、商贸、证券、娱乐、餐饮、休闲度假于一体的综合性商贸中心,经营富有特色,每年都在时装城举办虎门国际服装节,在四楼设有香港时装城,这是所有广东省各批发市场最具特色的服装市场类型。这里配有大型停车场。在时装城地下有大型停车场,能够满足客户车辆停靠需要,并能解决大型服装节停车需要。市场人流量大。由于时装城大厅前有通往全省各地的客运站,客运站能够带来巨大的人流;摊位面积大。在时装城内摊位面积从 8~30 平方米都有,但主要是以 18~30 平方米的为主，明显要比其他市场摊位面积大。

(3) 黄河时装城的劣势：

知名度不及富民批发市场高；零售散户比较多，这主要与时装城上面有超市，导致逛商场的本地市民较多，批发客户不是很多。

周边市场瓜分经营份额：黄河时装城最大的竞争对手就是富民集团旗下的各批发市场。涵盖富民服装批发市场、富民童装城、富民农副产品批发市场、富民鞋业市场、富民布料批发市场、富民第二市场、富民夜市、富民皮料皮具批发市场等专业批发市场，这些市场涉及服装的方方面面，是一个全攻略型的市场。

3. 虎门服装批发市场经营成功的原因

良好的市场资源。虎门富民和黄河时装城都坐落在虎门镇，虎门镇是中国重要的服装名镇。在虎门镇拥有上规模的服装企业1 000多家，还有织布、定型、漂染、拉链、刺绣等配套厂100多家。全镇年产服装逾亿件/套，年销售额逾100亿元。这些服装企业为市场提供了服装资源，省去了许多中间环节，实现从生产企业到服装市场的直达模式，因而也促使各种成本降低，使市场内的服装具有成本优势。

积极举办各种服装节。服装节是吸引客户的有效手段，能够聚集大量的人气，能够提高企业的知名度。黄河时装城每年都要举办虎门国际服装节。虎门镇至今已经成功地举办过八届中国（虎门）国际服装交易会和四届"虎门杯"国际青年设计（女装）大赛。这些服装节、服装交易会和时装设计大赛不仅提高了虎门的知名度，更重要的是给富民和黄河两大时装城带来了巨大的客户资源。

商业氛围浓厚。在富民和黄河时装所在区域向来都是虎门镇重要的商业地区，一直以来都富有浓厚的商业气息，加之富民和黄河的落户，更加刺激了这里的商业环境。富民旗下拥有富民童装城、富民农副产品批发市场、富民鞋业市场、富民布料批发市场、富民第二市场、富民夜市、富民皮料皮具批发市场等市场，这些市场相距不远，已经形成了重要的服装批发商圈。

【知识拓展】调查的方法

（一）访问调查法

这是用得最多的一种调查方法。它是调查者通过面对面的直接交谈，向被调查者了解情况、搜集资料的一种调查方法。一般而言，在访问之前必须审阅被调查对象的有关资料，如档案、出版的书籍和发表的文章等，便于在当面访问之前掌握尽可能多的情况，有助于制订一份切实可行的访问提纲，为当面访问提供线索，明确重点，集中难点。访问的方法可分为以下几种：

1. 个别访问

个别访问亦可称之为直接访问。这种访问是调查访问人员单独与被访问者直接交谈从而获取有关资料的一种方法。个别访问因不受他人的影响，因而能够使访问比较深入。一般说来，在集体场合，人们往往有一种从众心理，看看别人是怎样回答的，力图使自己所谈的不与大家谈的冲突太大。这样就难以获得真实的、详细的材料。个别访问的问题，往往是不宜在座谈会上讨论的问题。但值得注意的事，个别访问往往是个人见解，不能以偏概全。

2. 间接访问

间接访问亦可称之为侧面访问。间接访问就是访问主要调查对象上下左右的人，这虽然也是面对面的一种直接访问，但访问的对象不同了。如被访问的对象身患重病无法交谈，或因特殊原因无法接触，在这种情形下，只能采用间接访问方法。一般说来，除了与主要调查对象直接当面访问外，也需要进行间接访问，以便从各方面了解情况，充分占有材料。这样做的好处是便于调查者从不同的角度去"透视"被访问者，以形成对访问主要对象的立体化认识。

3. 召开座谈会

座谈会也是一种直接当面的访问方式，又称为调查会。它是通过集体座谈的方式进行的，也就是说所访问的对象不是单独的，而是同时访问若干个被调查者。座谈会由调查者主持，开调查会之前，由调查者把调查的目的或主要意图、内容和要求，一一向被调查者介绍清楚。参与座谈的人，应当是确实了解情况的人。会后，应对获得的材料进行整理和核实，以保证其真实性。

在实际的调查过程中，往往不单采用一种方法，而是几种方法综合使用，以期获得全面而深入的调查资料。

（二）问卷调查法

问卷调查是调查者根据研究的课题，通过设计，制成问卷式调查表，寄发给调查者填写，用以收集资料、掌握情况的一种方法。问卷调查法是进行大规模的统计调查必不可少的一种方法，也是一种间接的书面调查方法。问卷调查法的关键在于问卷的设计。无论是"结构型问卷""松散型问卷"，"还是混合型问卷"，它既要根据调查的目的编写问题，又要将所提问题化整为零；既要针对调查对象设问，又要使所提的问题简洁、明白、易懂。问卷设计在很大程度上决定着问卷填答的质量、回收率和研究结论的正确与否。因此，科学地设计问卷，是问卷调查成败的关键。

设计问卷时应该注意以下几点：

一是要做到提问标准化、规范化，能使被调查者对所提问题做出正确的理解和回答；二是提问要单一具体，一个提问只问一件事，不要在一个提问中涉及两件或两件以上的事；三是问卷的文字要简明扼要，浅显易懂，应尽量运用大众熟悉的语言；四是调查问卷中的提问和答案，不要使用含义不清的模糊概念；五是提问要尽量客观、公正，不能有暗示、诱导性的倾向，否则亦难获得真实情况；六是最好不提令人窘迫或禁忌、敏感性的问题，否则会被调查者拒答；七是提问应先易后难，以引起被调查者的兴趣，使之乐意填答。

（三）抽样调查法

抽样调查就是把调查对象当作总体，从总体中按照随机或非随机的原则，抽出一定数量的调查单位作为样本，通过对样本的直接调查、分析，然后借助统计推论的方法，推断出调查研究对象总体的状况、特征、性质等情况。

抽样调查的基本方法可分为两大类：

1. 随机抽样

随机抽样又叫概率抽样，它是按照概率理论来抽取样本的。随机抽样的方式又可分为以下五种：

（1）简单随机抽样。它是按随机原则直接从总体中抽取若干个单位，构成一个样本，通过对样本单位的调查研究，计算样本指标，然后对总体相应的指标做出统计推断。

（2）分层抽样。它是把调查总体所含的单位按一定的标准分为若干组或类别，每一组或每一类别称之为一层，然后从每一层中按照相同、相近或不同的比例随机抽取样本。

（3）等距抽样。是将总体中的全部调查单位按某一标准排列起来，先随机抽选一个样本作为起点，合并样本和总体单位数计算出抽样距离，按固定的顺序和计算出的间隔距离在总体中抽取若干样本的抽样方法。这种方法在经济领域、管理领域中有较高的实用价值。

（4）整群抽样。这是一种将总体划分为若干个群或组，以群或组作为抽样单位，从中抽选出一部分群，然后对群内全部单位进行调查的一种抽样方法。采用这一方法时，首先按某种标准将总体划分成若干群，然后将各群编码，再按随机原则，抽取这些群中的某些群体作为样本，然后又在抽取的样本中分群，再次按随机原则抽取新的样本，依次继续下去，直到最小的单位为止。

（5）多级段抽样。把抽取样本单位的过程分为两个或两个以上的阶段抽样的方法，称之为多级抽样，亦可称之为多段抽样。在抽样调查中，如果一次直接抽取具体样本单位，称为单级抽样。而多级段抽样，必须在两个以上的阶段抽样。无论是两级抽样、三级抽样或五级抽样，必须注意的是：每一阶段应严格按随机原则抽取样本。

2. 非随机抽样

非随机抽样有四种情形。

（1）偶遇抽样。这是一种根据调查者方便的原则，任意地、偶然地抽选样本的方法。调查者的心目中事先没有确定样本，到达某一个地方，遇到谁就选谁为样本，随走随选，直到满足规定样本数目为止，因而又称之为任意抽样。偶遇抽样虽然方便，然而有较大的偶然性。

（2）判断抽样。这是一种以调查者或专家根据主观判断选择样本的方法。这种判断，既可以凭借调查人员的经验或印象来判断选取样本，也可以凭借专家的学识来判断选取样本，因此，抽样调查结果的精确度全部取决于这种主观的判断力。

（3）配额抽样。也可以称之为"定额抽样"。这是一种先把调查研究的总体按一定标准分成若干类，然后按一定比例分配样本数额，由调查研究者在定额的范围内主观地抽取样本的方法。运用配额抽样，首先选择一些控制特性作为划分总体的标准，把总体划分成若干子体。然后按照子体在总体中的大致比例,决定各子体中的样本"数额"。最后由调查者在"额度"内随意抽取样本。

(4)滚雪球抽样。在实际调查中,可以选定一个或几个有特征或有代表性的人物进行访问,然后再按这个或这几个被调查者提供的名单去调查,如此类推,如同滚雪球一般,被调查者愈来愈多。

任务四 会议记录

一、任务导入

会议记录是会议记录员在开会时将会议情况和会议报告、发言、讨论、决议等内容如实记录下来的文书。

二、案例分析

××党支部会议记录

时间:2012年×月×日上午9点至11点

地点:×××会议室 会议地址

主持人:××系党支部书记×××

出席人:支部全体党员(详见点名簿)出席人

列席:×××(职务)、×××(职务)……列席人

缺席:×××(缺席原因,如学习、出差、生病等)缺席人

会议主题:1. 讨论支部工作报告 2. 讨论通过预备党员×××、×××转正问题。

×××(主持人、书记):今天,我们召开支部全体党员大会,今天会议的议题是,讨论通过支部的工作报告和讨论×××、×××同志的入党转正问题。下面让我来向大会做支部工作报告,请与会同志酝酿,充分发表意见。(书记作支部工作报告,记录报告要点)

×××:(详细记录每位同志的发言)

×××:

×××(主持人):刚才,同志们对我们的工作提出了许多宝贵的意见,我们会认真加以考虑,不断改进工作。接下来研究预备党员转正问题。

(记录详见《发展党员专用记录本》)。

记录人:(签字)

主持人:(签字)

评析：这是一份记录详细、内容完整的会议记录。标题部分列出会议名称，接着讲会议组织概况，包括会议时间、地点、主持人、出席人、列席人、缺席人、会议主题都一一列出。会议内容部分对会议过程进行概述，接着对每位同志的发言进行详细记录，最后记录人签名，因为是重要会议还需要主持人签名。

三、任务要求

会议记录的结构是：标题＋会议组织概况＋会议内容＋结尾。

（一）标题

标题由会议名称加文体名称组成，即"×××××会议记录"。如果使用的是专用的会议记录本，连"记录"二字也可省略，只写会议名称。

（二）会议组织概况

1. 会议时间

要写明年、月、日，上午、下午或晚上，×时×分至×时×分。

2. 开会地点

如"××会议室""××礼堂"等。

3. 主持人的职务，姓名

如："校党委书记××""公司总经理××"。

4. 出席人

根据会议的性质，规模和重要程度的不同，出席人一项的详略也会有所不同，如果人数不多，可一一写明姓名。人数较多，可以只写身份和人数，如"各院系党总支书记和直属党支部书记39人""全体中层干部"等。如果出席人身份复杂，如既有上级领导，又有本单位各部门的主要领导，还有各种有关人员，最好将主要人员的职务、姓名一一列出，其他有关人员则分类列出。

5. 列席人

包括列席人的身份、姓名，可参照出席人的记录方法，写出姓名或只写列席人员范围。

6. 缺席人

如有重要人物缺席，应做出记录，注明缺席原因。

7. 会议主题

（三）会议内容

这部分随着会议的进展一步步完成，没有具体的固定模式。一般包含以下几方面：
会议议程；会议报告和讲话；会议讨论和发言会议的表决情况；会议决定和决议；会议的遗留问题。

这些是一般会议都有的项目，但侧重点会有所不同，先后次序会有所不同。

会议内容有以下两种记录方法：

1. 摘要记录

一般会议只要求有重点地、扼要地记录与会者的讲话和发言以及决议，不必"有闻必录"。所谓重点、要点，是指发言人的基本观点和主要事实、结论。对一般性的例行会议，只要概括地记录讨论内容和决议的要点，不必记录详细过程。

2. 详细记录

对特别重要的会议或者特别重要的发言，要做详细记录。详细记录要求尽可能记录下每个人发言的原话，不管重要与否，最好还能记录下发言时的语气、动作表情及与会者的反应。如果发言者是照稿子念的，可以把稿子做附件，并记录下稿子之外的插话、补充解释的部分。

为了提高记录速度，保证记录的真实性，可以适当使用一些辅助工具，如录音笔等，也可以使用一些自己熟悉的简称、代号、符号，等会议间歇或会后整理时再补上全称或原称。必要时，可以学习速记法。

（四）结尾

记录人签名。重要会议还应该由主持人签名。

四、实训操作

学习做一次班会课的记录。

【知识拓展】做会议记录的要求

因为会议记录是分析会议进程、研究会议议程的依据，是编写会议简报和撰写会议纪要的重要资料，是作为原始资料编入档案长期保存，以备查阅的，所以会议记录要求对会议情况做客观真实的记录，要记录会议的原始自然状态。会议记录人只有如实记录的权利，不能进行增添、删减、加工、提炼。

任务五　简　　报

一、任务导入

简报是党政机关、团体、企事业单位简明扼要地反映情况、报道工作、交流经验、揭露问题的报道性文书。

简报的作用在于沟通情况，交流信息。编发简报，能够迅速、准确地向上级机关反映情况，以便上级机关及时了解下级情况，做出正确的决策；在平级机关之间，简报可以起到加强联系,利于合作的作用;对于下级机关来说,简报则能及时反映上级机关的工作动态,使人们对上级机关的工作意图有所了解。简报也可叫"××简讯""××动态""内部参考"。

二、案例分析

×职业技术学院

简 报

2012 年第 11 期

(总第 22 期)

××学院办公室编 2012 年 8 月 26 日

我院人才培养工作水平评估整改方案已报教育厅

我院人才培养工作水平评估整改方案已报省教育厅。

根据教育部高职高专人才培养工作水平评估文件要求、省教育厅专家组的建议及我院实际情况,2012 年 8 月 22 日召开了院长办公扩大会,全体与会人员按照教育部高职高专人才培养工作水平评估指标体系要求,拟订了我院人才培养工作水平评估整改方案。整改报告几经修改完善,已于 8 月 25 日报至省教育厅。

评析:这是一份内容简明扼要,叙述清楚,用词准确的简报。在报头部分按照写作要求列出简报名称、当年期数、总期数、编写单位及日期。报文部分写明标题、导语(我院人才培养工作水平评估整改方案已报省教育厅)、主体。作为一般简报,本文无报尾。

三、任务要求

简报分为报头、报文、报尾三部分组成。

(1)报头:报头占首页的上方,约占一页版面的 1/3,用间隔线与正文隔开。它包括报名、期号、编号、编写单位、印发日期、密级等内容。

(2)报文:报文部分,一般包括标题、导语、主体、结尾等项内容。

简报的标题要准确、精练、醒目。

简报导语与新闻的导语相同,它要求用一句话或一段话概括全文的主旨或中心内容。给读者以总体印象,起到导读的作用。

主体是简报的主要部分,它将导语中提出的问题,概括的主要内容,加以展开,用确切的事实、典型的材料、精确的数据来进一步详细阐述。要求紧扣标题,紧扣导语,中心突出,叙述清楚,脉络分明。

结尾用一句话或一段话对主体部分所阐述的内容加以概括、总结、点明主题,以加深印象。主体部分已经叙述清楚,也不必再写结尾。

简报一般不具名,必要时可以在正文右下方加括号注明撰稿人姓名或供稿单位。日期已印在简报报头上,也不用另写。

(3)报尾:报尾一般由"发送范围""印发份数"两项构成。一般简报可以不写此项。

四、实训操作

1. 按下面提供的内容,以市教育局名义编一份保护《南明河行动》的简报。

××市各界人士参加了由市教育局、市文明办、团市委联合组织的"清理南明河"志愿服务活动。

2. 下面是一份简报的导语,请先从后面列出的问题中判断它存在那些问题,然后针对问题进行修改,写一段符合要求的导语。

为了贯彻科技是第一生产力的精神,发挥科技和科技人员在经济建设主战场的作用,为科技人员深入基层、深入实际创造条件,市科委和市社科联合组织了一批工程技术和经济管理专家,下乡调研并指导工作。他们中有老当益壮的老专家,也有青春焕发的中年专家。他们顶烈日,冒酷暑,发扬吃苦耐劳的优良作风,足迹踏遍全市9个乡镇,帮助乡镇企业"诊断"生产、管理、经营中存在的问题,乡镇企业的领导感动地说:"这些专家没有架子,深入基层,体察厂情,为我们解决了大问题。实践证明,这种形式对于帮助我们搞好乡镇企业具有重大意义。"这次活动的具体情况如下。

A. 文字不简练( )　　B. 有语病( )　　C. 主题不明确( )
D. 空话多( )　　E. 事实不充分( )

【知识拓展】简报的写作要求

简报的写作要求是由简报的特点所决定的,因为简报有快、短、实、新的特点,所以写简报要做到:

(1)要简明扼要。简报刊登的文章要篇幅简短,以尽量少的文字交代更多的内容,以有限的篇幅传播更多的信息。

(2)迅速及时。信息是一种财富,简报传播越及时,信息的价值越高。在收集信息、整理材料、编写、发送等各个环节都有要强烈的时间观念,要求快写、快审、快编、快印、快发,便于及时沟通交流信息。

(3)内容要新颖。内容上,简报要有新意。要反映工作的各种新情况、新问题、新经验,要善于抓住新人、新事、新动向。

(4)要真实可靠。简报最主要的作用是向上级领导机关反映情况,以及便于下级部门了解本单位工作动态。它所提供的信息既反映着本单位的工作方向和进程,又影响着领导机关对工做状态做出判断,所以,必须真实。

项目五　常用会议文书

学习目的与要求

通过本项目五个任务的学习,了解开幕词、闭幕词、欢迎词、欢送词、祝词、祝酒词、祝寿词等致辞的概念、特点、作用和种类,切实掌握这几种应用文的写法。

能力目标

1. 了解开幕词的基本知识和要求;
2. 了解闭幕词的基本知识和要求;
3. 了解欢迎词、欢送词的基本知识和要求;
4. 了解祝辞、祝酒词、祝寿词的基本知识和要求。

核心能力

1. 能够按照不同文种自身的写作要求,写出格式完整,语言流畅的文章。
2. 掌握以上几种应用文的写法。

任务一　开　幕　词

一、任务导入

（一）开幕词的含义与作用

开幕词是党政机关、企事业单位或社会团体在举行大型会议或大型活动（如运动会、旅游节）开始时,由大会主席、主要领导人或主持人向与会人员所做的重要讲话,它具有宣告性和引导性,是召开重要会议或举行重要活动必不可少的环节,标志着会议或活动的正式开始。

作用：开幕词通常要阐明会议或活动的性质、宗旨、任务、要求和议程安排等，集中体现了大会或活动的指导思想，这对引导会议或活动朝着既定的正确方向顺利进行，保证会议或活动的圆满成功有着重要意义。

（二）开幕词的特点和种类

（1）开幕词是写在会议或活动前的讲话稿，一般具有引导性、指导性和提示性的特点。另外它还有两个特点：一是简明性，开幕词要简洁明了，短小精悍，最忌长篇累牍，言不及义，多使用祈使句，表示祝贺和希望；二是口语化，开幕词的语言应该通俗、明快、上口。

按内容来分开幕词可分为：各种代表会议讲话稿，工作会议讲话稿，经验交流和论坛讲话稿，竞技、体育赛事讲话稿，文化节日、宣传活动讲话稿，教育培训、学术年会讲话稿，展览展会、落成典礼讲话稿。

二、案例分析

例文：
开幕词

中国铸造协会常务副理事长李永圣
在"第三届上海国际不锈钢展览会"、
"第四届国际有色及特种铸造展览会"上的开幕词

尊敬的各位领导、各位来宾、女士们、先生们：

早晨好！

在这金秋之际，由中国钢铁工业协会、中国贸促会冶金行业分会、中国特钢企业协会不锈钢分会和中国铸造协会共同主办的"第三届上海国际不锈钢展览会"和"第四届国际有色及特种铸造展览会"，今天在这里隆重开幕了。请允许我代表展览会的主办单位对所有参加这次展览会的中外参展商表示诚挚的欢迎！

本次展览会的联合举办得到了政府有关部门、各协办单位，中外不锈钢、铸造厂商及相关媒体的大力支持。本次展览会除中国内地参展商外，还有来自德国、意大利、法国、美国、丹麦、英国、日本、芬兰、印度、瑞士、奥地利、卢森堡、加拿大、比利时、巴西、泰国、越南、马来西亚、新加坡、中国香港、中国台湾等21个国家和地区的271家厂商参展，他们带来了不锈钢和有色及特种铸造领域中最先进的设备技术和高质量的产品。

近年来，中国不锈钢和有色及特种铸造行业有了长足的发展，并已成为钢铁和铸造行业领域的发展热点。但是这还远远不能适应21世纪我国国民经济发展的要求。与先进工业国家相比，尚有较大差距。特别是我国加入WTO之后的今天，企业将直接面对市场、参与国际市场竞争，因此中国的不锈钢和有色及特种铸造业有待进一步提高产品质量、生产工艺和技术水平,必须加速同世界有色及特种铸造业的接轨,加强合作力度,引进国外新设备、新技术,促进有色及特种铸造业的合资合作。我确信,通过本次展览会将对中外行业之间的交流和贸易合作起重大推进作用。我衷心祝愿各参展厂商获得富有成效的收获。

祝愿博览会取得圆满成功!

评析:这是一篇中国铸造协会常务副理事长李永圣莅临"第三届上海国际不锈钢展览会"和"第四届国际有色及特种铸造展览会"两会上所做的开幕词。格式完整,层次清楚,思路清晰。(1)标题是完全式标题,由致辞人,会议名称和文种构成。(2)"称呼"另起一行,顶格写。以示对对方的尊重。(3)问候语另起一行,单独成行。(4)正文部分。首先宣布大会开幕,对来宾表示欢迎(这是开幕词的习惯写法)。接着简介参展单位,最后简述中国不锈钢和有色及特种铸造行业的水平,并指出其有待于进一步提高,从而说明了大会的意义。(5)祝颂语(这是开幕词常用写法)。

三、任务要求

开幕词的格式写法:

开幕词一般由标题、称呼语、正文和结束语四部分组成。

(一) 标题

开幕词的标题有三种写法:

(1)由会议名称和文种组成,下面注明致辞者姓名和开幕时间。例如:在全国水文勘测工程技能开幕式上的讲话。

(2)开幕词如果在报刊上发表使用,往往用"在××会议开幕式上的讲话"的形式。

(3)文章标题式(也称新闻式标题,由正标题和副标题组成。正标题标明目的、结果,副标明由致辞著、会议名称和文种组成)。如:进一步推动我国对外汉语教学的发展——××在第二届国际汉语教学讨论会开幕式上的致辞。

(二) 称呼语

对与会者的称呼语在第一行,顶格写,以示对对方的尊重,后要加冒号。称呼语一般有"同志们""各位代表""各位嘉宾""女士们、先生们"。

(三) 正文

开幕词正文一般包括开头,正文和结尾三部分。

(1)开头:另起一行,首先宣布会议开幕,会议名称要写全称,以表示严肃、庄重。接着交代会议筹备工作情况,或者说明出席会议的领导和来宾的单位、姓名,并向他们表示欢迎;或者交代出席人员情况,尤其是各级政协、人大会议,要根据有关规定把出席人员的情况交代清楚。开头总的要求就是：开门见山，切入主题，语言要引人入胜，吸引听众，新颖精巧，内容要紧扣题意，简明扼要。

（2）正文：一是阐明会议的意义，通过对以往工作情况的概括总结和对当前形势的分析，简要介绍会议的筹备过程；二是阐明会议的指导思想，提出大会任务，说明会议主要议程和安排；三是为保证会议顺利进行向与会者提出要求。

（3）结尾：结尾是讲话的终结，它要在一个很短的时间内，抓住众人的注意力，将思想升华，使全篇文章意义深远，发人深省，耐人回味，鼓舞斗志，振奋精神，通常是提出会议任务、要求和希望。

（4）结束语：常以祝颂语"预祝大会圆满成功"结束会文。祝颂要另起一段，要求简短有力，有号召性和鼓动性。

四、实训操作

为学校活动会或团代会写一篇开幕词。

任务二　闭　幕　词

一、任务导入

（一）闭幕词的含义

闭幕词是党政机关、企事业单位或群众团体在隆重会议即将结束时，由有关领导在会议上做的总结性讲话。其内容一般为概括会议的基本精神、评价大会内容、总结大会的体验和收获、对贯彻会议精神提出要求和希望。

（二）闭幕词的特点

凡重要会议或重要活动，与开幕词相对应，一般都有闭幕词，这是一道必不可少的程序，因为它标志着整个会议或活动的结束。闭幕词和开幕词一样，具有简明性和口语化两个共同特点。另外还有总结性、概括性、号召性以及口语化等特点。

二、案例分析

在第二届云冈旅游节闭幕式上的讲话

孙辅智

各位来宾、女士们、先生们、朋友们：

第二届中国大同云冈旅游节在省委、省政府的亲切关怀下，在省、市的有关部门和社会各界的大力支持下，经过组委会全体工作人员的共同努力和全市人民的积极参与，圆满完成了各项节庆活动任务，今天胜利闭幕了。在此，我代表中共大同市委、大同市人民政府，代表本届旅游节组委会和全市300万人民，对关心、支持和参加这次节庆活动的各位领导、各位来宾、各界朋友们表示衷心的感谢！向为节庆活动付出艰辛劳动的全体工作人员和全市人民表示诚挚的谢意！

中国大同云冈旅游节是关系大同经济和社会发展的大事。为了把这件大事办好，市委、市政府本着办节庆、促旅游、调结构、促发展的原则，坚持政府主导、各方参与、市场运作的办法，把节庆活动办出了新意，办出了特色，办出了成效。旅游节前，我们完成了"两路"拓宽、云冈村拆迁、中国优秀旅游城市雕塑、城市绿化等基础设施建设工程，进一步美化了大同，绿化了大同，净化了大同，亮化了大同，焕发了历史文化名城的风采，展示了中国优秀旅游城市的风貌。旅游节期间，我们举办了36项文体旅游和经贸活动项目。这些项目容量大、层次高、前景好，因此，取得了很好的节庆效益，真正起到了弘扬文化、促进旅游、优化结构、扩大开放、发展经济、振兴大同的作用。我们也高兴地看到，旅游节进一步振奋了大同人的精神，起到了统领民心、共谋大业的作用；旅游节进一步增强了广大市场建设美好大同的责任感、荣誉感、自豪感；旅游节进一步坚定了全市人民搞好物质文明和精神文明建设的决心和信心！

同志们、朋友们，第二届中国大同云冈旅游节的成功举办，为进一步搞好我市各项工作提供了有益的经验，这就是必须按照"三个代表"的要求，解放思想，实事求是，为人民群众办实事；必须相信群众，依靠群众，动员和引导全市人民广泛参与；必须用改革的精神和市场运作的办法解决发展中的问题；必须振奋精神，奋发图强，争先发展。只要我们认真吸取这些有益的经验，就一定能够把大同的事情办得更好。今后，我们一定要以邓小平理论为指导，按照"三个代表"的要求，依托我市丰富的旅游资源，立足日益增长的旅游市场需求，深化改革，扩大开放，加强指导，强化管理，加大扶持力度，把旅游业作为新的经济增长点进一步发展壮大。我坚信，只要全市上下共同努力，振奋精神，扎实工作，大同的明天一定会更加美好！

谢谢！

评析：这是一篇市旅游节闭幕式上的讲话稿，格式较为完整。首先有标题，由会议名称和文种构成；其次有称谓，"各位来宾、女士们、先生们、朋友们"；然后进入正文。前言部分，阐明本次会议已顺利完成各项议程，即将闭幕，这是闭幕词的习惯写法，对有关单位、人员表示感谢。主体部分，首先概述了本次旅游节所完成的主要任务以及由此产生的成效，其次简要回顾大会情况，提出贯彻落实会议精神，做好今后工作的要求，提出希望，发出号召，希望全体大同市人民认真按照"三个代表"的要求，为实现大同市美好明天而奋斗！结束语"谢谢"用富有感情色彩的语言宣布大会闭幕。

三、任务要求

（一）闭幕词的格式

（1）标题与开幕式相同。

（2）称谓与开幕式相同。

（3）闭幕式的正文一般包括3个方面的内容：

前言：简要叙述会议议程进行情况，说明大会在什么情况下圆满结束。一般是大会在各级领导的关怀下，经过与会人员的共同努力，圆满完成了预定任务，今天就要闭幕了。

主体：对大会进行概括总结，通常包括两项内容。一是概述大会所完成的任务，肯定会议的成果，对大会做出客观评价。在总结评价时，切忌泛泛而谈，要对会议上与会人员提出的合理化建议以及讨论中的正确意见加以肯定，具体阐述。二是提出贯彻落实会议精神，做好今后工作的要求，提出希望，发出号召，鼓励大家坚定信心，为完成新任务而努力奋斗，这部分内容不宜过长，要抓住重点，对贯彻会议精神确有指导意见。

结尾：对保证大会顺利进行的有关单位及服务人员表示感谢。

（4）结束语：隆重宣布大会胜利闭幕。通常只有一句话："现在，我宣布，××××大会闭幕。"

（二）闭幕词的写作注意事项

（1）闭幕词不同于总结。总结可以较浅，可以展开写，但结尾不能宣布闭幕。做完总结后，要由大会主持人宣布闭幕。

（2）闭幕词要高度概括，篇幅要短小精悍。与开幕词一样，闭幕词的语言要求庄重而不呆板，热情明快而不诙谐，尽量口语化，要多选用那些鼓舞人心的词语，肯定有力的句式，具有亲切感，富有号召力、感染力和鼓励性。

（3）闭幕词重在传达会议组织者对大会的全面估价和总结，概括会议所形成的共识和会议精神的实质要义，而不是简单回顾会议的历程，对于会议中提出的重要的、有关会议中心议题的问题，或发生的重要情况，都要做原则说明，适当表态。

四、实训操作

为学校运动会或团代会写一篇闭幕词。

任务三 欢迎词、欢送词、答谢词

欢 迎 词

一、任务导入

（一）欢迎词的含义、范围与种类

欢迎词是行政机关、企事业单位、社会团体或个人在迎宾仪式上作为主人发表对宾客的到来表示欢迎的致辞。外宾来访，领导视察，同仁参观，欢迎新领导、新同事、新同学时，都可以致欢迎词。

欢迎词从表达方式上分，有现场讲演欢迎词和报刊发表欢迎词，从社交的公关性质上分，有私人交往欢迎词和公事往来欢迎词。

（二）欢迎词的特点

①欢愉性。中国有句古话是"有朋自远方来，不亦乐乎"，所以致欢迎词当有一种愉快的心情，只有这样才能给对方一种"宾至如归"的感觉，才能为下一步各种活动的顺利进行打下好的基础。

②口语化。欢迎词是现场当面向宾客口头表达的，所以口语化是欢迎词文字上的必然要求，在遣词造句上要运用生活化的语言，既简洁又富有生活的情趣。口语化会拉近主人同来宾的亲切关系。

二、案例分析

第四届国际水产遗传学会
会议主席的欢迎词

女士们、先生们：

我非常愉快地代表大会组织委员会向应邀前来参加会议的全体与会者表示诚挚的欢迎。

本次大会将探讨水生生物、营养学、生物学、畜牧学中的各种遗传问题以及水生经济动物的疾病问题。会议的议题还将包括正在培养或有潜在培养价值的淡水、海水鱼类、两栖类、龟类、软体动物以及甲壳动物等。

我们还将邀请诸位游览观赏武汉和中国其他地方的风景名胜。

我们深信第四届国际水产遗传学会议将取得圆满成功，并将是该领域最大的一次国际聚会。

请接受我们最热烈的欢迎！

××××年××月××日

评析：第四届国际水产遗传学会议在中国武汉隆重召开，在开幕式上，会议主席代表主办单位致了这一欢迎词。这篇欢迎词格式完整，是一篇用词十分规范的欢迎词。（1）标题、会议名称加文种。（2）称谓。对全体与会者的称谓，另起一行，顶格写，以示对对方的尊重，后面加冒号。（3）正文。首先对来宾表示欢迎，其次简要说明会议议题与安排。（4）结尾。对大会表示美好的祝愿。再次对来宾表示欢迎之意。（5）署名、日期。因标题中有致辞人职称，所以此处省略致辞人。

三、任务要求

（一）欢迎词的格式写法

欢迎词的结构一般包括标题、称呼、正文、结尾和落款5部分。

1. 标题

欢迎词的标题有两种写法：

（1）只写标题，直接在第一行正中写"欢迎词"三个字，字体比正文稍大些。

（2）在"欢迎词"前面加上修饰性、限制性词语。如"×××在欢迎×××代表团欢迎仪式上的讲话"。

2. 称呼

可视主客之间的疏密程度，被欢迎者的身份，在被欢迎者的姓名前加"尊敬的""敬爱的""亲爱的"。另起一行，顶格写，以示对对方的尊重。

3. 正文

（1）要对客人表示热烈的欢迎、诚挚的问候和谢意。

（2）阐述来访的意义、目的和作用，赞颂客人方面取得的各种成绩，或者回顾双方友谊的历史，赞颂主客双方的友好关系。

4. 结尾

再一次对客人表示热烈的欢迎和良好的祝愿。如"再一次对你们的光临表示热烈欢迎"；"祝你们的来访取得圆满成功"；"祝你们访问期间过得愉快"等。

5. 落款

在正文右下方署上致辞者的姓名或单位名称，致辞的日期。如果标题中已有名称可不再署名，只标明日期即可。

（二）欢迎词写作的注意事项

欢迎词是出于礼仪的需要而使用的，因此要十分注意礼貌，否则会适得其反。具体而言，要注意以下几点：

（1）热情洋溢，真诚感人。

（2）礼貌周全，分寸适度，符合双方身份，不卑不亢。

（3）语言简洁生动，口语化，适合听众。

（4）篇幅短小，内容精练，不宜较大篇幅。

欢 送 词

一、任务导入

欢送词是行政机关、企事业单位、社会团体或个人在宾客来访即将离开或亲友即将离别时，主人对宾客的离去表示热烈欢送的致辞。

欢送词具有惜别性和口语性。有句古诗说得好"相见时难别亦难"，中国人重情谊这一千古不变的民族传统精神在今天更显珍贵。离别是一种带东方情韵的愁情，传达了一种依依惜别之情，尤其是公共事务的交往，更应把握好分寸。另外，口语化也是欢送词的特点之一，注重语言使用要生活化，使送别富有情趣又自然得体。

二、案例分析

欢送词

尊敬的××博士，尊敬的朋友们、同志们：

××博士结束了我校为期三年的执教生活，今天就要回国了，今天我们略备薄酒，为××博士饯行。

三年来，××博士以出众的才智和辛勤的工作，赢得了全校师生的信赖与尊敬。他所做的几次学术报告，开阔了我们的视野，推动了学校的教学改革。对此，请允许我代表全体师生对××博士再次表示感谢！

在三年的教学工作和日常交往中，××博士与××专业的师生诚挚交流，以友相待，结下了深厚的友谊，我们为此而感到高兴。

在××博士即将踏上回程的时候，请带上我们全体师生的深厚友谊，也请给我们留下宝贵的意见和建议。

最后，祝××博士回国途中一路平安！

×××

2000年××月××日

评析：××博士讲学结束，在欢送他的宴会上，×××同志致的欢送词，格式标准，用语准确，是一篇标准严谨的欢送词，包含了以下要素：（1）标题。（2）称呼。对与会者的称呼。（3）正文。首先交代宾客执教生活结束，即将离去，对宾客来校工作所付出的努力、做出的贡献、取得的成果表示肯定和谢意。接着，回顾、肯定双方的友谊，并请嘉宾留下意见和建议。（4）结尾。对欢送对象致以美好的祝愿。这是欢送词结尾的习惯写法。（5）落款。由致辞人姓名及致辞日期组成。

三、任务要求

欢送词的格式写法与欢迎词格式一致。包括：标题、称呼、正文、结尾和落款3部分。只是场合、对象不同，在正文以及结尾处有所区别。

正文：首先简要表达真挚、热情的欢送之意；接着对客人来访或会议阶段取得的成绩予以充分肯定和适当的评价，对客人提出希望，希望客人对自己指导、帮助；或希望双方进一步加强合作、交流、增进友谊；或希望客人再次来访。

结尾：以生动的语言表达对客人依依惜别的感情，并致以美好的祝愿。

答谢词

一、任务导入

自古以来，人们就提倡"礼尚往来""知恩图报""来而无往非礼也"，于是在人际交往中便有了"谢"的言行。扩而大之，在庄重的礼仪场合，就有了温文尔雅的"答谢词"了。

答谢词是指特定的公共礼仪场合，主人致欢迎辞或欢送词后，客人所发表的对主人的热情接待和悉心关照表示感谢的讲话。答谢词也指客人在举行必要的答谢活动中所发表的感谢主人的盛情款待的讲话。

二、案例分析

×××公司代表在×××集团公司欢送酒会上的答谢词

尊敬的×××先生、尊敬的×××集团公司的朋友们：

首先，请允许我代表×××公司代表全体成员对×××先生及×××集团公司对我们的盛情接待表示衷心的感谢！

我们代表团一行五人代表公司首次来贵地访问，此次来访时间虽短，但收获颇大。仅三天时间，我们对贵地的电子业有了比较全面的了解，与贵公司建立了友好的技术合作关系，并成功地洽谈了×××电子技术合作事宜。这一切，都得益于主人的真诚合作和大力支持。对此，我们表示衷心的感谢。

电子业是新兴的产业，蒸蒸日上，有着广阔的发展前景。贵公司拥有一支由网络专家组成的庞大队伍，技术力量相当雄厚，在网络市场中一枝独秀。我们有幸与贵公司建立友好的技术合作关系，为我地电子业的发展提供了新的契机，必将推动我地的电子业迈上一个新台阶。

最后我代表×××公司再次向×××集团表示感谢，并祝贵公司迅猛发展，再创奇迹，更希望彼此继续加强合作，共创明天。

在此，我提议：为我们之间正式建立友好合作关系，为我们之间日益增进的友谊，干杯！

×××

××××年××月××日

评析：这是一篇标准的答谢词。(1) 标题在"答谢词"前边加上修饰性、限制性词语。(2) 称呼。在标题的下一行顶格写受答谢者的称呼。并且根据主客之间的疏密程度、被答谢者的身份，在被答谢者前面加了"尊敬的"以示对对方的尊重。(3) 正文。首先对主人的欢送表示衷心的感谢。接着赞颂欢送者以及他所代表的组织为增进双方之间的情谊所做的贡献以及与其建立友谊或合作的愿望,提出希望和要求,指出双方共同前进的目标和方向。最后再一次对主人的欢送表示感谢,并致以美好的祝愿。

三、任务要求

答谢词的格式与内容除身份不同之外,它的适用范围、结构格式、写作要求与欢迎词、欢送词基本相似。答谢词的正文一般包括以下内容:

首先,对主人的欢迎或欢送表示衷心的感谢,并对对方的优越性予以肯定,表达出自己的荣幸与激动。这是答谢词的写作重点。其次,说明建立友谊或合作的愿望,阐明一些重大的原则、立场问题。再次,提出希望和要求,指出双方共同前进的目标和方向结语,再一次对主人的欢迎或欢送表示感谢,并致以美好的祝愿。

四、实训操作

1. ××省高职高专学生社会实践交流会将于2012年6月3日在紫林宾馆举行,请你为紫林宾馆总经理写一篇欢迎词。

2. ××职业学院院长带领会计系部分师生到××大学商学院参观学习,受到了该院领导和师生的热情欢迎和款待。××大学商学院在××职业学院师生到来时召开了欢迎会,临别时召开了欢送会。请你为××大学商学院院长写一篇欢送词,为××职业学院院长写一篇答谢词。

3. 新同学即将到校,代表老同学为新生的到来写一篇欢迎词。

4. 学校召开毕业典礼,代表全体在校学生写一篇欢送词。

任务四 祝 词

一、任务导入

祝词也称"祝贺词",是指在各种喜庆场合中,对人、对事表示祝贺的言辞和文章。祝贺又可以分为祝词和贺词两种。事情未果之前的祝愿、希冀、祝福之类的言辞为祝词,事情已果之后的祝贺、庆喜、之类的言词为贺词。祝贺词的适用范围很广,事业、会议、人都可以成为祝贺的对象。在各种庆典仪式、节日、婚礼、酒会等活动的场合中,为了沟通人们之间的思想感情,加强相互之间的了解,密切关系,增进友谊,或者增强喜庆欢乐的气氛,都可以发表祝词,祝词的种类较多,常见的有事业祝词、祝酒词、寿诞祝词和婚礼祝词四种。

二、案例分析

杨昌明副校长在"全国部分重点中学校长论坛暨校园开放日"上的祝酒词

尊敬的各位来宾,女士们、先生们:

今夜,我们相聚在美丽的中国地质大学,共同庆祝"全国部分重点中学校长论坛暨校园开放日"活动胜利开幕。我谨代表中国地质大学校党委、校行政和全体师生,对诸位的光临,表示衷心的感谢和热烈的欢迎!

今年是中国地质大学的校庆年,我们非常高兴能在建校五十周年之际举办这次活动。中国地质大学是教育部直属的全国重点大学,是国家"211工程"重点建设的大学,是办有研究生院的大学之一,在长期的办学实践中形成了"艰苦奋斗、严格谦逊、团结活泼、求实进取"的优良校风,培养了一大批治国栋梁、学术精英和杰出人才。近年来,学校的生源不断提高,办学水平稳步上升,这些都离不开上级领导和全国各地中学特别是重点中学校长的信任和支持。

我们愿与所有关心和支持中国地质大学发展的各界人士和所有参加本次研讨会的嘉宾进一步合作、共同努力,创造新世纪中国教育事业更加美好的明天。

现在我提议:

为"全国部分重点中学校长论坛暨校园开放日"活动的成功举办,为我们诚挚的友谊与合作,为各位嘉宾的身体健康、事业发达。干杯!

评析:2004年9月"全国部分重点中学校长论坛暨校园开放日"在中国地质大学召开。在开幕当天的酒会上,杨昌明副校长代表学校发表了这篇祝酒词。这篇文章由标题、称谓、正文、结尾组成,是一篇格式完备,内容齐全的文章。(1)标题由致辞者事由和文种组成;(2)称谓使用顺序合乎常规习惯。(3)正文简要说明活动名称、地点,并对来宾表示感谢与欢迎,这是祝酒词常用的模式。接着简介地质大学在我国所处的地位和学校的校风,并指出学校的发展离不开在座者的信任与支持,间接地表达感谢之情。最后,提出希望,表达进一步合作的美好心愿。(4)结尾。用"现在我提议:为了……为了……为了……干杯"结尾,这是祝酒词固有的模式。

三、任务要求

祝词的格式写法以及注意事项:

(一)祝词的结构

(1)标题。常见的有三种类型:
①用文种做标题。如"祝词"、"祝贺词"等。
②"致词者、事由和文种"或"事由和文种"的形式。如"×××在新年茶话会上的祝词"等。

③正副标题式。一般用于大型会议。正题标明致辞的内容,副题则由会议名称和文种组成。如"开创进取,走向更大的胜利——50年校庆典礼致辞"。

（2）称呼。在标题的下一行顶格写被祝贺者的称呼,也可以写与会者的称呼。

（3）正文。在称呼下一行空两格写正文,一般分3个段落层次写。

向受祝贺对象致意,表示热烈祝贺、欢迎、感谢或敬意、问候。

祝贺对方做出的成绩和贡献,并对此做出相应的评价,表示出致祝词者的关心、支持、赞扬、鼓励、学习等态度。

对未来事业表示良好的祝愿、提出希望、要求,或表示决心。

（4）结尾。正文结束后,用一句话结尾。如"预祝会议圆满成功","祝愿事业兴旺发达","祝节日快乐"等。

（5）落款。在正文右下方署上祝贺机关或祝贺者的姓名,姓名下写明祝词的时间。

（二）祝词写作的注意事项

自然得体,恰如其分。在颂扬和祝贺时,要做到真诚而实在。要礼貌、热情,又不使对方感到庸俗、虚浮。

用语得当,典雅大方。祝词用词要求热情洋溢,充满激情,富有哲理和情趣,表达温文尔雅,恰到好处。切忌使用商榷、洽谈、辩论或指责等语气语句。

方式得当,有的放矢。生辰诞寿和纪念类祝贺词,以喜庆为主,贺喜色彩浓烈;婚嫁类祝贺词以祝愿为主,祝贺性强,可以通过提前的方式加以表达;事业祝词、祝酒词等社交类祝贺词,以友情为重,礼貌待人,应注重公关意识。

短小精悍,言简意赅。祝词一般是在正式场合中发表,客人不可能听长篇大论。祝词应力求简短、充实,控制在2~5分钟之内为好。

四、实训操作

1. 为你未来供职的公司拟写一份五周年庆典贺词。
2. 为你的某位长辈拟写一份祝寿词。

【知识拓展】祝词的特点

祝词的种类较多,常见的有事业祝词、祝酒词、寿诞祝词和婚礼祝词四种。在内容和格式写法上,各有各的特点。

（1）事业祝词：社团机构的成立及纪念日,会议开幕,重大工程开工典礼,某项活动剪彩,亲朋好友在工作、学习中取得一定成果等,人们表示祝贺时使用。常是相互鼓励、祝愿;或希望再接再厉,不断前进等礼节性祝词。

（2）祝酒词：党和国家领导人在喜庆佳节或迎接外宾时,举行隆重盛大的宴会;单位之间送往迎来,举行正式的宴会、酒会;人们在逢年过节,或遇有喜事开怀畅饮,举行小型宴会、酒会等都要用祝酒词。祝酒词在外交和公关活动中使用频率最高。人们在相互祝酒中传达美好祝愿,并把自己对客人的欢迎和感谢之情热情洋溢地表达出来。

(3) 寿诞祝词：常见的祝寿一般是对有名望的老年人寿辰的祝贺。在祝寿词中，既祝其幸福长寿，也赞颂其经历、品格、业绩和贡献。但对年轻人一般不称祝寿，党内一般不祝寿。

(4) 婚礼祝词：在他人结婚典礼上表示祝贺的祝词，一般是赞扬他们结合的完美，祝愿新郎新娘婚后美满幸福。

项目六　常见财经应用文

 学习目的与要求

掌握商业广告、经济合同、劳动合同的概念、作用、特点、种类、写法和要求。能够运用以上文书处理经济事务，为经济社会服务。

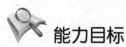 **能力目标**

1. 了解商业广告的基本知识和要求；
2. 了解经济合同的基本知识和要求；
3. 了解劳动合同的基本知识和要求。

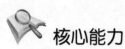 **核心能力**

能够按照常见财经应用文对商业广告、经济合同、劳动合同的写作要求，掌握以上三种应用文的写法。

任务一　商业广告

一、任务导入

（一）商业广告的概念

商业广告是广告发布者以付费的方式，通过一定的媒介，向社会公众传播以事实为依据的信息，从而诱导公众购买，为广告发布者带来经济利益的特殊推广传播方式。它集文字、声响、美术、摄影、表演、造型等艺术于一身，广泛渗入社会生活。

(二) 商业广告的分类

(1) 按广告载体分类，有电视、广播、网络、短信、报刊、印刷品、户外、交通工具广告等。

(2) 按广告的形式分类，有商品陈列、模型、商标、招贴广告等。

(3) 按广告的性质分类，有促销、租赁、展销、开业、服务广告等。

二、案例分析

1. 刊登在报纸杂志上的广告文稿

永远的真情

每天清晨我都会给家里每个人冲上一杯牛奶。20多年前，当我还是一个小姑娘时，第一次用完达山奶粉，那浓郁的奶香，一冲即溶的特点便深深留在我的脑海里……20多年过去了，家里的电视换了，家具换了，当年天天吵着要喝牛奶的小姑娘如今已成了母亲，但我每次买的还是完达山奶粉。这不仅是它给我的质量信心，还有我对那醇香的人生经历的回味……

不变的真情 完达山奶粉

地址：黑龙江省×××××××

电话：0453 - ×××××××

传真：0453 - ×××××××

邮编：××××××

评析：这篇广告采用悬念式标题，由悬念引入主题。接着通过回忆将产品的历史及质量，还有醇香的特点展现在消费者眼前。然后引出广告口号"不变的真情，完达山奶粉"激发人们对产品的信任和购买欲望。最后随文部分提供商品的单位名称、地址、邮政编码、电话号码、传真号码等。

2. 承诺性广告

服务者宣言

我们承诺为您提供"一站式服务"，其内容如下：优质的上海大众品牌销售，简便的分期付款购车手续，纯正的100%原厂配件，便利的保险出单、理赔手续，精湛的专业维修保养技术，全天候的抢修救援服务，独有的上海大众IC卡身份。

这是我们对您的承诺，也是我们的服务宣言！如果您对我们的服务满意，请您告诉您的朋友，让他与您分享！如果您对我们的服务不满意，请您告诉我们，让我们来改进。愿您的驾车生活欢愉无忧！

大众汽车，服务大众！

评析：这篇宣言式广告庄重、务实、诚恳。以服务者名义立言，本身就已显示了厂家要竭诚为"上帝"服务的决心。那一项项最为"上帝"关注的承诺，显示了厂家与"上帝"的鱼水之情，使"上帝"对桑塔纳的产品与服务充满信心。特别是广告口号"大众汽车,服务大众",用了双关的修辞手法,巧妙自然,朗朗上口,令人过目不忘。

三、任务要求

(一)商业广告文稿的结构

广告的语言文字部分称为广告文稿。广告文稿的写作,没有固定的格式,通常包括标题、正文、口号、随文等内容。

1. 标题
标题是广告的眉目,要以最简洁的文字高度概括广告的主旨或基本内容。

2. 正文
通常包括四方面内容:
(1)生产厂家介绍。
(2)商品的性能、特点、功用、获奖情况介绍。
(3)产品的外观、型号、规格、使用方法、贮藏条件的说明。
(4)对用户所承担责任,如供货、服务、保险方式等的承诺。

3. 口号
广告口号也叫广告标语或广告警句。通常情况下,是用几个词语组成一句富有感染力的话,反映某企业或某种产品的经营理念、长远发展战略或产品的特点,并在一定时期内反复使用,成为某种商品特定的宣传语句和代名词。如海尔电器的"真诚到永远"、雀巢咖啡的"味道好极了"等。它的位置大多放在结尾,也可穿插在正文中,必要时也可作为广告标题。

4. 随文
主要是提供商品的销售方式、时间、地点、程序、价格介绍、联系方法等,便于消费者联系购买。包括单位名称、地址、邮政编码、电话号码、传真号码、银行账号、联系人姓名、网址等。

(二)商业广告的创作方法

1. 广告题材、主题、创意的确定
(1)题材是广告的基础,撰写广告之前首先要掌握广告题材。题材来源于广告主提供的产品的质量、性能、价格和服务等;来源于企业的经营理念、发展战略和总体实力;来源于对市场的调查研究、消费者对商品的认识和态度。只有切实做好对企业、产品、市场、消费者的分析研究工作,才能设计出好的广告来。

(2)主题是广告的中心思想,是广告的灵魂,或突出产品的经济实惠、安全可靠、低耗高效、传统风格,或突出其服务迅速及时,等等。因此,广告的主题就是根据企业经营理念、发展战略、商品的特性和市场的分析,最后归结到告知、暗示和激发消

费者的某种消费需要。

（3）创意，是指表现、显示主题的构思。它和主题的关系，是内容和形式的关系。创意的好坏，一方面体现着作者对企业、市场、产品、消费者的研究程度，一方面取决于广告文稿创作者的学识水平、思想观念、想象能力、创新意识等。

2. 广告标题的拟制

（1）名称式。直接用企业名称、产品名称或两者兼而有之作为标题。如"青岛啤酒""海尔电器"等，既反映了企业的性质，又给人一目了然的感觉。

（2）报道式。采用新闻手法，以引起受众注意。如"达诺——感冒新药治感冒"等。企业新开张，或有新举措、新产品、新品种时，通常使用此种标题。

（3）问题式。站在消费者的角度，提出"为什么"或"怎么办"等问题，以引起消费者思考，加深其印象。如"今年夏天穿什么……"。

（4）祈使式。它是站在广告主角度请求或希望别人来购买。如"×××一次削价，欲购从速"等。

（5）悬念式。借用文学作品中设置悬念的手法，激发读者的好奇心，给消费者制造疑团，布下悬念，从而催促其快读正文。如"得到这个信息，您——减少一分焦虑，增加一分机会"。受众看到这一标题，马上会产生这样的疑问：这个信息是什么信息？为什么会有如此大的作用？又如："从×年×月×日起，大西洋将缩短20%。"看到这个标题大家都会感到纳闷，读完广告才知道是航空公司的飞机提速了，减少了20%的飞行时间。

3. 文体和语言的选择

（1）广告的文体选择。常见的文体类型有证书体、问答体、叙事体、论说体、文艺体等。

①证书体。这种文体，常引证获奖事实，争取受众信任，以获取的各种荣誉宣传产品的高质量。如水仙牌洗衣机的广告"水仙牌洗衣机荣获国家银质奖（标题）……"。

②问答体。就是通过一问一答的方式，激起人们的好奇心。如早年相声演员马季和唐杰忠给"嘉陵摩托"做的广告："唐杰忠：老马，您在等谁呀？马季：我的那个'嘉陵'。唐杰忠：'嘉陵'是您'爱人'啊？马季：我太喜欢嘉陵了，它有许多优点，容貌长得盖世无双，绝代佳人，风度潇洒、帅气，平地走路像仙女腾云驾雾，爬坡就如嫦娥奔月，唱歌优美动听。……"

③叙事体。它是用朴实的语言直截了当地说出商品的名称、规格、用途、效果、价格等。叙事体适用于新产品的推介。如一则产品介绍广告："大华机器厂最近研制的小型冰淇淋机，适用于厂矿、机关、学校、宾馆、饭店、食品冷饮店、个体户、专业户。该机采用进口压缩机组，性能可靠，动力小，有220 V照明电源即可使用。"

④论说体。它是以议论为主要表达方式，以概念、判断、推理的逻辑思维形式直接阐述事理、传播信息的广告文体。例如台湾某杂志上的一则广告，是关于"爱力牌"麦粉的："买对的，不买贵的（标题）。买麦粉时多花一点钱值得，其实这正是厂商利

用消费者'贵的就是好的'的错误心理，故意抬高价格，谋取更大的利润……贵的东西未必就一定好，花钱要有代价，否则，多花钱也是冤枉。爱力牌麦粉，精选大麦、小麦等五种谷类，保留了麦类最富营养的部分——胚芽及粉糊层，并且添加了维生素及矿物质。粉末细腻……爱力牌麦粉是对的，不是贵的。"

（2）广告语言的修辞技巧。因为广告主要用于促销，所以语言应该追求新颖生动，常采用各种修辞手法。

①双关。在特定的语言环境中，借助语音和语义的联系，使一个词语同时涉及两重意思，达到言在此而意在彼的修辞效果。如："中意冰箱，人人中意"。

②比拟。根据表达的需要，故意把商品当成人或者动物来描写，这就是比拟手法的运用。如"白猫洗洁精，喜气洋洋进入千家万户"，"英雄，英雄，笔中英雄"。

③比喻。就是打比方，它可以使商品形象化、具体化。如"金峰电视机像小溪一样清新明澈，像百灵一样悦耳动听，像鲜花一样色彩鲜艳"。

④夸张。指为了促销，故意扩大或缩小商品的特长和优点，如"车到山前必有路，有路必有丰田车"。夸张的妙处在于不似真实，胜似真实。但需要注意，夸张的基础是真实，所以广告夸张要慎重。

⑤对偶。对偶又叫对仗，它由结构上相对称、意义上相关联的两个句子构成，如"取五粮陈酿，迎四方嘉宾"。

⑥排比。意义相关、结构相似（或相同）、语气一致的三个或三个以上的句子排列在一起，不仅可以全面显示商品的众多特点，而且可以使节奏鲜明。如："北京啤酒，给你带去美的享受；北京啤酒，使你感到放松自由；北京啤酒，让你勇敢地追求；北京啤酒，值得你信赖的好朋友！"

⑦回环。同样的词语，使语序颠倒而构成上下两句，称为回环。回环不是简单的重复，而是着重揭示事物间的辩证关系，如"长城电扇，电扇长城"。

除了以上手法，反问、对比、衬托、反复等修辞手法在广告中也普遍运用。

四、实训操作

1. 简述广告的种类。
2. 请你选出你认为好的并耳熟能详的5则广告口号。
3. 请根据下面提供的材料为佳味超市写一则商品广告。

××市佳味超市最近购进一批××食品厂生产的可口牌方便面，有麻辣味、番茄味、海鲜味等多个品种，味道鲜美，食用方便。××食品厂已有40多年历史，产品驰名中外，供不应求。佳味超市位于××市××路××号，联系人：×××，联系电话：×××××××××。

4. 修改下面这则广告。

造中国最好的空调，创一流服务

要造中国最好的空调，需要最先进的技术和设备。××空调器厂是我国家电行业第一个运用 CIMS（计算机集成制造系统）的企业，在世界同行中也属罕有。CIMS 是中国"863"工程的项目之一，"863"工程的第一个项目，是居当今世界的尖端科技。CIMS 从产品开发到销售由两个计算机网络控制和管理，对产品质量有高精度的要求。采用 CIMS，确保了××空调的无与伦比的品质。

××冷气公司专营××空调已五年，数年的安装、调试、维修的经验，培养了一支高质量、技术精良的专业队伍，在我市同行中堪称第一。购××空调，你无需有后顾之忧。经我公司员工共同努力，2011 年度获售后服务先进单位称号。

买××空调，××冷气服务更精良！

××专营店地址：××电视厅对面

电话：1390855××××

5. 分析下面这则广告口号成功的秘诀。

"金利来，男人的世界"

20 世纪 60 年代初，曾宪梓从中山大学毕业后，走南闯北，经过反复调查，多方比较，选择了做领带生意，他决心创造中国人自己的领带名牌。

产品即将投入生产，他还在想取名的问题。最后他决定叫"金狮"牌。因为中国人崇拜雄狮，他忘不了南国舞狮威武雄壮的情景。可是，领带投放市场以后生意一直不好。论设计、论面料都可以同国外名牌领带抗衡，为什么销路不好？他百思不得其解。带着问题他多方向人请教，仍然没有得到满意的答案。一次偶然的机会使他茅塞顿开。有一次他去探望一个同乡，送上两条领带为礼物。没想到这位同乡不以为然，并连声说道："大吉利市。'今狮'，'今输'，不好不好，不吉利。"于是他找人研究，再三斟酌，改"金狮"为"金来"。虽然吉利了，但又觉得太俗气，再几经周折，最后定名为"金利来"。

接下来的任务就是策划广告词和广告发布时机。首先，他选择了庄则栋到香港表演的机会，这在当时是具有轰动效应的大事。他拿出全部积蓄 3 万元，购买了转播赞助权，然后精心策划了一条令人过目难忘的广告词："金利来，男人的世界。"广告一经发布，不胫而走，很快风靡一时，产品销售直线上升，金利来成了世界名牌。

【知识拓展】商业广告的特点

广告的任务是促进生产，满足需要，造福社会，获取利润。所以广告必须兼顾企业与社会两方面的最佳效果，承担起经济和道义的双重责任，这就决定了广告的五大特点：

1. 真实性

广告传播的根本目的，是为了满足日益增长的人民群众物质文化生活的需要。这就要求广告必须实事求是地向社会传播信息，对人民群众高度负责，反对言过其实，弄虚作假。

2. 思想性

广告涉及千家万户，广泛渗透于人民生活之中。因此，广告不仅是一种经济现象，也是一种意识形态。因此广告写作必须讲求精神文明，审美趣味应健康、高尚，坚决反对带有低级、黄色、污秽内容的广告。

3. 艺术性

广告创作要讲求艺术性,以增强感染力。广告要达到吸引受众,打动他们的心灵,刺激购买欲望的目的,必须采用受众喜闻乐见的艺术形式传播信息。广告创作依赖美术、摄影、歌曲、音乐、诗词、戏剧、舞蹈、动漫、书法等多种艺术形式,语言要准确、鲜明、生动,音响要悦耳动听,形象要清新、明朗、优美,具有强烈冲击力等,更主要的是要有创新意识。

4. 通俗性

广告是为大众服务的,必须具有广泛的群众性,因此,广告语言要简洁明了,易懂易记,为大多数人所接受,防止设计上故弄玄虚,刻意雕琢,让人不知所云。

任务二　经济合同

一、任务导入

经济合同,通常也叫经济合约或契约。根据《中华人民共和国合同法》规定,它是法人之间为实现一定的经济目的,明确相互权利义务关系而订立的协议。所谓法人,一是指依法成立并能以自己的名义行使权利和负担义务的组织,如公司、团体。二是指具有完全民事行为的能力公民,即自然人。

经济合同按内容分,可分为买卖合同、赠与合同、财产租赁合同、加工承揽合同、借款合同、建设工程合同、运输合同、科技协作合同、仓储保管合同、保险合同、供应合同等。

此外,从不同的角度,用不同的标准,还可以分为若干类别。

按形式分,可分为表格式合同、条款式合同,以及表格、条款相结合式合同。

按性质分,可分为转移财产的合同、完成工作的合同和提供服务的合同。

按合同是否立即交付标的分,可分为诺成合同和实践合同。诺成合同,即订立合同后不马上交付标的的合同,如建设工程合同、承揽合同等。实践合同,即合同订立后立即交付标的的合同,如租赁合同、借款合同。

二、案例分析

1. 购销合同

水果购销合同

买方:贵阳市果之源水果超市(甲方)

卖方:都匀市西山果园(乙方)

甲方今年购买乙方生产的水果,经双方协商一致,达成以下协议,以资共同遵守。

一、品名、数量、质量。无核蜜橘6吨,沙田柚9吨。水果要求无疤痕,无霉变,外观光洁。无核蜜橘单果重100克以上,沙田柚单果重1 000克以上。

二、包装、运输。两种水果均要求单个用塑料袋包装后,再用纸箱包装,无核蜜橘每箱5公斤,沙田柚每箱10公斤。包装、运输由乙方负责,费用由甲方承担。

三、单价、送货批次:

品名、单价 \ 数量 \ 送货时间	9月28日	10月8日	10月18日
无核蜜橘,每公斤2元	1吨	2吨	3吨
沙田柚,每公斤1元	2吨	3吨	4吨
每批货款(人民币)	4 000元	7 000元	1万元

收货、验货地点:甲方门市部。

四、违约责任。如果甲方拒绝收货或部分拒绝收货,按拒收水果金额的20%赔付乙方;如果乙方拒绝供货或供货不足,按不足部分水果金额的20%赔付甲方。迟交货或迟付款,则每天罚该批货款的百分之五的滞纳金。若遇特殊情况造成合同不能履行或不能完全履行,必须在2012年9月10日前通知对方,否则视为违约。

五、本合同若有不详之处,由双方协商解决。

六、本合同经公证处公证后生效。

七、本合同一式3份,甲乙双方各执1份,公证处留存1份,具有同等法律效力。

    甲方   乙方

单位:贵阳市果之源水果超市(公章) 都匀市西山果园(公章)

地址:贵阳市观山湖区龙泉苑街122号。 都匀市杨柳街9号

法人代表:(签字)   (签字)

联系电话:0855-850××××   0854-822××××

开户银行:贵阳市农业银行金源支行 都匀市农业银行杨柳支行

账号:××××××××   ××××××××

2012年5月30日签约日期。

公证机关:贵阳市公证处(公章)

公证员:(签字)

公证日期:2012年5月31日

评析:这是一篇格式规范,语言准确的购销合同。标题由标的+性质+文种组成,约首部分写明订立合同的双方,接着注明标的(水果),并在合同中详细写出产品、数量、质量、包装、运输、运费、价格、送货批次、验货地点及违约责任。文中五、六、七条为约定条款。最后在结尾部分列出双方单位、地址、法人代表、联系电话、开户

行银、银行账号、签约日期、公证机关、公证员、公证日期。

2. 租赁合同

房产租赁合同

出租方：××（甲方）

承租方：××（乙方）

一、乙方租用甲方坐落在××市××街××号楼房一栋，建筑面积为×××平方米。租用期为三年，租用期自本合同签订之日开始计算。

二、租用期限内房屋租金每月为人民币××××元，三年总租金为人民币××××元。乙方分两次支付，本合同生效后的十天内，乙方支付房屋总租金的60%，即××××元，2013年7月1日，乙方支付房屋租金的剩余款额。

三、租用期内，房屋由乙方使用管理，乙方所用的水、暖、电、热水、通讯、室外环卫、房屋修缮、绿化维护等由甲方统一管理，发生的费用由乙方承担。

四、第三条所发生的费用，甲方凭单据、发票和有关规定文件，按各规定的期限向乙方结算。

五、在租用期内，甲方不得将乙方租用的房屋又租给第三者；乙方也不得将房屋转租给他人，否则视为违约。

六、违约责任

1. 本合同生效后，如乙方违约，乙方已缴房屋租金不退。
2. 本合同生效后，如果甲方违约，甲方向乙方退还全部租金。
3. 若经双方协商一致中途解除合同，租期不满半年租金按半年计算，超过半年不满一年租金按一年计算。

七、执行本合同发生争议，由当事人双方协商解决。

八、本合同一式两份，双方各执一份，具有同等法律效力。

甲方：（签字）　　　　　　乙方（签字）

地址：　　　　　　　　　　地址：

电话：　　　　　　　　　　电话：

2012年7月2日

评析：这是一篇结构完整，格式规范的租赁合同。标题由标的＋合同性质＋文种组成。约首为双方名称。标的为租期。合同中明确租金及付款日期，约定事项。违约责任。文中第三、四、五条为双方约定事项，第六条为违约责任，结尾部分为双方签字及地址、联系方式，最后为签约日期。

三、任务要求

（一）经济合同的条款

每份合同的条款多少不等，但大致可以分为两大类：一类是法定条款，这是合同的主要内容。另一类是约定条款，即合同当事人各方经协商一致的条款，如货物运输的包装要求，保险费、报关费等由何方支付，货物超欠幅度，自然损耗率等方面的规定。现将法定条款介绍如下：

1. **当事人的名称或者姓名、住所**

当事人的名称是指签订合同单位的法定名称，当事人的姓名是指自然人的姓名。住所是指法人单位或自然人的住址。

2. **标的**

标的就是合同当事人各方权利和义务所共同指向的对象，也就是合同要达到的目的。由于合同的种类不同，其标的也不同，如买卖合同的标的是工农业产品，建设工程合同的标的是工程项目，借款合同的标的是货币。标的名称要使用公认的名称，并且要具体明确。国家禁止生产、销售的东西不能作为标的。

3. **数量和质量**

数量是标的多少、轻重和大小的表示。数量，一是要采用国家法定的度量衡单位来计算；二是要详细具体，如以包、箱、袋作单位计算数量时，要说明里面装了多少斤或多少件等。对尾差、自然损耗率等的许可范围也要加以说明。

质量是指标的的物理、化学、生物、机械性能素质和外观状态标准。国家有规定的，要说明按国家哪一年颁布的标准执行，国家没有规定的，合同当事人各方要协商确定标准。

4. **价款或酬金**

价款或酬金是指合同一方当事人向交付标的的另一方当事人以货币形式支付的代价。标的是货物的，代价称为价款；标的是提供劳务的，代价称为酬金。产品价款和劳务酬金要按照等价交换的原则执行。

5. **履行期限、地点和方式**

合同履行期限是指交付标的和支付价款或酬金的时间界限。可规定为即时履行或一定期限内履行。履行期限要明确规定年、月、日，不能用"明年""秋季""以后""尽可能"等模糊词语表述。

履行地点是指交货、服务、付款等地点。履行地点要具体明确，如货物运到贵阳，要明确贵阳的具体地点；若遇地点重名，要在地点前冠以省、市、县名称，以免引起合同纠纷。

履行方式是指合同当事人以什么方式履行合同义务。要根据标的的不同情况加以规定，例如货物验收采用什么方法，对隐蔽性问题是否允许使用后提出；货物是自行提取，还是代办托运；货物采用什么运输工具；何方支付运输费用；价款或酬金是支付现金，还是用支票；是一次付款，还是分期付款，是否预付定金等，都要具体明确。

6. **违约责任和解决争议的办法**

违约责任是指经济合同生效之后，由于合同当事人一方或双方的过错而导致合同不能履行或不能完全履行，有过错的一方应当承担的责任。对违约责任的追究，可以用支付违约金、支付赔偿金、继续履行合同等方式解决。

因违约产生争议,可以通过协商或者调解解决。当事人不愿意和解、调解或者调解不成的,可以向仲裁机构申请仲裁,仲裁无效的,可以向人民法院起诉。当事人应当履行产生法律效力的判决书、裁决书、调解书,拒不履行的,对方可以请求人民法院强制执行。

(二) 经济合同的结构

合同的结构是:标题+约首+正文+结尾。

1. 标题

合同的标题主要有两种类型:

(1) 合同性质+文种。如:"借款合同""仓储合同"。

(2) 合同标的+合同性质+文种。如:"长虹电视机买卖合同""房屋租赁合同"。

2. 约首

约首包括订立合同各方当事人名称或姓名。为了使正文行文简便,当事人名称或姓名简称为"甲方""乙方";或"供方""需方";或"发包方""承包方";或"出租方""承租方"等。其写法有以下几种形式。

(1) 开头空两格写"订立合同双方(或各方)",下行排列写各方单位名称,在名称后用括号注明甲方、乙方。例如:

订立合同双方:

供货单位:时兴服装厂(甲方)

购货单位:荣鑫百货公司(乙方)

(2) 开头空两格分上下行排列写"甲方""乙方",其后分别写双方单位名称。例如:

甲方:好味食品公司

乙方:天仁副食品商场

(3) 开头空两格分上下行排列写"供方""需方"或"发包方""承包方",其后分别写其单位。例如:

供方:立新水泥厂

需方:贵阳市第一工程建筑公司

3. 正文

开头很简要地写明订立合同的根据或目的,说明经双方协商一致,签订该合同。例如:"根据我国《合同法》的有关规定,转让方与受让方根据技术转让合同的要求,本着互利原则,经双方协商一致,签订本合同。"或采用与此类似的写法:"为了……目的,根据……的规定,经双方充分协商,特订立本合同,以便共同遵守。"

然后另起一行分条写合同的法定条款和其他约定条款。

4. 结尾

结尾一般包括签订合同各方的名称、公章、法定地址、法定代表人的签名、联系人电话号码、传真号、电子邮箱、开户银行及账号、邮政编码、签订合同的日期等。

合同若需公证，还应该有公证机关盖章、公证员签字、公证日期。根据实际需要，有的内容不一定全写。

（三）撰写经济合同的要求

1. 内容合法

经济合同是依据法律规定而签订的，这是与其他文书不同的地方，所以在撰写合同时应严格遵守相关法律的规定，在其内容上，签订的程序上，都不得与国家法律和法规相违背。凡违反法律法规的合同，均属于无效合同。

订立经济合同必须遵守平等互利、协商一致、等价有偿的原则。平等互利是指订立合同的当事人法律地位平等，通过履行合同相互得到利益，任何一方不得因自己的行政地位高于对方，或技术有优势，或经济实力雄厚而把自己的意志强加给对方，强行订立违反对方当事人意志的经济合同。协商一致是指合同是在双方充分协商的基础上订立的，而不是以胁迫、利用对方急需产品或无经验等签订的。等价有偿是指双方从交易中得到相应的补偿，任何一方都不能强迫对方无偿交换物品。在履行合同中，一方受到损害时，另一方要进行相应补偿。

合同主体要合法。指订立合同的当事人必须具备法人资格，不具备法人资格的单位或没有完全民事行为能力的个人不能签订经济合同。

2. 格式规范

经济合同是规范性文本，一般具有固定的格式以保证合同条款的齐全。对于因特定需要而签订的合同，需要在撰写时认真斟酌，要采用规范形式，合同条款要详细、周全。

3. 语言准确

经济合同的语言要求严谨、无歧义，标点正确。有关数字要准确，涉及金额等重要数据要大写，并用阿拉伯数字注明，以防涂改。计量要采用法定单位，涉及技术问题的，要正确使用术语。

4. 文面整洁

经济合同的文面要求整洁，不能涂改，涂改过的合同有造假的嫌疑，难以得到认可。

四、实训操作

1. 下面四则经济合同的条款中，由于关键性概念表述不明确，引起不应有的纠纷，导致某一方造成重大经济损失。读后请找出其歧义所在，并予以改正。

（1）某企业给美国购买机器设备，见美方自愿附上一句"承诺负责机器维修"，便放心签约成交。后来，机器坏了，厂方求援，美商迟迟不表态，最后表明索要修理人员的路费、修理费、零部件款等。购方问："合同上不是明明有供方'承诺负责机器维修'的义务吗？"对方说："不错，我们承诺维修，但没有承诺出钱！"出于无奈，购方为了使机器运转，只得奉送 7 000 美元的修理费。

（2）山西一家公司跟澳大利亚某建筑公司签订一份合同，约好中方"按每车 12 美元出售"一批矿渣。澳方第一次用 5 吨的货车运，第二次用 7 吨的，第三次用 12 吨的……原来供方估计能获 5 万美元利润，最后算账一分钱也没赚到。供方翻开合同与需方交涉，需方说：我们是按合同每车 12 美元结算的。中方望着"按每车 12 美元出售"矿渣的合同，无力挽回经济损失。

（3）浙江一家商店与内蒙古呼和浩特市一家皮货收购站签订购买一批优质羊皮合同。浙江这家商店作为购方，对羊皮的质量要求是：大小在四平方尺以上，无剪刀斑（即无刀伤痕）。但在购销合同上却写成：羊皮"四平方尺以上、有剪刀斑的不要"。羊皮的大小质量要求恰恰和原意相反。结果销方利用合同上的这一漏洞，卖给购方的尽是一些四平方尺以下的劣质羊皮，优劣差价 10 余万元，购方造成重大经济损失。

（4）苏南某家纺织集团公司与外省某企业单位签订一份销售 5 000 米粗毛呢的合同，价格在洽谈时取得一致，并言明货到购方所在地，于当年四月底前结清货款。供方按期把货运给了需方。由于当时粗毛呢的价格下跌，需方销售掉少量货以后，把未销掉的货又运回给供方，把销掉货的钱交给供方，供方拒收退回来未销掉的货。需方指着带去的合同说："合同上明明写着'四月底前结清货与款'。现在退回来未销掉的货和已销掉货的款，这不是信守合同吗？"供方明知当时订合同时的本意并非如此，但面对具有法律效力的合同却无言以答，即使向法庭起诉，也很难胜诉，只好吃哑巴亏。

2. 请修改下面合同中的条款，并说明理由。

（1）经甲方验收，不符合质量标准，乙方应负责任。

（2）交货时间：10 月底左右。

（3）交货地点：贵州省凯里市。

（4）甲方必须提供一定的场所和必需的营业设施。

（5）乙方承担大部分运费。

（6）甲方购买乙方的 10 万公斤苹果，视质量好坏，按国家牌价结算。

3. 根据下面的材料写一份合同。

四川华盛茶叶公司法人代表王勇和贵州湄潭绿韵茶厂法人代表于 2008 年 3 月 10 日签订了一份茶叶购销合同，具体货物是一级绿茶，数量为 1 000 千克，每千克价格为 180 元，2008 年 6 月 20 日之前由茶厂直接运往公司，运费由茶厂负责，检验合格后，公司于收货之日起 10 天之内通过银行托付全额货款。茶叶必须用塑料纸袋 0.5 公斤一袋包装，再用纸箱 10 公斤一箱包装，包装费由茶厂负责。茶厂地址为贵州省湄潭县城东街 21 号，开户银行是湄潭县农业银行，账号：667806111，电话：0851 - ×××××××。华盛茶叶公司地址是：四川省×县县城北街 22 号，开户银行是×县农业银行，账号：698888881，电话：1391×××××××。合同签定后，如双方不履行，在正常情况下拒不交货或拒付货款都处以货款 20% 的罚金，迟交货或迟付款，则每天罚 3% 的滞纳金，数量不足，按不足部分货款的 20% 赔付。质量不合格，则重新酌价。如遇特殊情况，则提前 20 天通知对方，双方协商解决。

【知识拓展】经济合同的特点

1. 经济合同具有法律的约束力。合同签订后,各方当事人就必须严格履行合同的内容,否则就会受到经济制裁,甚至被追究法律责任。

2. 经济合同的内容必须符合国家的有关法律、行政法规和宏观经济规划的要求。国家不允许随便生产、销售的物品不能作为一般合同的标的,否则,合同内容即使是当事人做出的真实意思表示,在法律上也是无效的。

3. 订立经济合同必须贯彻平等、公平、协商、等价有偿、诚实信用的原则。合同各方当事人的法律地位是平等的,有权自愿表达自己的意见,任何单位和个人都不得干预或包办代替,不能把自己的意志强加给对方。

4. 订立经济合同的当事人必须有履行合同的能力。强调合同当事人履行合同的能力,是为了维护合同的严肃性,防止有人利用合同买空卖空,从中渔利的现象发生。

任务三 劳动合同

一、任务导入

(一) 劳动合同的概念

劳动合同,也称劳动契约、劳动协议,它是指劳动者同企业、事业、机关等用人单位为确立劳动关系,明确双方权利和义务的协议。根据协议,劳动者加入某一用人单位,承担某一工作和任务,遵守单位内部规章制度。用人单位有义务按照劳动者的劳动数量和质量支付劳动报酬,并根据劳动法律、法规和双方的协议,提供各种劳动条件,保证劳动者享受本单位成员的各种权利和福利待遇。

(二) 劳动合同的分类

根据我国2008年1月1日起开始实施的《中华人民共和国劳动合同法》(以下简称《劳动合同法》)规定,劳动合同可以分为以下几种:

(1) 固定期限合同。指劳资双方约定了合同终止时间的劳动合同。

(2) 无固定期限合同。指劳资双方约定无确定终止时间的劳动合同,相似于永久性合同。

有下列情形之一,除了劳动者自己提出签订固定期限合同外,应当签订无固定期限合同:①劳动者在该单位连续工作满十年的;②用人单位初次实行劳动合同制度,或者国有企业改制,重新订立劳动合同时,劳动者在该单位连续工作满十年且距法定退休年龄不足十年的;③连续订立两次固定期限劳动合同且劳动者没有《劳动合同法》

第三十九条和第四十条一、二项规定的情形，续订劳动合同的（参见《劳动合同法》第三十九、四十条）。

（3）以完成一定的工作任务为期限的劳动合同。指用人单位与劳动者约定以某项工作的完成作为合同期限的劳动合同，工作任务完成后，劳动合同自然解除。

二、案例分析

劳动合同

招聘方：贵阳市金慧超市（甲方）

受聘方：宋子怡（乙方）

甲方聘用乙方为本超市收银员。双方本着自愿、平等的原则，经协商一致，特签订本合同，以便共同遵守。

第一条　合同期限

合同期限为3年，从2012年8月1日起至2015年7月31日止。

第二条　试用期限

试用期为3个月。即从2012年8月1日起至2012年10月31日止。

第三条　工作内容

甲方聘请乙方担任超市收银员。

第四条　工作时间

每周工作5天，每天工作时间为8小时。休息时间和上下班时间按甲方规定执行。

第五条　劳动报酬

（一）乙方在试用期间，月薪为1 500元。试用期满后，按乙方的技术水平、劳动态度和工作效率评定，根据所评定的级别或职务确定月薪（不低于2 000元）。

（二）根据工作效益，乙方奖金每月100~200元。

第六条　生活福利待遇

（一）补贴待遇：乙方享受交通费补贴、食宿补贴每月共200元。

（二）假日待遇：乙方工作满一年以上，从第二年起每年可享受10天带薪休假。

第七条　社会保险

甲方为乙方购买工伤保险和养老保险。

第八条　劳动纪律要求

乙方应当严格遵守甲方各项规章制度，遵守劳动纪律，服从分配，

坚持出勤，积极劳动，保证完成规定的各项任务（甲方管理制度详见附件）。

第九条　教育与培训

甲方应加强对乙方进行思想政治教育、遵纪守法教育、安全生产教育，根据工作需要进行业务培训。

第十条　劳动合同的变更

（一）发生下列情况之一者，允许变更劳动合同：

1. 经甲乙双方协商同意；
2. 订立劳动合同所依据的法律规定已经修改；
3. 由于甲方严重亏损或关闭确实无法履行劳动合同的规定。
4. 由于不可抗力致使原合同无法履行；
5. 法律规定的其他情况。

（二）在合同没有变更的情况下，甲方不得安排乙方从事合同规定以外的工作，但下列情况除外：

1. 发生事故或自然灾害，需要及时抢修或救灾；
2. 因工作需要而进行的临时调动（单位内工种之间、机构之间）；
3. 法律规定的其他情况。

第十一条 违约责任。

（一）甲方无故辞退乙方，除发给当月足额工资和路费外，应偿付给乙方违约金2 000元。

（二）甲方违反劳动安全和劳保规定，以致发生事故，损害乙方利益的，应补偿乙方相应的的损失。

（三）乙方擅自解除合同，应赔偿甲方为其支付的职业技术培训费，并偿付给甲方违约金2 000元。

（四）乙方违反劳动纪律或操作规程，给甲方造成经济损失的，甲方有权按本超市管理制度的规定予以处理。

第十二条 本合同期满后，甲乙双方一致同意，可以续订合同。

第十三条 其他事项

本合同于双方签字之日起生效。甲乙双方不得擅自修改或解除合同，合同执行中如有未尽事宜，须经双方协商，做出补充规定。补充规定与本合同具有同等效力。合同执行中如发生纠纷，当事人应协商解决，协商不成时，任何一方可以：（1）依法向劳动合同的管理机关请求处理，（2）依法向人民法院起诉。本合同正本一式贰份，甲乙双方各执一份；合同副本一份，报劳动合同管理机关一份。

甲方	乙方
单位：贵阳市金慧超市（公章）	宋子怡（签字）
法人代表：李文（签字）	身份证号：5226101988……
地址：贵阳市北京西路×号	地址：贵阳市福建路7号
联系电话：0851-××××××	联系电话：1390855××××
＿＿＿年＿＿＿月＿＿＿日	＿＿＿年＿＿＿月＿＿＿日。

评析： 这是一篇内容完整，格式规范的劳动合同。标题为"劳动合同"约首是双方名称。正文部分包括标的、合同期限、试用期、工作内容、工作时间、劳动报酬、福利待遇、社会保险、劳动纪律、教育培训、合同变更条件、违约责任、约定事项、解决争议的办法，结尾部分包括双方名称、地址、联系电话、签约日期。

【案例】2

用工协议书

甲方：学院第一食堂

乙方：×××

本食堂是一个多品种、多样化的餐饮行业，为了加强全体员工服务性的素质，提高餐饮的质量，保障后勤的满足供应，特定立此用工合同。

一、上班时间要准时，不无故旷工，有事应先请假，得到领导许可，才能回家或外出。

二、爱护公共设施，不得故意损坏公共财物，或偷窃钱财等。如发现应扣当月工资，再罚一定数额的现金，严重的立即开除。

三、为了保护员工的人身安全，不得夜间单独外出，夜不归宿，发生事故，后果自负。

四、要解除劳动协议，员工要提前1个月向食堂领导提交辞职报告，如果员工单方面解除协议，将扣1个月的工资和体检费63元、培训费28元。

五、每月工资500元，表现好的员工，当月发一定数额的奖金。

六、上班之日起，暂扣1个月工资，等年底全部结清。

七、要搞好团结，全体员工要互相关心、互相帮助，不得拉帮结派，结伙滋事，扰乱社会治安。

八、服从领导分配，不听从指挥，工作不积极，不遵守本制度，经劝告不听者，餐饮部将处以罚款，情节严重者将开除。

九、以上条款希望全体员工遵守，共同搞好第一食堂。

十、本协议一式二份，甲、乙双方各执一份，具有同等法律效力。

十一、本协议自双方签字之日起生效。

甲方（签章）：学院第一食堂　　乙方（签章）：×××

2012年8月7日

评析

1. 合同主体名称不对，甲方应为"××学院第一食堂"。

2. 无标的。

3. 无乙方权利。

4. 无限制甲方的违约责任。

5. 第五条工资标准低于国家规定的最低工资。

6. 第六条暂扣一个月工资不合法。

7. 结尾部分项目不全。

8. 层次不清，缺少合同期限等一些必备条款。

9. 是一份不规范、不公平、不合法、制度式的劳动协议。

改作

劳务合同

甲方：××学院第一食堂

乙方：×××

乙方为甲方提供劳动服务，为了明确双方的权利和义务，特定立本合同，共同遵守。

一、本合同有效期为3年，即2012年5月8日至2015年5月7日。试用期为3个月，即2012年5月8日至2012年8月7日。

二、每周工作5天，休息时间按照食堂排班表执行。上班时间：上午7点至12点30，下午4点30至7点。

三、待遇：月薪1 500元，视工作表现每月给予50~100元奖金。免费提供住宿，床上用品自备。食堂提供一日三餐，每月从工资中扣除100元伙食费。

四、甲方责任：

1. 为乙方提供安全卫生的食宿、工作环境。

2. 每月3号前给乙方发上月工资，不得拖欠。

3. 为员工购买养老保险、工伤保险。

4. 无正当理由不得开除员工。

五、乙方责任：

1. 向甲方提供自己的真实情况（年龄、住址、联系方式、健康状况等），否则，因此产生的后果由乙方负责。

2. 按时上下班，听从指挥，积极工作，不得旷工，有事先请假，经领导批准后方可离开岗位。

3. 爱护公共设施，不故意损坏公物，无偷窃行为，否则，除如数赔偿甲方经济损失外，情节严重的予以开除。

4. 夜间不得单独外出，更不得夜不归宿，否则，后果自负。

六、违约责任：

1. 若乙方要解除劳动合同，须提前1个月向甲方提出申请，经同意后方可辞工。若乙方单方面解除合同，扣除当月实际劳动天数的50%工资。

2. 甲方无正当理由辞退乙方，除全额支付当月劳动工资外（无论当月劳动了几天），另支付乙方路费、违约金共1 000元。

七、以上合同若有不详之处，由双方协商解决。

八、本合同一式两份，甲乙双方各执一份，具有同等法律效力。

九、本合同从双方签字之日起生效。

甲方单位（公章）　　　　　　乙方（签字）：×××

法人代表（签字）：×××　　　身份证号：5226××××××××××××

地址：××××××　　　　　　地址：××××××

电话：××××××　　　　　　电话：××××××

二〇一二年五月七日

三、任务要求

劳动合同的格式与一般经济合同相似,但具体条款不同,根据《劳动合同法》第十七条规定,劳动合同的内容主要包括必备条款和约定条款两部分。必备条款是:

(1) 用人单位的名称、住所和法定代表人或者主要负责人姓名。

(2) 劳动者的名称、住址和居民身份证或者其他有效身份证件号码。

(3) 劳动合同期限。

(4) 工作内容和工作地点。

(5) 工作时间和休息休假。主要包括每周、每天工作时间,加班时间,休假条件,劳动安全和卫生条件、女工保护规定等内容。

(6) 劳动报酬。主要包括劳动者的工资、奖金、加班费、津贴和补贴等内容。

(7) 社会保险。(《劳动法》规定有五种:养老保险、医疗保险、生育保险、工伤保险、失业保险)

(8) 劳动保护、劳动条件和职业危害防护。

(9) 违约责任。(本条为编者增加)

(10) 法律法规规定应纳入劳动合同的其他事项。

劳动合同除以上规定的必备条款外,合同当事人还可以通过协商订立约定条款。如食宿条件、培训、劳动者保守用人单位商业秘密等事项。但双方的约定条款不能违背法律、法规的规定。

需要说明的是,如果劳动合同必备条款不全,但不影响双方当事人主要权利义务履行的,劳动合同成立,劳动者合法权益应当受到保护。

四、实训操作

假定一家企业,为自己暑假勤工俭学拟一份劳务合同。

【知识拓展】签订劳动合同的注意事项

(一) 把握订立劳动合同的原则

我国《劳动合同法》第三条规定:"订立劳动合同,应当遵循合法、公平、平等自愿、协商一致、诚实信用的原则。"

1. 合法原则。就是订立劳动合同必须遵守国家的法律法规。它包括:(1) 订立劳动合同的主体必须合法。作为用人单位,必须是依法成立的企业、事业单位、国家机关、社会团体和个体经营户等用人单位;作为劳动者,必须是具有劳动能力和完全民事行为能力的公民。(2) 劳动合同的内容必须合法。劳动合同的条款都不能违反国家法律、法规和政策的规定,不得分割国家利益和社会公共利益。(3) 劳动合同订立的形式和程序必须合法。

2. 公平。是指劳动者付出的劳动（包括体力劳动或脑力劳动）与获得的报酬基本相符；或者说用人单位付出的报酬与得到的收益基本相符。

3. 平等自愿、协商一致的原则。平等是指当事人双方在签订劳动合同时的法律地位平等，没有任何隶属关系、服从关系，用人单位与劳动者是以平等的身份订立劳动合同。自愿是指订立劳动合同完全出于当事人自己的意志，任何一方不得将自己的意志强加给对方，也不允许第三者干涉劳动合同的订立。协商一致是指合同的双方当事人对合同的各项条款，只有在双方充分表达自己意志基础上，经过平等协商，取得一致意见的情况下，劳动合同才能成立。凡是违反平等自愿、协商一致原则签订的劳动合同，不仅不具有法律效力，而且还应承担一定的法律责任。

4. 诚实信用的原则。指双方在签订合同时不能弄虚作假，不能隐瞒与合同有关，且对对方不利的情况。合同一旦签订，就应该守信用，按合同条款执行，不能反悔。

（二）要了解劳动合同解除的条件

1. 有下列情形之一的，劳动合同终止：(《劳动合同法》第四十四条)

（1）劳动合同期满的；

（2）劳动者开始依法享受基本养老保险待遇的；

（3）劳动者死亡，或者被人民法院宣告死亡或者宣告失踪的；

（4）用人单位被依法宣告破产的（有经济补偿）；

（5）用人单位被吊销营业执照、责令关闭、撤销或者用人单位决定提前解散的（有经济补偿）；

（6）法律、行政法规规定的其他情形。

2. 用人单位有下列情形之一的，劳动者可以解除劳动合同，并要求用人单位给予经济补偿：(《劳动合同法》第三十八条)

（1）未按照劳动合同约定提供劳动保护或者劳动条件的；

（2）未及时足额支付劳动报酬的；

（3）未依法为劳动者缴纳社会保险费的；

（4）用人单位的规章制度违反法律、法规的规定，损害劳动者权益的；

（5）因以欺诈、胁迫的手段或者乘人之危，使劳动者在违背真实意思的情况下订立或者变更劳动合同，致使劳动合同无效的；

（6）法律、行政法规规定劳动者可以解除劳动合同的其他情形。

用人单位以暴力、威胁或者非法限制人身自由的手段强迫劳动者劳动的，或者用人单位违章指挥、强令冒险作业危及劳动者人身安全的，劳动者可以立即解除劳动合同，不需事先告知用人单位。

3. 劳动者有下列情形之一的，用人单位可以解除劳动合同：(《劳动合同法》第三十九条)

（1）在试用期间被证明不符合录用条件的；

（2）严重违反用人单位的规章制度的；

（3）严重失职，营私舞弊，给用人单位造成重大损害的；

（4）劳动者同时与其他用人单位建立劳动关系，对完成本单位工作任务造成严重影响，或者经用人单位提出，拒不改正的；

（5）因欺诈、胁迫手段签订劳动合同，致使劳动合同无效的；

（6）被依法追究刑事责任的。

4. 有下列情形之一的，用人单位提前三十日以书面形式通知劳动者本人或者额外支付劳动者一个月工资后，可以解除劳动合同：(《劳动合同法》第四十条)

（1）劳动者患病或者非因工负伤，在规定的医疗期满后不能从事原工作，也不能从事由用人单位另行安排的工作的；

（2）劳动者不能胜任工作，经过培训或者调整工作岗位，仍不能胜任工作的；

（3）劳动合同订立时所依据的客观情况发生重大变化，致使劳动合同无法履行，经用人单位与劳动者协商，未能就变更劳动合同内容达成协议的。

5. 劳动者有下列情形之一的，用人单位不得解除劳动合同：(《劳动合同法》第四十二条)

（1）从事接触职业病危害作业的劳动者未进行离岗前职业健康检查，或者疑似职业病病人在诊断或者医学观察期间的；

（2）在本单位患职业病或者因工负伤并被确认丧失或者部分丧失劳动能力的；

（3）患病或者非因工负伤，在规定的医疗期内的；

（4）女职工在孕期、产期、哺乳期的；

（5）在本单位连续工作满十五年，且距法定退休年龄不足五年的；

（6）法律、行政法规规定的其他情形。

6. 在一般情况下，劳动者提前 30 天（试用期内提前 3 天）以书面形式通知用人单位，可以解除劳动合同。

（三）小心合同陷阱

对于劳动者来讲，以下劳动合同不能签。

1. 暗箱操作。合同中有很多对劳动者不利的条件，用人单位不给看，只让签字。

2. 霸王合同。以给劳动者或其亲友造成人身财产损失相威胁，迫使劳动者签订合同，这类合同的受害者往往是高科技人员。

3. 押金合同。签合同时先收取押金、风险金、培训费、保证金等，劳动者稍有违反纪律的行为，就被"合法"扣留这些押金。

4. 生死合同。合同中有"工伤概不负责"等条款。

5. 卖身合同。有的合同约定：劳动者的一切行动服从用人单位安排。如果签了，强迫劳动、人格侮辱、限制人身自由等就会发生。

6. 双面合同。一真一假两份合同，一份用来应付检查，一份用来管理劳动者（其权利和义务极不平等）。

7. 用人单位不具备法人资格。此类合同是无效合同。

(四) 懂得劳动合同的法律效力

劳动合同是约束用人单位和劳动者之间权利、义务的协议，实践中的叫法或形式有多种，如劳动协议、就业协议、聘用合同等，它们之间并无本质不同，效力是一样的。实践中许多人认为"协议"的效力低于"合同"，其实是一种误解。

依法签订的劳动合同是具有法律效力的，此类合同属于当事人之间的"法律"，必须严格履行遵守，否则将承担不利的法律后果。如果劳动合同内容与法律相悖，则此类内容将因违法而无效，是自始无效，根本不具有调整签约双方权利义务之功能，也不能作为劳动纠纷案件裁判的法律依据。

当劳动合同与企业规章制度产生矛盾时，因为劳动合同属签约双方的意思表达，故其效力高于用人单位单方制定的规章制度，两者发生矛盾时以劳动合同为准。有时劳动合同中当事人会约定规章制度作为该合同附件（前提是用人单位的规章制度不违反相关法律法规），在这种情况下，二者效力一致，除非合同中有明确的特殊约定。

(五) 合同的语言表达要明确、易懂

依法签订的劳动合同是受法律保护的，它涉及当事人的权利、责任和利益，能够产生一定的法律后果。因此，签订劳动合同时，在语言表达和用词上必须通俗易懂，尽量写明确，以免发生争议。

值得注意的是，如果劳动合同的无效不等同于劳动关系的无效。即使劳动合同在形式上存在缺陷，但是只要有事实劳动关系存在，劳动者的合法权益仍然受保护。所以劳动者要注意保留工资卡、厂牌等，以证明自己与用人单位存在事实上的劳动关系，特别是在签订劳动合同之前。

项目七 建筑工程文书

 学习目的与要求

通过本项目三个任务的学习,了解施工方案、施工日志、施工台账、施工安全日志、施工合同的概念、特点、作用和种类,切实掌握这五种应用文的写法。

 能力目标

1. 了解施工方案的基本知识和要求;
2. 了解施工日志、施工台账、施工安全日志的基本知识和要求;
3. 了解施工合同的基本知识和要求。

 核心能力

1. 能够按照五种文种自身的写作要求,写出格式完整,语言流畅的文章;
2. 掌握以上五种应用文的写法。

任务一 施工方案

一、任务导入

(一)施工方案的概念和种类

施工方案是对单位工程或分部工程中某施工方法的分析,是对施工方案耗用的劳动力、材料、机械、费用以及工期等在合理组织的条件下,采用新技术,进行技术经济的分析,从中选择最优方案的应用文体。好的施工方案对组织施工有实际的经济效益,且可缩短工期和提高质量。

施工方案按内容划分,可分为建筑工程施工方案、建筑钢结构施工方案、建筑装饰装修施工方案、建筑给排水施工方案、建筑暖通空调施工方案、建筑电气施工方案等。

二、案例分析

装饰工程施工方案

一、编制依据

1. 招标文件,施工图纸等资料。

2. ××市有关建筑工程安装文明施工规范、标准。

3. ISO9002质量保证体系标准文件,质量手册等技术指导性文件以及现有同类工程的施工经验、技术力量。

二、工程概况

1. 工程名称:××市春江宾馆内城装饰工程

2. 建筑地点:××市××路1683号

3. 设计单位:××省天艺设计工程公司

4. 设计说明:

该项工程为春江宾馆的内部装修,包括内部的室内设计及连接宾馆大堂的入口及通道的装饰。因项目所在地附近即为居民区,所以设计在营造浪漫温馨气氛的同时亦注意到对噪声的控制,最大可能地减少对周边环境的影响。(具体设计说明略)

三、施工部署

1. 质量目标:项目部按照ISO9002质量体系标准规范质量管理,确保工程优良。

2. 工期目标:合理规划施工工序,确保65天竣工。

3. 安全生产目标:采取有效措施,杜绝工伤、死亡及一切火灾事故的发生,创文明标化工地。

4. 文明施工目标:严格执行现场标准化管理,推行现场文明综合考评,使之成为文明施工现场典范。

5. 施工设备的组织:为确保本工程的质量和进度,所有设备由公司统一组织调集,以避免影响工程进度。

四、主要项目施工方法

1. 平地面地毯铺设:

(1) 操作标准:(略)

(2) 铺设:(略)

2. 内墙面铺贴施工:

……

五、劳动力计划

根据本工程特点共安排以下 6 个工种级别共 53 人：

1. 木工（20人）；2. 搬运工（4人）；3. 泥水工（8人）；4. 地毯工（6人）；5. 电工（5人）；6. 普工（10人）；以上人员不包括项目部管理技术人员在内。

六、工程质量保证措施

1. 工程总体管理中实行全过程的质量控制，是保证工程质量关键步骤的必要手段。

2. 施工前技术人员应熟悉施工图和有关技术资料，熟悉工程，了解施工及验收标准编制专业施工方案。

3. 开工前技术人员应对班组进行认真细致的交底，掌握施工要点，为保证安装质量打好基础。

4. 从施工准备到竣工投入运行的整个施工过程中，每一步骤都必须严格把关，切实保证质量，人员严格按规程要求操作，同时质量体系加强监督检查，保证每一环节的质量。

七、安全施工保证措施（略）

八、文明施工保证措施（略）

××建筑公司 ××项目部
2012 年 9 月 22 日

评析：这是一份格式规范、内容具体、可操作性强的施工方案。表现在方案编写有依据，工程概况介绍清楚，施工部署目标明确，更为重要的是对主要项目施工方法的设计安排具体细致，可操作性强；为使施工能顺利进行，在方案第六、七、八条还从工程质量、安全施工、文明施工方面提出了保证措施，这就为施工的顺利开展额外增加了一份保险。

三、任务要求

（一）施工方案的写作要点

为了严格施工方案的编制要求，《建设工程项目管理规范》（GB/T50326—2006）规定，施工方案的内容应包括：（1）施工流向和施工顺序；（2）施工阶段划分；（3）施工方法和施工机械选择；（4）安全施工设计；（5）环境保护内容及方法。

单独编制的施工方案，一般应包括以下内容：

（1）编制依据：合同、图纸、规范、标准、定额等。

（2）分项工程概况：施工项目的具体情况；施工项目的设备及设计特点；施工项目的主要施工工艺说明等。

（3）施工总体安排：劳动力计划、材料计划、人员安排、施工进度计划等。

（4）施工准备：技术准备；设备、机具准备；材料、构配件供应计划。

（5）确定关键部位及相应的施工措施。包括测量放线、大型设备构件吊装、设备调整、焊接工艺、压力试验、试车、试生产等的工艺流程措施；特殊材料或部件加工制作工艺；季节性施工技术措施，可以附图、附表直观说明。

（6）质量目标。阐明主控项目、一般项目的具体根据和要求，注明检查工具和检验方法。

（7）保证施工质量的主要措施。

（8）保证安全、保卫、文明施工、环境保护的主要措施。

（9）其他事项。

（二）施工方案写作的注意问题

（1）施工方案应由项目部专业技术负责人在施工准备和施工临时建筑开工以前组织编制，并经项目部负责人审批，然后向监理报审，报公司备案。

（2）施工方案应体现科学性、先进性、合理性，安全可靠，易于操作，方便施工，并努力应用新材料、新设备、新技术。在满足安全、质量和进度的前提下努力降低成本。

四、实训操作

1. 阅读下面的材料，完成后面的练习。

贵州省××县移动公司根据企业扩展需要，决定建造一幢综合办公楼，总面积2 800平方米，计划总投资800万元，项目业经有关部门批准。根据《××市建设工程施工招标投标管理办法》，决定对本工程实施公开招标。招标内容分土建、安装、室内装饰、外墙装饰、弱电系统等工程同时招标。承包方式要求中标单位以包工期、包质量、包造价、包材料的原则承包该工程。工期为一年。其他相关条款略。

小李是××职业技术学院建筑工程专业的毕业生，去年进入该县第二建筑工程公司工作。该公司是一家具有工业与民用建筑安装、装饰二级（含）以上资质的施工企业。作为本县较具实力的建筑公司，决定参与这一项目的竞标。公司中标该项目后，将项目的室内装饰这一内容发包给挂靠公司的××建筑公司，××建筑公司在与××县第二建筑工程公司签订合同后，要求项目经理抓紧拟写一份室内装饰施工方案，以便施工过程中能保质保量。请你代项目经理拟写一份室内装饰施工方案。

2. 根据你所实习的工地情况编制一份以基础设施或主体工程为主的施工方案。

【知识拓展】施工方案与施工组织设计的区别

施工组织设计与施工方案是整体与局部、指导与被指导的关系。施工组织设计是以整个施工项目为对象进行编制，用以指导建设全过程各项施工活动的综合性文件；施工方案则是对单项施工项目或其中的某一个分部分项工程进行编制，并且对于工程项目中的一些施工难点和关键分部分项工程，一般都会编制专门的施工方案。

任务二　施工日志

一、任务导入

1. 施工日志的含义

"志"的本义是指记载事物的书册。施工日志就是从开工至竣工，每天进行书面记录所形成的一本资料，它记载着施工过程中每天发生的与施工有关的有记述价值的事情。只有对施工日志的理解有一个准确的定位，才能准确地把握施工日志的编写思路。作为施工管理资料的一种，施工日志不需要向外移交，应由企业自存。

2. 施工日志的作用

（1）施工日志是一种记录，它主要记录的是已经发生的事情。对那些虽未发生，但已就此做出决定或计划的，也要对决定、计划的发生做出记录。

（2）施工日志是一种证据。它是施工组织设计、专项施工方案、技术交底、返修返工通知等文件，会议决定及各种要求和策划得到落实的证明。

（3）施工日志是工程的记事本，是反映施工过程的最详尽的第一手材料。它可以准确、真实、细微地反映出施工进度情况。

（4）施工日志可以起到文件接口的作用，并可以用于追溯出一些其他文件中未能记载的事情。

（5）施工日志作为施工企业自留的施工资料，是对那些应向外移交的工程文件的补充和后备。它所记录的因各种原因未能在其他工程文件中显露出来的信息，将来有可能成为辨别事情真相的依据。

（6）施工日志是产品实现中的标识，尤其是作为施工半成品标识和施工状态标识。对于建立了质量管理体系的企业来说，施工日志是实施 ISO9001：2000 标准 7.5.3 条款的具体表现。

二、案例分析

施工日志　　　　TJ2.6.1

日期：2005 年 6 月 16 日　　星期四

	天气状况	风力	最高/最低温度	备注
白天	晴	2-3 级	33℃/22℃	
夜间	晴	3-4 级	21℃/19℃	

续表

生产情况记录：（施工部位、施工内容、机械作业、班组工作、生产存在问题等）
一、首层大厅吊顶安装，主龙骨、次龙骨固定，木工20人；   二、首层卫生间墙、地面贴釉面砖，瓦工10人；   三、现场清理，3人。
技术质量安全工作记录：（技术质量安全活动，技术质量安全问题、检查评定验收等）   公司技术中心王总检查装修质量，发现如下问题：   1. 质量：吊顶安装过程中转换层钢结构钢架的焊接长度和距离不符合要求。   2. 安全：吊顶工人在施工中移动人字梯时，作业人员没下来，站在梯子上踩高跷式挪动。   以上问题，均已立即整改。
材料、构配件进场记录   　吊顶板：200块，规格为：600 mm×600 mm。

工程负责人	×××	记录人	×××

评析：这是一份格式规范、内容具体的施工日志。以单位工程为记载对象，从工程开工起至工程竣工止，由专人负责逐日记载，内容真实、连续和完整，符合写作要求。内容根据施工日志要求确定，语言表述上慎重严谨，根据事实发生状况来撰写，朴实得体。

三、任务要求

施工日志的写作要点：

（1）主要建材的进场及使用情况；施工运转情况；质量关键阶段的相关情况；施工进度的关键点；从开工到竣工期间的重要日中的主要情况，如节假日、上级单位检查、本单位联系中的主要情况；施工过程中的事件，如质量事故或重大问题、安全事故或重大问题；施工中发生的重要事情，如会议、重要决定、停工、待料、设计变更、重大变动等；季节施工中的重要事情；消防、保卫方面的重要事情；环境保护与文明施工方面的重要事情；安全生产中的重要活动；劳务、机械等工程分包情况；其他工程文件中无法记录的重要事情；其他值得记载的事情。

（2）其他文件中已经记录的事情可不必重复。

四、实训操作

根据你所实习的工地情况编制一份以基础设施或主体工程为主的施工日志。

【知识拓展】施工日志

1. 施工日志表格

施工日志表 C1-2				编号	
工程名称				日期	
天气状况		风力		最高/最低温度	
白天	夜间	白天	夜间	白天	夜间
生产情况记录：（施工部位、施工内容、机械作业、班组工作、生产存在问题等）					
技术质量安全工作记录：（技术质量安全活动、检查评定验收、技术质量安全问题等）					
施工单位名称					
工程负责人		记录人			

本表格由施工单位填写并保存

2. 施工日志写作的注意问题

（1）应抓住事情的关键意思。例如：发生了什么事，事情的严重程度，何时发生的，怎么发生的，谁干的，谁领谁干的，谁说的，说了什么，决定了什么，在什么地方（或部位）发生的，要求做什么，要求做多少，要求何时完成，要求谁完成，要求怎么做，已经做了多少，做得合格不合格，等等。只有围绕这些关键意思才能记述清楚，才具备可追溯性。以上所述不必天天具备，只要能把事情说清楚，说准确就可以了。

（2）记述要详略得当。该记的事情一定不要漏掉，不能写成"大事记"，要言简意赅。尽量少重复其他工程文件中的内容。不用记录的事情或事情的关键意思能知晓的尽量不描述。抒发感想的语句不必出现。

（3）当天发生的事情应记在当天的日志中。必须补记时必须注明事情发生的日期。施工日志应按土建、水暖、电气等专业划分，分别编写。土建专业的施工日志必要时也可涵盖其他专业的部分内容。施工日志的编写习惯上由专业工长负责。

五、施工台账介绍

（一）施工台账的含义以及作用

（1）施工台账不是国家或行业标准要求必须建立的工程资料，但它却是施工管理的一种好方法。其特点是对施工管理的某项工作实行表格化记账式的管理。台账是指放在案头上的账，这里是形容它在日常工作中要经常查看和登记。

（2）作用：

①对于那些相同或相似，需多次重复，又难于在短期内完成的工作，如果建立了台账，就可以使工作的进展情况一目了然，避免了在项目上的遗漏或在时间上的遗忘。

②有一些台账可以使得大量的同类表格或文件简化在同一张表格中，并增加其他管理内容，使工作处于宏观管理之中。

③原始登记作用。

④工作提示作用。

对于同一个台账来说，可以只起到一种作用，也可以起多种作用。一般说来，单一作用的台账比较直观，因此效果也就更好。

施工台账作为一种类型或一种工作方法，也可以写成其他名称，如一览表、登记表、清单或备忘录等。

（二）施工台账的种类与应用

（1）种类。施工台账是施工管理的一种手段，在材料、质量、安全等许多方面都可以采用。常见的种类有：材料、设备进货台账，委托加工台账，材料保管台账等。

（2）施工台账能否充分发挥作用，并能起到其他方法不可替代的作用。主要看两方面：

①要看它是否设计得合理巧妙，特点突出，可操作性强。

②力求灵活运用。

比如：将基础分部工程中的每个分项工程预先写明，这样对于确保按时验收就是一种提醒。其次，可以将台账表格放大或画在黑板或玻璃板上，放在恰当的地方，使相关人员都能看到，这对全员参与管理十分有利。再如，将表格用油漆涂料画在木板上，表中所填内容采用挂木牌的方法（木牌事先制好）。这样既有公示作用，又可以在下一个工程中继续使用。

材料质量情况台账

工程名称：　　　　　　　施工单位：　　　　　　　年　　月
第　　页　共　　页

序号	材料名称	规格型号	单位	数量	进场日期	生产厂家	拟用部位	见证取样日期	质量和预控情况					备注
									材料外观	有无出厂合格证	复试报告编号	见证人	结论	
1	PVC-U双壁波纹管	DNID 500	根	30cm一根（3根）		上海公元	雨污水管							
2	PVC-U双壁波纹管	DNID 600	根	30cm一根（3根）		上海公元	雨污水管							
3	橡皮圈	Φ225、300、400、500	个	各一个		上海公元		8.9						
4	普通热轧钢筋	HDB 400	根	7根（Φ12）			井盖	8.31						永钢3452

续表

序号	材料名称	规格型号	单位	数量	进场日期	生产厂家	拟用部位	见证取样日期	质量和预控情况					备注
									材料外观	有无出厂合格证	复试报告编号	见证人	结论	
5	素土环刀			6个点			道路回填	9.5						
6	砂环刀			6个点			管道回填	9.3						
7	砂重型击实			1			道路管道回填							
8	素土击实			1			道路管道回填	9.5						
9	合成树脂内墙涂料	白色				扬州市曲江化工有限公司	内墙粉砂	9.2						
10	砂回填			3个点			管道回填	9.15						
11	素土回填			3个点			道路回填	9.15						
12	8%水泥土			9个点			道路回填	9.15						

说明：本表适用于施工现场所有建筑原材料台账登记，可根据不同的建筑材料分别建立台账。

审核人：　　　　　　　　　　　　　　　　　　　　　　归档人：

续表

序号	材料名称	规格型号	单位	数量	进场日期	生产厂家	拟用部位	见证取样日期	质量和预控情况					备注
									材料外观	有无出厂合格证	复试报告编号	见证人	结论	
13	HDPE双壁波纹管	DNID 800	根	30cm一根（3根）		上海公元	主干道管道	9.15						
14	橡胶密封圈	Φ800		1个		上海公元		9.15						
15														
16														
17														
18														
19														
20														
21														
22														
23														
24														

说明：本表适用于施工现场所有建筑原材料台账登记，可根据不同的建筑材料分别建立台账。

审核人： 归档人：

砼试块试验台账

工程名称：　　　　　　　　　施工单位：　　　　　　　　年　月

第　页共　页

序号	强度等级	成型日期	代表部位	送样日期	代表数量	见证人	试块种类 标养	试块种类 同条件	试块种类 抗渗	试块强度(MPa)	龄期	报告编号	备注
1	C15	9.29	散水坡浇筑	9.30	1组		√						
2	C15												
3	C25	8.7	检查井浇筑	8.9	1组		√						
4	C25	9.25	检查井浇筑	9.30	1组		√						
5	C25	8.7	检查井浇筑	9.30	2组			√					
6	C30	9.2	道路铺设	9.4	1组		√						
7	C30	9.8	道路铺设	9.9	1组		√						
8	C30	9.14	道路铺设	9.16	1组		√						
9	C30	9.18	道路铺设	9.30	1组		√						
10	C30	9.25	道路铺设	9.30	1组		√						
11	C30	9.26	道路铺设	9.30	1组		√						
12	C30	9.8	道路铺设	10.29	1组			√					
13	C30	9.14	道路铺设	10.29	1组	(不合格)							
14	C30	9.18	道路铺设	10.29	1组			√					
15	C30	9.25	道路铺设	10.29	1组			√					
16	C30	9.26	道路铺设	10.29	1组			√					
17	C30	9.14	道路铺设	10.31	1组			√					

审核人：　　　　　　　　　　　　　　　　　　　归档人：

任务三　安全日志

一、任务导入

施工安全日志是从工程开始到竣工,由专职安全员对整个施工过程中的重要生产和技术活动的连续不断的翔实记录。是项目每天安全施工的真实写照,也是工程施工安全事故原因分析的依据,施工安全日志在整个工程档案中具有非常重要的位置。

"志"的本义是指记载的文字。施工安全日志就是从开工至竣工,每天进行书面记录所形成的一本资料,它记载着施工过程中每天发生的与施工安全有关的有记述价值的事情。只有对施工安全日志的理解有一个准确的定位,才能准确地把握施工安全日志的编写思路。

二、案例分析

广西河池至都安高速公路安全日志检查记录表

施工单位:广西河池至都安高速公路第7-1分部项目经理部

2014年10月24日		星期:五		天气情况:晴	
安全检查位置		石方爆破	梁场预制	路基填挖	桥梁下构
预警颜色		(黄色预警)	(蓝色预警)	(蓝色预警)	(蓝色预警)
安全检查情况					
当日,按专职安全员规程对预警单元进行了常规巡查,经检查除桥梁下构施工现场有一名施工人员未按要求正确佩戴安全帽外,其他预警单元现场均无"三违"情况,能够按照前一日晚提前发布的预警信息及防范措施执行。 次日主要工作内容:打孔、装药、起爆、钢筋加工与安装、模板安装、空心板预制、模板拆除、墩柱钢筋绑扎与焊接、机械运输、机械填、挖石方。 可能存在的危险因素:爆炸、机械伤害、高处坠落、起重伤害、物体打击、触电、火灾					
桥梁下构施工现场有一名施工人员未正确佩戴安全帽,存在安全隐患	整改的措施		对于桥梁下构施工现场有一名施工人员未正确佩戴安全帽存在隐患这一情况,检查人员对其当场做出严厉批评指正,并要求其在当天施工结束后,第一时间到所属项目部安全培训学校进行至少30分钟的现场施工安全培训。使其强化自身的安全意识,并在施工中做出正确的安全操作行为,减少人为隐患			
整改反馈:已经整改完毕					

检查人:黄波　　　主管领导:房名

评析：这是一篇格式完整，书写规范，内容齐全的安全日志。内容有：日期、天气、工程名称、施工部位（安全检查位置）、施工内容、预警颜色、应用的主要工艺；人员、材料、施工进展情况记录，施工是否正常，有无意外停工，有无质量问题存在；施工安全情况（有无安全隐患），有无上级或监理指令及整改情况；记录人员的签字，主管领导定期阅签。

三、任务要求

（一）施工安全日记的填写要求及注意细节

1. 定义

安全日志是安全员在一天中执行安全管理工作情况的记录，分析研究施工安全管理的参考资料，也是发生安全生产事故后，可追溯检查的最具可靠性和权威性的原始记录之一，认定责任的重要的书证之一。希望各项目安全日志记录人员都能重视施工安全日志的填写，为企业的安全生产管理工作尽一份力量。

2. 日志记载内容

施工安全日记的内容可分为三个方面：基本内容、施工内容、主要记事、检查闭合。

（1）基本内容包括了日期、星期、天气的填写；

（2）施工内容包括了施工的分项名称、层段位置、工作班组、工作人数及进度情况；

（3）主要记事包括：①巡检（发现安全事故隐患、违章指挥、违章操作等）情况；②设施用品进场记录（数量、产地、标号、牌号、合格证份数等）；③设施验收情况；④设备设施、施工用电、"三宝、四口"防护情况；⑤违章操作、事故隐患（或未遂事故）发生的原因、处理意见和处理方法；⑥其他特殊情况。

（4）对以前发现的问题要有整改措施，包括责任人、整改时间、检查人、整改报告、检查结果等，形成管理工作的闭合链。

（5）记录人员要签字，主管领导定期也要阅签。

（二）记载施工安全日志注意事项

（1）应抓住事情的关键意思。例如：发生了什么事，事情的严重程度，何时发生的，谁干的，谁领谁干的，谁说的，说什么了，谁决定的，决定了什么，在什么地方（或部位）发生的，要求做什么，要求做多少，要求何时完成，要求谁来完成怎么做，已经做了多少，做得合格不合格，等等。只有围绕这些关键意思进行描述，才能记述清楚，才具备可追溯性。施工日记应按单位工程填写，填写人员主要填写自己负责的工作。

（2）记述要详简得当。该记的事情一定不要漏掉，事情的要点一定要表述清楚，不能写成"大事记"。

（3）当天发生的事情应记在当天的日志中要逐日记载，不得后补。施工日志应按土建、设备安装等专业划分,分别填写。土建专业的施工安全日志必要时也可涵盖其他专业的部分内容。

(4) 记录时间要连续:从开工开始到竣工验收时止,逐日记载不许中断。若工程施工期间有间断,应在日志中加以说明,可在停工最后一天或复工第一天里描述。

(5) 停水、停电一定要记录清楚起止时间,停水、停电时正在进行什么工作,是否造成经济损失等,是由于哪方面造成的原因,为以后的工期纠纷留有证据。

施工安全日志的记录不应是流水账,要有时间、天气情况、分项部位等记录,其他检查记录一定要具体详细。

四、实训操作

根据你所实习的工地情况编制一份主体工程的施工安全日志。

 **知识拓展**

1. 施工安全日志在理解上的定位应该是

(1) 施工安全日志是一种记录。它主要记录的是在施工现场已经发生的违章操作、违章指挥、安全问题和隐患,并对发现的问题进行处理的纪录。

(2) 施工安全日志是一种证据。它是设备设施是否进行了进场验收、质安员是否对现场安全隐患进行检查的证明。

(3) 施工安全日志是工程的记事本,是反映施工安全生产过程的最详尽的第一手资料。它可以准确、真实、细微地反映出施工安全情况。

(4) 施工安全日志可以起到文件接口的作用,并可以用于追溯出一些其他文件中未能记录的事情。

(5) 施工安全日志作为施工企业自留的施工资料,它所记录的因各种原因未能在其他工程文件中显露出来的信息,将来有可能成为判别事情真相的依据。

2. 填写过程中存在的主要问题

(1) 未按时填写,为检查而作资料:当天发生的事情没有在当天的日志中记载,出现后补现象。有记录人员平时不及时填写安全日志,为了迎接公司或者其他上级部门的检查,把自己关在办公室里写"回忆录"。在某些工程项目的施工安全日志不难发现,当天已经是六月几日,但往往施工安全日志的填写还停留在五月份中旬,更甚者出现三、四月份的都没有填写。

(2) 记录简单:没有把当天的天气情况、施工的分项工程名称和层段位置的轴线、楼层等写清楚,工作班组、工作人数和进度等均没有进行详尽记录。试想一下,连工作的班组和人数都不能清楚,怎能做好现场的安全生产管理工作。

(3) 内容不齐全不真实:根据施工安全其他资料显示,某种设施用品是在某月某日进场的,但日志上找不到记录;捏造不存在的施工内容,由于施工日志未能及时填写，出现大部分内容空缺，记录者就凭空记录与施工现场不相符的内容。

（4）内容有涂改：一般情况下，施工安全日志是不允许有涂改的。

（5）主要记事中"其他特殊情况"一栏基本没有填写：其实"其他特殊情况"可记载：①停电、停水、停工情况；②施工机械故障及处理情况等。

（6）部分项目的施工安全日志记录用圆珠笔填写。

（7）"巡检（发现安全事故隐患、违章指挥、违章操作等）情况"记录了安全事故隐患，后面"违章操作、事故隐患（或未遂事故）发生的原因、处理意见和处理方法"的记录空白，填写没有闭合。

（8）填写内容在一定时间段内要包含施工内容。

3. 安全日志表格

安全日志

日期	年　月　日	星期		温度℃	气候	
					上午	下午
施工部位			出勤人数			
当日施工安全情况				安全负责人		
安全教育情况						
安全交底						
验收情况记录						
安全检查情况						
安全会议记录						
其他						

注：本日记由安全员逐日填写、每写一页，不能缺填漏记、记后切勿涂改。

任务四　建设工程施工合同

一、任务导入

建设工程施工合同的概念：

建设工程施工合同也称建筑安装工程承包合同，是发包方与承包方根据国家基本建设的有关规定，为完成合同中所指定的工程，明确双方的权利与义务的协议。按合同文件的基本要求，承包单位应完成发包方所交付的工程项目，发包单位按规定支付工程款项。

二、案例分析

建设工程施工合同

工程名称：第七教学楼（公路实训楼）　　合同编号：05

工程编号：03

签订地点：××交通职业技术学院会议室

订立合同双方：

发包方（甲方）：××交通职业技术学院

承包方（乙方）：××市第三建筑公司

根据《中华人民共和国合同法》和《中华人民共和国建筑法》及有关规定，为明确双方在施工过程中的权利、义务和经济责任，经双方协调同意签订本合同。

一、工程项目名称：甲方委托乙方承建第七教学楼（公路实训楼）。

二、工程范围：本合同全部工程建筑安装面积共计 2 200 平方米（各单项工程建筑安装面积详见工程项目一览表）。

三、工程造价：本合同全部工程施工造价为人民币伍佰万元（500万元）（各单项工程造价详见工程项目一览表）。

四、工程竣工时间：工程从合同签订之日起，用一年的时间完成本工程。至2010年6月10日，本工程必须竣工验收，交付甲方使用。

五、工程造价款的支付与结算：本合同签订后14日内，发包方支付不少于合同总价（或当年投资额）的10%备料款，计人民币伍拾万元。甲方在工程进度达到50%时，再付给乙方全部工程费用的30%，计人民币壹佰伍拾万元。

六、建筑工程材料：建筑工程所需的各种材料，由乙方根据建筑施工规定商务要求进行购买，必须经甲方对材料进行验收符合质量要求后方可使用。

七、发包方义务：

1. 开工前7天,甲方给乙方施工图一式叁份,并做到"三通一平";办好施工许可证。(甲方可委托乙方做"三通一平"工作,另行签订协议执行)

2. 负责组织设计,与施工单位共同审查施工组织设计,负责组织验收工作,负责监督工程质量。

3. 按协议负责按期拨款。

八、承包方义务:

1. 按协议分工负责材料供应。

2. 编制施工组织设计和施工形象进度表。开工前15天交甲方一式贰份。

3. 按施工图负责组织施工,按期竣工。

4. 竣工后,7天内按规定将竣工资料整理好交甲方。

5. 保证施工质量,严格按照国家施工验收规范进行。

九、工程质量

1. 本工程质量经双方研究要求达到国家质量检验评定标准的优良条件。

2. 承包方必须严格按照施工图纸、说明文件和国家颁发的建筑工程规范、规格和标准进行施工,并接受发包方派驻代表的监督。

十、违约责任

1. 工程质量不符合合同规定的,负责无偿修理或返工。

2. 甲方因自己原因延付工程款价时,每逾期一天,按未竣工程造价千分之一计算违约金。

3. 乙方未按合同规定的时间竣工。每逾期一天,按未竣工程造价千分之一计算违约金。

4. 甲方未按约定的时间和要求提供原材料、设备、场地、技术资料的,乙方可以请求顺延工程日期,还可以请求赔偿停工、窝工等损失。

5. 工程竣工后保修期一年。在保修期内,属承包方施工责任造成的如屋内漏雨、管道漏水等,由承包方负责免费修理。属发包方或设计责任造成的由甲方自理。

6. 因乙方原因致使建设工程质量不符合约定,造成人身和财产损害的,承包人应当承担损害赔偿责任。

7. 工程未经验收,发包方提前使用或擅自动用,由此而发生的质量或其他问题,由发包方承担责任。

十一、附则:

1. 本合同一式伍份,合同附件×份。承包方和发包方各执正本壹份,其余副本由发包方报送经办银行、当地工商管理机关、建设主管部门备案,并送建筑物所在地的公证部门办理公证。

2. 本合同经双方代表签字之日起生效,工程竣工通过验收、结清工程款之后终止。

3. 本合同签订之后,承、发包双方如需提出修改,经双方协商一致后,可以签订补充协议。

发包方(甲方):××交通职业技术学院(盖章)　　承包方(乙方):××市建筑公司(盖

章）

法定代表人：陈××（盖章）　　　　法定代表人：张××（盖章）
委托代理人：黄××（盖章）　　　　委托代理人：李××（盖章）
单位地址：××市天河区××路789号8巷　单位地址：××市兴江区红领巾路
开户银行：中国建设银行××分行　　开户银行：中国银行××分行
联系电话：020-88034688　　　　　　联系电话：0754-85263386

二〇〇九年六月十日

评析：该合同从结构上分析，基本具备了建筑工程施工合同写作开头、主体和结尾三大部分，内容较为具体全面。如开头部分写有标题、工程名称、工程编号、签订地点、订立合同双方的单位名称，以及签订合同的依据和目的；结尾部分也写得较为详细，如发包方、承包方单位名称并盖章，法定代表人、委托代理人的签名盖章，双方的单位地址、开户银行、联系电话以及合同签订的日期；主体部分的条款也较具体，除工程范围、工程造价、工程竣工时间等条款写得明确具体外，对发包方、承包方应承担的义务，工程质量，违约责任等也写得具体明白，从而为合同的顺利履行奠定了基础。

三、任务要求

1. 建筑工程施工合同的写作要点
（1）工程的名称、地点、范围、面积等；
（2）开、竣工日期；
（3）合同履行期限；
（4）合同价款；
（5）双方当事人的权利义务；
（6）工程质量与验收；
（7）合同的变更；
（8）风险、责任和保险；
（9）工程保修；
（10）索赔和争议的处理；
（11）违约责任

2. 双方当事人的权利义务：
发包人一般应承担以下义务：
（1）按照约定向承包人支付工程款；
（2）向承包方提供现场；
（3）协助承包方申请有关许可、执照和批准；
（4）如果发包方单方要求终止合同后，没有承包人的同意，在一定时期内不得重新开始实施该工程。

承包人一般应承担以下义务：

（1）完成满足发包人要求的工程以及相关的工作；

（2）提供履约保证；

（3）负责工程的协调与恰当实施；

（4）按照发包人的要求终止合同。

四、实训操作

1. 仔细阅读下面这份教学楼施工合同，指出存在的不足之处，并试加以修改。

幸福乡罗庄希望小学教学楼施工合同

甲方：幸福乡人民政府

乙方：××市第一建筑公司

为切实改善我乡办学条件，乡政府在罗庄小学校园内兴建希望小学教学楼一幢，遵照平等自愿、公平和诚实信用的原则，现将本工程承包给乙方施工，双方就本建设工程施工事项协商一致，订立本合同：

一、工程概况

本工程二层砖混结构，建筑面积730平方米。

二、工程承包范围及承包价格

1. 承包范围：工程建筑按设计图纸施工。包括场地平整、房屋电、卫生间自来水安装大包干，承包给乙方施工。

2. 承包价格：工程总造价388 860元人民币。

三、开工及完工时间

2009年11月10日开工，2010年6月15日竣工。

四、乙方采购所需建筑材料应有出厂合格证，并经二次检验合格。否则不予使用，并由乙方自负损失。

五、乙方必须按设计要求施工，确保工程质量和工程进度，甲方负责三通一平后，施工期用水、用电、行路及各种所需材料乙方自行解决。

六、乙方保证按期完工，如中途停工，赔偿甲方一切经济损失。

七、乙方应严格按操作规程施工，出现人员伤亡事故一概由乙方负责。

八、未详尽处，均按设计图纸及有关建筑结构说明施工；主体工程按图纸设计进行施工。

本合同一式叁份，甲、乙双方各执壹份，存档壹份。

甲方代表签字：×××　　　　　　乙方代表签字：×××

2. 请根据以下情况，编制一份《建筑安装工程承包合同》。

2012年6月3日，××公司委托××建筑公司承建位于杭州市××路30号××宾馆土建及室内装饰装修项目工程（具体范围见预算书、有关投标文件及工程量清单）。

承包方式为：包工、包料。同时双方约定本工程不得分包。合同工期为290天（日历天数），其中土建150天，装饰装修140天，开工日期为承包人提交施工组织计划后7天，具体时间由发包人书面予以通知。工程进度达到50%以前，发包人按每月完成工程量付进度款，当工程进度累计超过50%时，每次按当月完成工程量的50%付款；延期竣工的，每逾期一天，由承包人按工程造价付给发包人每日万分之三的罚金；发包人不按期支付工程款或逾期组织竣工验收，从逾期次日起，由发包人向承包人按照拖欠数额每日万分之三支付违约金。合同价款为5 000万元，其中土建部分3 500万元，装饰装修部分1 500万元。承包人提供施工方案和进度计划的时间为未进场后三天内。因发包人原因造成的工程停建、缓建，承包人应书面向甲方报告，双方协商解决因工程停建、缓建给承包人所造成损失的补偿。工程质量达不到竣工一次验收合格，承包人承担200万元的违约金，违约金由从承包人应得的工程款中扣除。因质量不符合要求所产生的返工费用均由承包人负担，如返工仍然达不到合格标准，承包人还应承担该项目价款（质量不达标项目价款）20%的惩罚性违约金，等等。

【知识拓展】建筑工程施工合同的特点

建设工程施工合同原为承揽合同的一种，但是它除具有一般承揽合同的特征以外，还具有一些自己的特点：

（1）合同主体一般为法人。由于工程建设的特殊性，及有关工程建设法律、法规的要求，发包人一般只能是经过批准建设工程的法人，承包人一般也只能是具有勘察、设计、施工资格的法人。

（2）合同"标的物"特殊性。合同标的仅限于工程的建设，即比较大的复杂的土木建筑，主要是各类建筑物，不同于一般的承揽合同。

（3）合同履行周期长。由于建筑产品的体积庞大，结构复杂，建造周期都较长，不同用途、不同专业特点的建设工程工期长短也不同，少则几个月，多则数年。

项目八　化工类文书

学习目的与要求

通过本项目三个任务的学习，了解化工类文书相关知识，特别是对生产记录、检修计划和事故分析报告的概念、写法有更深入的了解，并能进行具体的运用。

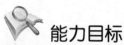
能力目标

1. 了解生产记录的基本知识和要求；
2. 了解检修计划的基本知识和要求；
3. 了解事故分析报告的基本知识和要求。

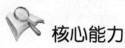
核心能力

通过学习，能够掌握生产记录、检修计划和事故分析报告的基本知识和写法。

任务一　记录填写（生产记录）

一、任务导入

（一）生产记录的概念

这里主要是对化工生产记录进行阐述。化工生产记录是生产过程的原始档案和客观记载，是生产成本核算、工艺技术评价、技术改变、事故分析等工作的重要依据。化工生产记录包括生产岗位记录和生产调度记录。

（二）生产记录的示例

生产记录表

日期	交接时间	交接内容（未完成事项）	签名	备注

 知识拓展

生产记录的要求是——
（1）使用蓝色或黑色钢笔，根据记录项目和时间要求填写；
（2）填写记录，字迹必须清楚、工整，不得涂改，项目完整；
（3）生产记录必须按时填写，不得事后补追记；
（4）生产记录严禁涂改、伪造数据；
（5）认真填写交（接）班的内容并由当班者签字，不得由他人代签；
（6）生产记录按日收集，分岗位按月装订成册，妥善保存。生产记录的格式，因产品、原料和工艺路线不同而异。

任务二　检修计划

一、任务导入

检修计划的概念：
检修计划是检修工作顺利进行和完成的有力保障，检修主要涉及设备，每年12月份前要由车间主任、设备员对设备进行调查研究（查阅台账资料、现场检查和听取有关检修人员、运行人员的意见等），在此基础上拟订下年度的检修计划，以保障生产的正常启动。

二、任务要求

检修计划的结构：
检修计划主要包括标题、正文。标题包括事由和文种，如"2015年度综合检修计划"。在写正文时要写明组织领导、检修项目、检修内容、检修要求以及检修计划表。

三、检修计划的示例

潍坊高信化工科技有限公司

年度综合检修计划

批准：

审核：

编制：

二〇一四年一月

2014 年度综合检维修计划

为保证公司 2014 年安全生产目标的顺利完成,保障公司的生产活动安全、有序、高效运行,保证生产设备正常运行,避免发生意外设备事故和伤害事故,提高设备的使用寿命和劳动生产效率,每年定期对公司生产区域的设备进行定期检查维修,以防机械故障或事故等给公司带来不必要的损失,经公司相关人员研究特制定本年度检维修计划。

一、组织领导

本公司组建以总经理为组长,安全科、生产车间、维修小组负责人为成员的检维修小组,实施本厂检维修工作。维修小组负责对检修期间的生产活动进行协调和检维修方案的编制及检维修工作;安全科对检修现场的作业安全进行监督。生产车间对生产设施的检维修情况进行监督和检维修现场的交叉作业进行协调,车间对自己所管辖区域的检维修作业进行管理。

二、检维修项目

公司年产 10 000 吨氯化聚氯乙烯树脂、2 000 吨高氯化聚乙烯树脂、10 000 吨氯化聚乙烯树脂、2 000 吨氯化聚氯乙烯粒料和 2 000 吨聚氯乙烯粒料生产项目中的工艺设备,机械设备,安全装置、设施等。

三、检维修内容

1. 工艺设备的清理
(1) 反应釜、水洗釜、中和釜、离心机、干燥床、混料机等设备;
(2) 电机、减速机、离心机等设备;
(3) 空压机等设备;
(4) 锅炉。
2. 机械设备的清理
(1) 变压器等电器设备;
(2) 污水处理装置;
(3) 冷却循环水系统;
(4) 升降机、行车;
(5) 空气压缩机。

3. 安全装置、设施

（1）压力表、温度计、安全阀、防爆开关；
（2）气体浓度报警系统；
（3）监控系统、应急灯；
（4）消防器材及消防供水系统、洗眼器、应急救援设备；
（5）防雷、防静电装置；
（6）仓库、车间通风系统；
（7）安全标志标识。

四、检维修要求

1. 检修工、电工等检修人员在检修设备前必须做好以下工作：
（1）必须熟悉设备检修内容，工艺过程、质量标准和安全技术措施，保证检修质量和安全。
（2）设备检修前要将检修用的备件、材料、工具、量具、设备和安全保护用具，准备齐全，并列好清单以免丢失或遗落。
（3）作业前要对作业场所的施工条件进行认真的检查，以保作业人员和设备的安全。
（4）作业前要检查各种工具是否完好，否则不准使用。
2. 维修人员对所负责范围内的设备日检及班检的范围内必须遵守巡回检查和日常检修制度：
（1）检查所维修的设备零部件是否齐全完好可靠。
（2）对设备运行中发现的问题，要及时进行检查处理。
（3）对设备保护装置要定期调整试验，确保安全可靠。
（4）检查设备各部位液压油量、油质和润滑油量、油质应符合规定要求。
（5）按时对所规定的维护检修，不得漏检、漏项。
3. 拆下的机件要放在指定地点，不得有妨碍作业和通行，物件放置稳妥。
4. 设备经检修工作后，应进行试运转。

2014年度检维修计划表

序号	检维修时间	检维修内容	检维修方案	人员	安全措施要求	质量要求	进度要求
1	2014年3月	防雷检测	1. 严格执行作业前检查工作； 2. 各车间需积极配合，相互协作	安环部负责（外检）	1. 涉及安全作业内容必须办理安全作业票及相关检测； 2. 严格执行检维修制度，按照检维修操作规程执行	达到防雷要求	2014年3月28日前全部完成

续表

序号	检维修时间	检维修内容	检维修方案	人员	安全措施要求	质量要求	进度要求
2	2014年3月	蒸汽管道改造	1. 严格安全作业证制度，改前停车；2. 各车间积极配合，安全部门负责协助及技术指导工作	维修班（各车间人员协助）	1. 各人员必须穿戴相应的劳动防护用具方可进行相关的作业；2. 严格执行检维修制度，按照检维修操作规程执行。	管道达到要求高度	2014年3月28日前全部完成
3	2014年4月	安全阀检验	1. 严格执行作业前检查工作；2. 各车间需积极配合，相互协作	安环部负责（外检）	1. 涉及安全作业内容必须办理安全作业票及相关检测；2. 严格执行检维修制度，按照检维修操作规程执行	按要求检验	2014年4月28日前全部完成
4	2014年5月	车间管道防腐	1. 严格执行作业前检查工作；2. 严格安全作业证制度	维修班（外聘）	1. 各人员必须穿戴相应的劳动防护用具方可进行相关的作业；2. 涉及安全作业内容必须办理安全作业票及相关检测	工作正常无隐患	2014年10月28日前全部完成
5	2014年7月	锅炉外检	1. 严格执行作业前检查工作；2. 各车间需积极配合，互相协作	安环部（外检）	严格执行检维修制度，按照检维修操作规程执行	1. 整洁完好，无故障；2. 设备完整无缺陷，工作正常无隐患	2014年7月2日前检验
6	2014年8月	1. 各车间设备、管道检查，更换废旧管道、阀门、垫片等部件；2. 锅炉更换废旧阀门、管道、垫片、螺栓等部件；3. 车间更换离心机筛网	1. 严格执行作业前检查工作；2. 严格安全作业证制度，拆除管道、阀门前做好抽堵盲板、检验检测工作；3. 各车间主任负责本车间的安全检修工作，安全部门负责协助及技术指导；4. 各车间需积极配合，互相协作	维修班（各车间人员协助）	1. 各人员必须穿戴相应的劳动防护用具方可进行相关的作业；2. 涉及安全作业内容必须办理安全作业票及相关检测；3. 严格执行检维修制度，按照检维修操作规程执行；4. 严格遵守劳动纪律，严禁在车间内吸烟、打电话等不安全行为	1. 整洁完好，无故障；2. 焊接牢固，无跑冒滴漏现象；3. 设备完整无缺陷，工作正常无隐患	2014年8月25日前全部完成

续表

序号	检维修时间	检维修内容	检维修方案	人员	安全措施要求	质量要求	进度要求
7	2014年10月	锅炉内检	1. 严格执行作业前检查工作； 2. 严格安全作业证制度，拆除管道、阀门前做好抽堵盲板、检验检测工作； 3. 各车间需积极配合，相互协作	安环部负责（外检）	1. 各人员必须穿戴相应的劳动防护用具方可进行相关的作业； 2. 涉及安全作业内容必须办理安全作业票及相关检测； 3. 严格执行检维修制度，按照检维修操作规程执行； 4. 严格遵守劳动纪律，严禁在车间内吸烟、打电话等不安全行为	1. 整洁完好，无故障； 2. 设备完整无缺陷，工作正常无隐患	2014年10月18日前完成
8	每天	各车间巡视检查，出现问题实施解决	更换或补充	各班长	与维修部门协调维修方案	完好无故障	实时
9	每季度	反应釜、中和釜、水洗釜、电机、干燥床、离心机等清理清洁、保温材质维护保养	整洁清理，加润滑油等	各班长	出现故障立即通报车间	完好无故障	每季度前
10	每季度	配电系统、循环水系统、空压机、升降机、行车等公共设施维护保养	调试	各班长	出现故障立即通报车间	完好无故障	每季度前
11	每月上旬	压力表、温度计、安全阀、防爆片维护保养	检测检验	各主任	出现故障立即通报车间	完好无故障	每月10日前

续表

序号	检维修时间	检维修内容	检维修方案	人员	安全措施要求	质量要求	进度要求
12	每月中旬	气体浓度报警系统、应急设施维护保养检查	检测检验	各主任	出现故障立即通报车间	完好无故障	每月20日前
13	每月下旬	消防设施、防雷防静电设置维护保养	检测检验	各主任	出现故障立即通报车间	完好无故障	每月30日前

任务三　事故分析报告

一、任务导入

事故分析报告的概念：
事故分析报告是对公司或企业在发生重大事故后对事故分析会所做的会议纪要。

二、任务要求

（一）事故分析报告的结构

一般包括标题、正文和落款三个大类。

1. 标题
标题包括事由和文种。如"化学气体爆炸事故分析报告"等。

2. 正文
正文部分要交代事故经过，其中包括时间、地点、人物和事物导致的结果等；对事故原因要深入分析，分析造成事故的主要原因、次要原因，并说明理由；写出吸取的教训和整改措施；对事故进行定性，分析责任并提出考核意见。

3. 落款
一般包括分析人的姓名和成文日期。

（二）事故分析报告的示例

示例一

加油站火灾事故的成因及应采取的预防对策

随着我国经济的持续高速发展，汽车、拖拉机、摩托车等机动车迅速成为与工业、农业、第三产业及人们的日常生活中的重要运输、交通工具。随之对燃料油的需求迅速膨胀，一大批加油站在飞速发展的城市街道、在四通八达的公路两侧、在脱贫致富的乡镇如雨后春笋般出现。从加油站管理的角度上，加油站作业频繁，且流动车辆多，人员来往复杂，稍有不慎，易燃、易爆的油品及作业过程中挥发出的油气都可能因打火机、烟头、电气火花、静电等引发火灾、爆炸事故。

由于加油站火灾事故具有突发性、高热辐射性、燃烧与爆炸交替发生，特别是由于燃烧过程中油气浓度不断变化，使得燃烧和爆炸不断相互转化，火情不断扩大，而在火灾初期只能依靠站内自救，扑救非常困难，这就会造成难以估量的人员伤亡和经济损失。特别是地处繁华市区的加油站，发生着火爆炸，极有可能造成群死群伤的重大恶性伤亡事故，给无辜的人们带来巨大的创伤。所以，加强对加油站的安全防范迫在眉睫。

一、加油站火灾事故的成因分析

1. 加油站的建设存在先天性隐患。加油站建设不按照国家标准规定进行建设，就会造成防火间距不足、建筑物耐火等级不够、电器设备不防爆等严重威胁加油站安全的先天性隐患。

2. 操作人员文化素质低。加油站许多工作人员都是就近雇佣的临时工，这些人员的文化水平低，不能对油品的易燃特性、静电防护等知识灵活地掌握，以致无法具备较高的操作水平，特别是辨识危险、防范火灾事故的能力。

3. 从业人员安全技能差。加油站的负责人只要求其员工能够进行基本的加油操作，而不能对其进行系统的技能培训，使得职工安全知识严重不足，对设备往往知其然而不知其所以然，对许多动态变化的情况不能及时觉察其中的危险，不能将火灾事故消灭在萌芽当中，发生了火灾事故，又不能及时准确地控制，从而造成初期火灾事故的恶化。

4. 安全管理粗放，"重效益、轻安全"思想严重。许多加油站地处偏远，在日常的生产经营中，主要是依靠自主管理，缺乏有效的监控，便形成了管理上的粗放。还有一些加油站负责人，自身文化水平低，安全知识缺乏，安全意识难以提高到位，即便想管又不会管，安全管理只能是基于常识下的粗放式管理。粗放式的管理让一些本应建立的制度没有建立，本应落实的制度得不到落实，从而引发本不该发生的事故。更有一些加油站经营者"一切向钱看"，舍不得安全投入，以至一些重大隐患得不到彻底整改。

5. 汽车油罐车采用敞口式卸油方式，且卸油台的静电接地装置不合格。按照规定，加油站卸油作业必须采用密闭卸油系统；以防油气挥发、静电积聚等诱发爆炸事故。然而，一些加油站为了节省资金，仍冒险采用严禁使用的敞口卸油方式，从而引发了火灾事故。

6. 防雷、防静电措施不到位。《汽车加油加气站设计与施工规范》GB 50156 – 2002 第 10.2.1 条规定："油罐、液化石油气罐和压缩天然气储气瓶组必须进行防雷接地，接地点不应少于两处。"防雷接地电阻不应大于 10ω；第 10.3.2 条规定："加油加气站的汽油罐车和液化石油气罐车卸车场地,应设罐车卸车时用的防静电接地装置,并宜设置能检测跨接线及监视接地装置状态的静电接地仪。"防静电接地装置的接地电阻不应大于100ω。加油站在建站施工中因为经费紧张或安全管理意识缺乏的缘故,要么缺少防雷、防静电装置,要么有装置但是没有经过资质部门检验合格后再使用,防雷、防静电措施不能满足安全需要。

7. 油罐防腐处理不合格。加油站油罐外表面的防腐设计不符合国家现行标准《钢质管道及储罐腐蚀控制工程设计规范》SY 0007-1999 的规定,没有采用不低于加强级的防腐绝缘保护层。个别加油站为了提高站内绿化美化效果,在埋地油罐上方表土种菜、养花,这种做法加速了地下油罐的腐蚀损坏,缩短了油罐的使用寿命。

8. 储油罐没有设带有高液位报警功能的液位计。由于在卸油前没有计量容器、计量有误或卸油时没有人在现场监视,经常会造成冒油,使油蒸气与空气形成爆炸性混合气体,遇火源将引起大火。

9. 违章操作。操作人员未严格执行安全操作规程,违章操作。如操作人员操作时不穿防静电工作服、鞋,违章给塑料桶加油,卸油速度过快,检修作业常常需要动火,油罐及其装油设备未清理、置换或未彻底清除就检修动火,等等,引发火灾爆炸事故。

10. 电气设备不符合安全要求

很多加油站的营业室及值班室内的照明线路不按要求敷设,不使用防爆灯具、防爆开关或安装不规范。有的加油站虽然在建设时采用了防爆电器,但后期管理上不严格按照要求使用,私自乱接乱拉电线导致防爆电器失去了应有的作用。

二、加油站火灾事故的预防对策;针对上述火灾事故的成因,加油站火灾事故的预防工作应着重从以下几方面入手:

1. 加强对从业人员的安全意识教育。良好的安全意识是搞好安全生产的基础。安全意识低,就不会主动地去学习安全知识,不能提高安全技能、履行安全职责,而且,有些人还会错误地把对安全生产的要求当成是影响正常作业的累赘,从而产生抵触情绪,以致让安全生产责任制、安全技术操作规程等得不到落实,事故的发生自然成为必然。因此,必须通过事故案例、安全法规等教育,使员工建立良好的安全意识,具有抓好安全工作的主动性。

2. 加强从业人员的安全技能教育。良好的安全操作和防范事故的技能,是实现安全生产的关键。安全生产要搞好,光凭良好的愿望、满腔的热情是不够的,只有操作人员对相关安全基础知识能够全面地了解,熟练掌握了安全技能技术操作规程,对作业过程中出现的事故险兆能够及时发现、科学处理,才会有效避免事故的发生。对从业人员的教育培训,在注重专业性教育的同时,必须注重系统性教育,也就是对操作人员,不能只简单地讲解应当如何做的操作规程条款,还应讲解为何如此要求的原理性问题,让操作人知其然,知其所以然。这样不仅有利于他们更扎实地掌握操作规程,而且,特别有利于他们处理一些突发异常问题、及时化解险情,有利于他们进行创造性地改进作业。

3. 加强工艺系统改造和硬件配置。先进的工艺、设备是提高本质安全可靠性的重要手段。如密闭卸油系统、加油加气回收系统会从根本上避免油气的挥发泄漏，消除爆炸性混合气体，从而消除油气爆炸事故的发生。但是由于硬件改造需要投入资金，一些人只算经济账，不算安全账，依然采用严禁使用的敞口式卸油，这自然就大大增加了事故发生的概率，一旦事故发生，伤人毁物，得不偿失。同样，配置高液位报警、可燃气体报警等安全装置，是用科技手段来预防事故的发生，这些硬件的配置，会改变靠眼看、手摸、鼻闻等落后的"经验"检查方式，用高稳定性的全天候动态检测，把不安全因素提前发现报警，险情自然会得到及时处置，从而有效避免事故发生。因此，严格按照国家的标准、规定改造工艺、配置设备，对于提高加油站的本质安全至为重要。

4. 加强消防安全监督管理。建立健全了各项安全生产规章制度，最为重要的是要落到实处。规章制度的落实，首先是要靠员工建立良好的安全意识，具备良好的安全技能，形成良好的操作习惯；其次，还要依靠严格的监管，依靠管理部门采取不同的奖惩形式，保障各项安全规章制度的落实。在当前加油站从业人员总体受教育程度偏低。责任意识差、操作技能低等因素的现状下，加强加油站的消防安全监督管理是保障各项安全规章制度全面落实的有力举措。对那些不具备安全生产条件、违章作业、管理混乱的现象，必须严厉纠正，该停业的停业，该整改的整改、该处罚的处罚，决不手软。

总之，随着我国经济的持续快速发展，汽车拥有量的迅猛增加，加油站无论从数量上，还是从规模上都会有很大的增长，并在人们的日常生活和国民经济建设中发挥越来越重要的作用。这就要求必须确保加油站的安全运营，从而为人们的安居乐业、幸福生活和经济建设的健康发展提供强有力的保障。

示例二

安全事故分析报告

江门市某高级烟花厂发生特大爆炸事故，死亡37人（其中男7人，女30人），重伤12人；损毁厂房、民房、仓库10 200平方米和一批设备、原材料，直接经济损失3 000万元。本文分析了江门市某高级烟花厂基本情况、事故发生的经过和原因，总结教训并提出相应改进措施。

二、事故分析

江门市某高级烟花厂发生特大爆炸事故，死亡37人（其中男7人，女30人），重伤12人，损毁厂房、民房、仓库10 200平方米和一批设备、原材料，造成直接经济损失3 000万元。

（一）江门市某高级烟花厂基本情况

江门市某高级烟花厂位于该市江海区外海镇麻一管理区，距市区中心约5公里的山坳里，占地面积2万平方米，建筑面积3 700平方米。该厂建于1992年，1993年年底投产，是经江门市工商局注册登记的全民所有制企业。企业法人代表先后由江门市土某公司总经理罗××、梁××担任，证照齐全。但该厂建成后即一直租赁给港商张××经营至出事前，某公司一直没有参与经营管理。1999年烟花产量8.87万箱，产品全部出口，创汇额达 127 万美元。

(二) 事故发生的经过和原因

1. 事故发生经过

经事故现场勘察和调查询问及专家组调查实验分析，此次事故可以排除自然灾害和人为故意破坏原因，已认定是包装二车间装配工万某（男，现年 24 岁）操作不当所致。对此，万某本人也已承认。当天上午 8：05，万某用气动钉枪对一枚火箭烟花进行装配时，连打两钉都错位，意外引燃所装配的火箭烟花。此时工人丁某（已死亡）正领料路过该处，火箭烟花引燃其手推车上的原料，并引爆了包装二车间内大量待组装的火箭烟花半成品及成品，致使大量火箭烟花四处飞蹿，从而引爆了装配车间的成品、半成品；巨大冲击波又引爆了原料库和半成品库内的易燃易爆物品，形成殉爆。爆炸总药量约 7 吨 tnt 当量（相当于 15 吨黑火药），整个厂区瞬间被炸成废墟。万某本人发现烟花爆燃即迅速逃生，受重伤，后经治疗，现已批捕归案。

2. 事故原因

a. 事故直接原因

(1) 装配工万某操作不当。万某于爆炸事故发生前一个多月（5 月 24 日）经在该厂做工的哥哥（已在事故中死亡）介绍进厂，在事故发生前 3 天未经培训就被安排到包装二车间装配岗位打气钉。在当天作业中，万某由于操作不当，气钉打错位置引燃火箭，以致发生燃爆。

(2) 擅自扩建厂房、改变部分厂房用途。1993 年初，厂方未按有关规定报建，擅自在包装车间和原料库之间的空地上扩建 4 幢装配车间，破坏了原有的安全间距，使工房与火药库之间的安全距离由原来的 49.5 米缩至 13 米；后又擅自将其中两幢装配车间改成半成品仓库，使包装车间、半成品仓库到原料库连成一线，埋下一旦爆炸殃及全厂的严重隐患。

(3) 厂内原料和成品、半成品存放量过大。此次爆炸经专家鉴定爆炸总药量约为 15 吨黑火药，证明该厂原料、成品、半成品存放量大大超过原江门市公安消防部门核准的 1.5 吨的火药储量。

(4) 盲目扩大生产规模，超编制招用大批工人。该厂年产量从报建设计的 5 万箱增至 1999 年实际产量 8.87 万箱，职工人数从立项时核定的 42 人增至事故前 229 人。生产规模扩大、人员密集而厂区面积没变，致使这次爆炸事故发生时造成重大人员伤亡。

b. 事故间接原因

(1) 厂方安全生产制度不健全，责任不到位。该厂不但擅自扩建厂房、严重超量存放原料、违规扩大生产规模，而且不按安全规范组织生产。厂内的安全生产制度不健全，责任不落实；新工人上岗前不经安全培训教育，尤其是带药生产工序人员也不经安全培训考核就安排上岗；工厂没有按规定设立安全管理员。该厂投产后曾发生过安全生产事故，但都未能引起足够重视。特别是"3·11"江西萍乡烟花爆炸事故发生后，厂方仍无动于衷，没有及时采取措施消除事故隐患。

(2) 江门某公司有关领导严重失职，租赁后长期放弃对烟花厂生产经营、安全生产的监管。某高级烟花厂是江门市某公司以创办出口创汇基地为由，于1992年成立的全民所有制企业。该厂建成后即租赁给港商张梓源经营，但一直以某公司名义申领各种证照。某公司领导虽然仍作为工厂法人代表，却长期放弃对工厂生产经营、安全生产的监管。特别是在安全生产方面依赖港商管理，对港商违反安全生产规定、不断扩大生产规模、擅自加建厂房的行为知情而不予制止，使事故隐患不断扩大。

　　(3) 有关职能部门把关不严，监督检查不力。

　　江门市外经贸委没有履行安全生产管理职能。江门市外经贸委作为市某公司及其高级烟花厂的行政主管部门，对某高级烟花厂存在的诸多严重隐患早已发现，但未予及时制止。在没有到该厂进行安全检查和要求该厂提供有关报批材料的情况下，就在该厂上报的许可证审批表中加具意见，使该厂得以通过有关部门的审批，从而在隐患严重的条件下继续生产。

　　江门市工商行政管理局管理不到位。江门市某高级烟花厂由港商租赁，经营权发生变化长达8年之久，而市工商局一直未能发现且年年给予通过年审，致使港商能够利用全民所有制企业的一系列政策，尤其是把营业执照用于办理易燃易爆安全生产许可证。

　　省、市公安机关审批把关不严。省公安厅治安处对烟花爆竹安全生产许可证核发把关不严。1993年2月，江门市某公司没有按烟花生产企业标准上报设计方案，虚报原料仓库最高储存量为15吨，省公安厅治安处未按有关规定进行审核和验收，就同意按15吨的储存量核发许可证，使该厂原料仓比江门市公安消防部门原核定不得超过1.5吨的最高储存量扩大了10倍；1998年2月，换发许可证时，仍不认真审核，未能发现问题。江门市公安局在审核某高级烟花厂购买国家控制的民爆物品时把关不严，厂方申报多少就批多少，在爆炸事故发生的当月就违规批准其购买了40吨（其中：黑火药、发射药各10吨）。

　　有关监督部门（包括市公安局、江海公安局、麻园派出所、市安委办）平时监督检查只检查防火、防盗而忽视检查防爆隐患。上述部门自该厂投产以来，每年都检查多次，但没有一次能对该厂厂房布局不合理、超量存放原料这两大重大隐患提出整改意见。可见，这些部门的检查工作马虎，管理不到位，有关人员缺乏必要的专业知识。1993年8月18日，市消防部门检查该厂时，曾发现该厂违规扩建厂房，也提出了"新增建的工房马上补办报建手续，按消防要求，如不合格，应立即停止使用"的整改意见，并将整改意见分别发给市外经贸委、原郊区公安分局、某公司、某高级烟花厂，但有关部门都没有督促落实。

　　江海区外海镇建委报建审批把关不严。1993年某高级烟花厂建成投产后，外海镇建委不按规范要求的距离，批准在紧邻某高级烟花厂西南方建起飞龙机械厂等3家工厂和45间（座）民房，致使这次爆炸波及某高级烟花厂外部分厂房和民房，增大了伤亡和经济损失。

　　综上所述，江门"6·30"特大爆炸事故是江门市某高级烟花厂、江门某公司及有关职能部门违反有关法规和制度而酿成的重大责任事故。

(三) 教训和改进措施

"6·30"特大爆炸事故造成伤亡惨重，教训惨痛。这说明我省一些地方、一些企业，对安全生产不重视，"要钱不要命"，措施不落实，安全管理存在不少漏洞。我们应当痛定思痛，认真吸取"6·30"特大爆炸事故的惨痛教训，举一反三，以更加坚决的态度，采取更有力措施，把安全生产工作落到实处。

1. 必须从讲政治的高度重视抓好安全生产工作

江门"6·30"事故的发生绝非偶然，归根到底是我们的一些领导干部和国家机关工作人员，缺乏对国家对人民负责的精神，对人民群众生命财产安全麻木不仁失去人民公仆本色的一个表现。通过对"6·30"事故的教训总结，通过对事故责任人的查处，通过重新学习江总书记关于安全生产工作的一系列重要批示，要使全省各地、各部门、各企业充分认识到安全生产工作关系到国家和人民生命财产安全，关系到人民群众的切身利益，关系到经济的健康发展和社会稳定，从而确立安全第一的思想，把抓好安全生产放在首要位置。各级领导、各主管部门，要时时刻刻以党和国家的利益为重，以人民生命财产为重，以社会安定为重，切实抓好安全生产，落实安全生产责任，把全社会的安全事故控制在最小范围。

2. 必须严格按国家设计安全规范进行布局和建设企业

尤其对容易发生事故的行业，在厂房布局、生产工艺、包装、运输、管理等方面，都必须严格遵守国家有关规定。江门市某高级烟花厂1992年经有关部门审查批准建成后，为扩大生产，又于1993年3月份，未按有关规定报建批准，擅自在厂区内扩建了4幢装配车间；且随意扩大生产规模，严重超存原料，擅自改变部分厂房用途，造成从包装车间、半成品仓库到火药库形成了连成一线的危险源，以致事故发生时引起一连串的爆炸，大量人员伤亡，教训是极为深刻的。今后对烟花爆竹生产企业，政府有关职能部门必须严格按设计安全规范进行布局和建设，企业需要扩建、改建和改变厂房功能增加产量的，必须按国家有关规定报建报批，不得随意改建、扩建、扩大生产规模，不得改变原批准厂房的功能，以防出现新的事故隐患。根据我省珠江三角洲地区经济发展的情况，结合产业结构的调整方向，今后我省珠江三角洲地区和县城镇以上人口密集的城市，不再审批新的烟花爆竹企业；现已存在的，要限期关闭。对其他地区的烟花爆竹企业，要立即停业整顿，由公安部门会同有关部门按国家规范逐一重新审查，不符合安全生产条件的，要坚决关闭。对主管部门单方面批准投产和厂家未经批准而擅自改建、扩建和扩大生产规模，改变厂房功能以及政府有关部门不按规定审批的，无论是否造成严重后果，都要严肃处理。

3. 必须抓好安全生产责任制和安全生产培训教育工作

江门市某公司和某高级烟花厂安全生产规章制度不完善，责任制不明确。公司名义上有安全生产委员会，某高级烟花厂有1名分管防火工作的领导，但都没有配备专职安全生产管理人员，车间没有落实安全员，平时的安全生产工作无人管。安全生产培训教育工作不落实，管理者、操作者素质低。全厂229人中只有一名大专生，一名地市级审批的技术员，其他大多数工人只有小学文化程度。全厂无一人有操作证，工人一进厂就上岗操作，既无三级安全教育，也无专门的技术培训，连进厂七八年的工人都未接受过一次安全教育和操作培训。该厂过去先后发生过爆炸和火灾事故，但没能引以为戒，致使此次事故再次由工人操作不当而引发。今后，各级政府各部门、企业要认真抓好安全生产责任制的落实，要明确法人直至工人的安全生产责任，坚持对安全生产责任人实施考评；企业应建立健全安全生产工作档案，真实记录生产经营过程中的安全生产问题、采取的措施和处理结果；企业必须按规定配备专职、有资格的安全生产管理人员抓安全生产；对危险性大的岗位，操作人员必须持证上岗；对工人必须坚持先培训后上岗；安全生产监督管理部门要经常检查工人的培训情况，发现未经培训就上岗的，要追究企业负责人的责任。

4. 必须通力合作，共同对安全生产负责

江门某高级烟花厂从1992年起，就改变了经营性质，但一直以江门市某公司的名义报建、领取各种证照，而建设、公安、工商、外经贸委等部门并未深入了解情况。厂方未按有关规定报批，擅自扩建厂房，缩小了安全间距，已不符合烟花厂的生产条件，但是有关部门文件照批，证件照发，年审照审，火药超量购买照样允许。正因为各有关部门没有按规定认真履行职责，审查把关不严，监督不力，因而对某高级烟花厂存在重大事故隐患未能有效纠正、消除，终于酿成了"6·30"特大爆炸事故。这说明安全生产确实是一项系统工程，除了需要党政领导重视之外，各有关部门应认真履行职责，加强监督，严格把关。公安部门对生产许可证的发放、民爆物品采购应严格把关；建设部门对项目审查、建设、验收，规划部门对城建规划，工商行政管理部门对营业执照年审，企业主管部门对企业的报告申请审查签署意见都应严格把关，并应根据各自的职能，互相配合抓好企业的安全生产工作。

5. 必须在抓督查落实上下功夫

今年3月12日，江总书记对江西萍乡烟花爆竹厂爆炸事故做出了重要批示，省委、省政府3月14日立即召开全省安全生产工作会议进行传达，并要求立即开展对烟花爆竹生产企业的检查整顿。3月18日省政府办公厅又转发了国务院办公厅《关于加强烟花爆竹生产经营安全监督管理和清理整顿的紧急通知》，要求对有生产经营证、照的企业，重点检查厂区布局、生产设施、原材料采购、生产、储存、运输、销售等各环节执行国家有关规定、标准和安全规章制度的情况。江门市政府也曾做了部署和安排，对全市8家烟花爆竹厂进行了多次检查，包括对某高级烟花厂的检查，但工作不够落实，安全生产流于形式，对一些企业只是走马观花看表面，未能发现存在的重大事故隐患。今后安全生产检查应明确检查人员的责任，检查前要组织检查人员学习有关规定，熟悉有关知识。检查应以专业检查为主，综合型检查为辅。检查人员一定要认真履行职责，切实在狠抓落实上下功夫。各有关职能部门对专业检查要形成制度，把它作为一项长期的工作任务，按既定的检查表对照检查，坚持边检查、边整改的原则，防止安全检查走过场，以确保安全生产。要坚决反对传达有余，落实不足，照抄照转，不检查督促的官僚主义作风，必须在狠抓落实上下功夫，做到传达到位、思想到位、措施到位、落实到位。

三、总结

虽然我国化工行业近年有所发展，但是安全生产方面仍存在严重不足。如化工企业安全教育针对性不强，安全培训工作质量不高；从业人员素质低、安全意识和安全技能差，应急体系不健全，没有应急预案，违章作业现象严重。

所以，为实现安全生产，我们要严格落实五个"必须"，即必须从讲政治的高度抓好安全生产工作，必须严格按国家设计安全规范进行布局和建设企业，必须抓好安全生产责任制和安全生产培训教育工作，必须通力合作，共同对安全生产负责，必须在抓督查落实上下功夫。同时，要对从业人员进行教育以加强从业人员的责任感，从根本上杜绝安全隐患。

附录一：党政机关公文处理工作条例

（中共中央办公厅、国务院办公厅2012年4月16日发布）

第一章 总则

第一条 为了适应中国共产党机关和国家行政机关（以下简称党政机关）工作需要，推进党政机关公文处理工作科学化、制度化、规范化，制定本条例。

第二条 本条例适用于各级党政机关公文处理工作。

第三条 党政机关公文是党政机关实施领导、履行职能、处理公务的具有特定效力和规范体式的文书，是传达贯彻党和国家方针政策，公布法规和规章，指导、布置和商洽工作，请示和答复问题，报告、通报和交流情况等的重要工具。

第四条 公文处理工作是指公文拟制、办理、管理等一系列相互关联、衔接有序的工作。

第五条 公文处理工作应当坚持实事求是、准确规范、精简高效、安全保密的原则。

第六条 各级党政机关应当高度重视公文处理工作，加强组织领导，强化队伍建设，设立文秘部门或者由专人负责公文处理工作。

第七条 各级党政机关办公厅（室）主管本机关的公文处理工作，并对下级机关的公文处理工作进行业务指导和督促检查。

第二章 公文种类

第八条 公文种类主要有：

（一）决议。适用于会议讨论通过的重大决策事项。

（二）决定。适用于对重要事项做出决策和部署、奖惩有关单位和人员、变更或者撤销下级机关不适当的决定事项。

（三）命令（令）。适用于公布行政法规和规章、宣布施行重大强制性措施、批准授予和晋升衔级、嘉奖有关单位和人员。

（四）公报。适用于公布重要决定或者重大事项。

（五）公告。适用于向国内外宣布重要事项或者法定事项。

（六）通告。适用于在一定范围内公布应当遵守或者周知的事项。

（七）意见。适用于对重要问题提出见解和处理办法。

（八）通知。适用于发布、传达要求下级机关执行和有关单位周知或者执行的事项、批转、转发公文。

（九）通报。适用于表彰先进、批评错误、传达重要精神和告知重要情况。

（十）报告。适用于向上级机关汇报工作、反映情况，回复上级机关的询问。

（十一）请示。适用于向上级机关请求指示、批准。

（十二）批复。适用于答复下级机关请示事项。

（十三）议案。适用于各级人民政府按照法律程序向同级人民代表大会或者人民代表大会常务委员会提请审议事项。

（十四）函。适用于不相隶属机关之间商洽工作、询问和答复问题、请求批准和答复审批事项。

（十五）纪要。适用于记载会议主要情况和议定事项。

第三章　公文格式

第九条　公文一般由份号、密级和保密期限、紧急程度、发文机关标志、发文字号、签发人、标题、主送机关、正文、附件说明、发文机关署名、成文日期、印章、附注、附件、抄送机关、印发机关和印发日期、页码等组成。

（一）份号。公文印制份数的顺序号。涉密公文应当标注份号。

（二）密级和保密期限。公文的秘密等级和保密的期限。

涉密公文应当根据涉密程度分别标注"绝密""机密""秘密"和保密期限。

（三）紧急程度。公文送达和办理的时限要求。根据紧急程度，紧急公文应当分别标注"特急""加急"，电报应当分别标注"特提""特急""加急""平急"。

（四）发文机关标志。由发文机关全称或者规范化简称加"文件"二字组成，也可以使用发文机关全称或者规范化简称。联合行文时，发文机关标志可以并用联合发文机关名称，也可以单独用主办机关名称。

（五）发文字号。由发文机关代字、年份、发文顺序号组成。联合行文时，使用主办机关的发文字号。

（六）签发人。上行文应当标注签发人姓名。

（七）标题。由发文机关名称、事由和文种组成。

（八）主送机关。公文的主要受理机关，应当使用机关全称、规范化简称或者同类型机关统称。

（九）正文。公文的主体，用来表述公文的内容。

（十）附件说明。公文附件的顺序号和名称。

（十一）发文机关署名。署发文机关全称或者规范化简称。

（十二）成文日期。署会议通过或者发文机关负责人签发的日期。联合行文时，署最后签发机关负责人签发的日期。

（十三）印章。公文中有发文机关署名的，应当加盖发文机关印章，并与署名机关相符。有特定发文机关标志的普发性公文和电报可以不加盖印章。

（十四）附注。公文印发传达范围等需要说明的事项。

（十五）附件。公文正文的说明、补充或者参考资料。

（十六）抄送机关。除主送机关外需要执行或者知晓公文内容的其他机关，应当使用机关全称、规范化简称或者同类型机关统称。

（十七）印发机关和印发日期。公文的送印机关和送印日期。

（十八）页码。公文页数顺序号。

第十条　公文的版式按照《党政机关公文格式》国家标准执行。

第十一条　公文使用的汉字、数字、外文字符、计量单位和标点符号等，按照有关国家标准和规定执行。民族自治地方的公文，可以并用汉字和当地通用的少数民族文字。

第十二条　公文用纸幅面采用国际标准 A4 型。特殊形式的公文用纸幅面，根据实际需要确定。

第四章　行文规则

第十三条　行文应当确有必要，讲求实效，注重针对性和可操作性。

第十四条　行文关系根据隶属关系和职权范围确定。一般不得越级行文，特殊情况需要越级行文的，应当同时抄送被越过的机关。

第十五条　向上级机关行文，应当遵循以下规则：

（一）原则上主送一个上级机关，根据需要同时抄送相关上级机关和同级机关，不抄送下级机关。

（二）党委、政府的部门向上级主管部门请示、报告重大事项，应当经本级党委、政府同意或者授权；属于部门职权范围内的事项应当直接报送上级主管部门。

（三）下级机关的请示事项，如需以本机关名义向上级机关请示，应当提出倾向性意见后上报，不得原文转报上级机关。

（四）请示应当一文一事。不得在报告等非请示性公文中夹带请示事项。

（五）除上级机关负责人直接交办事项外，不得以本机关名义向上级机关负责人报送公文，不得以本机关负责人名义向上级机关报送公文。

（六）受双重领导的机关向一个上级机关行文，必要时抄送另一个上级机关。

第十六条　向下级机关行文，应当遵循以下规则：

（一）主送受理机关，根据需要抄送相关机关。重要行文应当同时抄送发文机关的直接上级机关。

（二）党委、政府的办公厅（室）根据本级党委、政府授权，可以向下级党委、政府行文，其他部门和单位不得向下级党委、政府发布指令性公文或者在公文中向下级党委、政府提出指令性要求。需经政府审批的具体事项，经政府同意后可以由政府职能部门行文，文中须注明已经政府同意。

（三）党委、政府的部门在各自职权范围内可以向下级党委、政府的相关部门行文。

（四）涉及多个部门职权范围内的事务，部门之间未协商一致的，不得向下行文；擅自行文的，上级机关应当责令其纠正或者撤销。

（五）上级机关向受双重领导的下级机关行文，必要时抄送该下级机关的另一个上级机关。

第十七条 同级党政机关、党政机关与其他同级机关必要时可以联合行文。属于党委、政府各自职权范围内的工作，不得联合行文。

党委、政府的部门依据职权可以相互行文。部门内设机构除办公厅（室）外不得对外正式行文。

第五章 公文拟制

第十八条 公文拟制包括公文的起草、审核、签发等程序。

第十九条 公文起草应当做到：

（一）符合国家法律法规和党的路线方针政策，完整准确体现发文机关意图，并同现行有关公文相衔接。

（二）一切从实际出发，分析问题实事求是，所提政策措施和办法切实可行。

（三）内容简洁，主题突出，观点鲜明，结构严谨，表述准确，文字精练。

（四）文种正确，格式规范。

（五）深入调查研究，充分进行论证，广泛听取意见。

（六）公文涉及其他地区或者部门职权范围内的事项，起草单位必须征求相关地区或者部门意见，力求达成一致。

（七）机关负责人应当主持、指导重要公文起草工作。

第二十条 公文文稿签发前，应当由发文机关办公厅（室）进行审核。审核的重点是：

（一）行文理由是否充分，行文依据是否准确。

（二）内容是否符合国家法律法规和党的路线方针政策，是否完整准确体现发文机关意图，是否同现行有关公文相衔接，所提政策措施和办法是否切实可行。

（三）涉及有关地区或者部门职权范围内的事项是否经过充分协商并达成一致意见。

（四）文种是否正确，格式是否规范；人名、地名、时间、数字、段落顺序、引文等是否准确；文字、数字、计量单位和标点符号等用法是否规范。

（五）其他内容是否符合公文起草的有关要求。

需要发文机关审议的重要公文文稿，审议前由发文机关办公厅（室）进行初核。

第二十一条 经审核不宜发文的公文文稿，应当退回起草单位并说明理由；符合发文条件但内容需做进一步研究和修改的，由起草单位修改后重新报送。

第二十二条 公文应当经本机关负责人审批签发。重要公文和上行文由机关主要负责人签发。党委、政府的办公厅（室）根据党委、政府授权制发的公文，由受权机关主要负责人签发或者按照有关规定签发。签发人签发公文，应当签署意见、姓名和完整日期；圈阅或者签名的，视为同意。联合发文由所有联署机关的负责人会签。

第六章 公文办理

第二十三条 公文办理包括收文办理、发文办理和整理归档。

第二十四条 收文办理主要程序是：

（一）签收。对收到的公文应当逐件清点，核对无误后签字或者盖章，并注明签收时间。

（二）登记。对公文的主要信息和办理情况应当详细记载。

（三）初审。对收到的公文应当进行初审。初审的重点是：是否应当由本机关办理，是否符合行文规则，文种、格式是否符合要求，涉及其他地区或者部门职权范围内的事项是否已经协商、会签，是否符合公文起草的其他要求。经初审不符合规定的公文，应当及时退回来文单位并说明理由。

（四）承办。阅知性公文应当根据公文内容、要求和工作需要确定范围后分送。批办性公文应当提出拟办意见报本机关负责人批示或者转有关部门办理；需要两个以上部门办理的，应当明确主办部门。紧急公文应当明确办理时限。承办部门对交办的公文应当及时办理，有明确办理时限要求的应当在规定时限内办理完毕。

（五）传阅。根据领导批示和工作需要将公文及时送传阅对象阅知或者批示。办理公文传阅应当随时掌握公文去向，不得漏传、误传、延误。

（六）催办。及时了解掌握公文的办理进展情况，督促承办部门按期办结。紧急公文或者重要公文应当由专人负责催办。

（七）答复。公文的办理结果应当及时答复来文单位，并根据需要告知相关单位。

第二十五条　发文办理主要程序是：

（一）复核。已经发文机关负责人签批的公文，印发前应当对公文的审批手续、内容、文种、格式等进行复核；需做实质性修改的，应当报原签批人复审。

（二）登记。对复核后的公文，应当确定发文字号、分送范围和印制份数并详细记载。

（三）印制。公文印制必须确保质量和时效。涉密公文应当在符合保密要求的场所印制。

（四）核发。公文印制完毕，应当对公文的文字、格式和印刷质量进行检查后分发。

第二十六条　涉密公文应当通过机要交通、邮政机要通信、城市机要文件交换站或者收发件机关机要收发人员进行传递，通过密码电报或者符合国家保密规定的计算机信息系统进行传输。

第二十七条　需要归档的公文及有关材料，应当根据有关档案法律法规以及机关档案管理规定，及时收集齐全、整理归档。两个以上机关联合办理的公文，原件由主办机关归档，相关机关保存复制件。机关负责人兼任其他机关职务的，在履行所兼职务过程中形成的公文，由其兼职机关归档。

第七章　公文管理

第二十八条　各级党政机关应当建立健全本机关公文管理制度，确保管理严格规范，充分发挥公文效用。

第二十九条　党政机关公文由文秘部门或者专人统一管理。设立党委（党组）的县级以上单位应当建立机要保密室和机要阅文室，并按照有关保密规定配备工作人员和必要的安全保密设施设备。

第三十条 公文确定密级前,应当按照拟定的密级先行采取保密措施。确定密级后,应当按照所定密级严格管理。绝密级公文应当由专人管理。

公文的密级需要变更或者解除的,由原确定密级的机关或者其上级机关决定。

第三十一条 公文的印发传达范围应当按照发文机关的要求执行;需要变更的,应当经发文机关批准。

涉密公文公开发布前应当履行解密程序。公开发布的时间、形式和渠道,由发文机关确定。

经批准公开发布的公文,同发文机关正式印发的公文具有同等效力。

第三十二条 复制、汇编机密级、秘密级公文,应当符合有关规定并经本机关负责人批准。绝密级公文一般不得复制、汇编,确有工作需要的,应当经发文机关或者其上级机关批准。

复制、汇编的公文视同原件管理。复制件应当加盖复制机关戳记。翻印件应当注明翻印的机关名称、日期。汇编本的密级按照编入公文的最高密级标注。

第三十三条 公文的撤销和废止,由发文机关、上级机关或者权力机关根据职权范围和有关法律法规决定。公文被撤销的,视为自始无效;公文被废止的,视为自废止之日起失效。

第三十四条 涉密公文应当按照发文机关的要求和有关规定进行清退或者销毁。

第三十五条 不具备归档和保存价值的公文,经批准后可以销毁。销毁涉密公文必须严格按照有关规定履行审批登记手续,确保不丢失、不漏销。个人不得私自销毁、留存涉密公文。

第三十六条 机关合并时,全部公文应当随之合并管理;机关撤销时,需要归档的公文经整理后按照有关规定移交档案管理部门。

工作人员离岗离职时,所在机关应当督促其将暂存、借用的公文按照有关规定移交、清退。

第三十七条 新设立的机关应当向本级党委、政府的办公厅(室)提出发文立户申请。经审查符合条件的,列为发文单位,机关合并或者撤销时,相应进行调整。

第八章 附则

第三十八条 党政机关公文含电子公文。电子公文处理工作的具体办法另行制定。

第三十九条 法规、规章方面的公文,依照有关规定处理。外事方面的公文,依照外事主管部门的有关规定处理。

第四十条 其他机关和单位的公文处理工作,可以参照本条例执行。

第四十一条 本条例由中共中央办公厅、国务院办公厅负责解释。

第四十二条 本条例自2012年7月1日起施行。1996年5月3日中共中央办公厅发布的《中国共产党机关公文处理条例》和2000年8月24日国务院发布的《国家行政机关公文处理办法》停止执行。

附录二：中华人民共和国国家标准

GB/T 9704-2012
代替 GB/T 9704—1999

党政机关公文格式

Layout key for official document of Party and government organs

2012-06-29 发布　　　　　　　　　　2012-07-01 实施

中华人民共和国国家质量监督检验检疫总局发布
中国国家标准化管理委员会

目　次

前言
1　范围
2　规范性引用文件
3　术语和定义
4　公文用纸主要技术指标
5　公文用纸幅面尺寸及版面要求
5.1　幅面尺寸
5.2　版面
5.2.1　页边与版心尺寸
5.2.2　字体和字号
5.2.3　行数和字数
5.2.4　文字的颜色
6　印制装订要求
6.1　制版要求
6.2　印刷要求
6.3　装订要求
7　公文格式各要素编排规则
7.1　公文格式各要素的划分
7.2　版头
7.2.1　份号
7.2.2　密级和保密期限
7.2.3　紧急程度
7.2.4　发文机关标志
7.2.5　发文字号
7.2.6　签发人
7.2.7　版头中的分隔线
7.3　主体
7.3.1　标题
7.3.2　主送机关

7.3.3　正文
7.3.4　附件说明
7.3.5　发文机关署名、成文日期和印章
　　　7.3.5.1　加盖印章的公文
　　　7.3.5.2　不加盖印章的公文
　　　7.3.5.3　加盖签发人签名章的公文
　　　7.3.5.4　成文日期中的数字
　　　7.3.5.5　特殊情况说明
7.3.6　附注
7.3.7　附件
7.4　版记
7.4.1　版记中的分隔线
7.4.2　抄送机关
7.4.3　印发机关和印发日期
7.5　页码
8　公文中的横排表格
9　公文中计量单位、标点符号和数字的用法
10　公文的特定格式
10.1　信函格式
10.2　命令（令）格式
10.3　纪要格式
11　式样

前　　言

本标准按照 GB/T 1.1—2009 给出的规则起草。

本标准根据中共中央办公厅、国务院办公厅印发的《党政机关公文处理工作条例》的有关规定对 GB/T 9704—1999《国家行政机关公文格式》进行修订。本标准相对 GB/T 9704—1999 主要作如下修订：

　　a）标准名称改为《党政机关公文格式》，标准英文名称也作相应修改；
　　b）适用范围扩展到各级党政机关制发的公文；
　　c）对标准结构进行适当调整；
　　d）对公文装订要求进行适当调整；
　　e）增加发文机关署名和页码两个公文格式要素，删除主题词格式要素，并对公文格式各要素的编排进行较大调整；
　　f）进一步细化特定格式公文的编排要求；
　　g）新增联合行文公文首页版式、信函格式首页、命令（令）格式首页版式等式样。

本标准中公文用语与《党政机关公文处理工作条例》中的用语一致。

本标准为第二次修订。

本标准由中共中央办公厅和国务院办公厅提出。

本标准由中国标准化研究院归口。

本标准起草单位：中国标准化研究院、中共中央办公厅秘书局、国务院办公厅秘书局、中国标准出版社。

本标准主要起草人：房庆、杨雯、郭道锋、孙维、马慧、张书杰、徐成华、范一乔、李玲。

本标准代替了 GB/T 9704—1999。

GB/T 9704—1999 的历次版本发布情况为：

——GB/T 9704—1988。

党政机关公文格式

1　范围

本标准规定了党政机关公文通用的纸张要求、排版和印制装订要求、公文格式各要素的编排规则，并给出了公文的式样。

本标准适用于各级党政机关制发的公文。其他机关和单位的公文可以参照执行。

使用少数民族文字印制的公文，其用纸、幅面尺寸及版面、印制等要求按照本标准执行，其余可以参照本标准并按照有关规定执行。

2 规范性引用文件

下列文件对于本标准的应用是必不可少的。凡是注日期的引用文件，仅所注日期的版本适用于本标准。凡是不注日期的引用文件，其最新版本（包括所有的修改单）适用于本标准。

GB/T 148 印刷、书写和绘图纸幅面尺寸

GB 3100 国际单位制及其应用

GB 3101 有关量、单位和符号的一般原则

GB 3102 （所有部分）量和单位

GB/T 15834 标点符号用法

GB/T 15835 出版物上数字用法

3 术语和定义

下列术语和定义适用于本标准。

3.1

字 word

标示公文中横向距离的长度单位。在本标准中，一字指一个汉字宽度的距离。

3.2

行 line

标示公文中纵向距离的长度单位。在本标准中，一行指一个汉字的高度加3号汉字高度的7/8的距离。

4 公文用纸主要技术指标

公文用纸一般使用纸张定量为 60 g/m² ~ 80 g/m² 的胶版印刷纸或复印纸。纸张白度 80% ~ 90%，横向耐折度≥15 次，不透明度≥85%，pH 值为 7.5 ~ 9.5。

5 公文用纸幅面尺寸及版面要求

5.1 幅面尺寸

公文用纸采用 GB/T 148 中规定的 A4 型纸，其成品幅面尺寸为：210 mm × 297 mm。

GB/T 9704—2012

5.2 版面

5.2.1 页边与版心尺寸

公文用纸天头（上白边）为 37 mm ± 1 mm，公文用纸订口（左白边）为 28 mm ± 1 mm，版心尺寸为 156 mm × 225 mm。

5.2.2 字体和字号

如无特殊说明，公文格式各要素一般用 3 号仿宋体字。特定情况可以做适当调整。

5.2.3 行数和字数

一般每面排 22 行，每行排 28 个字，并撑满版心。特定情况可以做适当调整。

5.2.4 文字的颜色

如无特殊说明，公文中文字的颜色均为黑色。

6 印制装订要求

6.1 制版要求

版面干净无底灰，字迹清楚无断划，尺寸标准，版心不斜，误差不超过 1 mm。

6.2 印刷要求

双面印刷；页码套正，两面误差不超过 2 mm。黑色油墨应当达到色谱所标 BL 100%，红色油墨应当达到色谱所标 Y 80%、M 80%。印品着墨实、均匀；字面不花、不白、无断划。

6.3 装订要求

公文应当左侧装订，不掉页，两页页码之间误差不超过 4 mm，裁切后的成品尺寸允许误差 ±2 mm，四角成 90°，无毛茬或缺损。

骑马订或平订的公文应当：

a）订位为两钉外订眼距版面上下边缘各 70 mm 处，允许误差 ±4 mm；
b）无坏钉、漏钉、重钉，钉脚平伏牢固；
c）骑马订钉锯均订在折缝线上，平订钉锯与书脊间的距离为 3 mm ~ 5 mm。

包本装订公文的封皮（封面、书脊、封底）与书芯应吻合、包紧、包平、不脱落。

7 公文格式各要素编排规则

7.1 公文格式各要素的划分

本标准将版心内的公文格式各要素划分为版头、主体、版记三部分。公文首页红色分隔线以上的部分称为版头；公文首页红色分隔线（不含）以下、公文末页首条分隔线（不含）以上的部分称为主体；公文末页首条分隔线以下、末条分隔线以上的部分称为版记。

页码位于版心外。

7.2 版头

7.2.1 份号

如需标注份号，一般用 6 位 3 号阿拉伯数字，顶格编排在版心左上角第一行。

7.2.2 密级和保密期限

如需标注密级和保密期限，一般用 3 号黑体字，顶格编排在版心左上角第二行；保密期限中的数字用阿拉伯数字标注。

7.2.3 紧急程度

如需标注紧急程度，一般用 3 号黑体字，顶格编排在版心左上角；如需同时标注份号、密级和保密期限、紧急程度，按照份号、密级和保密期限、紧急程度的顺序自上而下分行排列。

7.2.4 发文机关标志

由发文机关全称或者规范化简称加"文件"二字组成，也可以使用发文机关全称或者规范化简称。

发文机关标志居中排布，上边缘至版心上边缘为 35 mm，推荐使用小标宋体字，颜色为红色，以醒目、美观、庄重为原则。

联合行文时，如需同时标注联署发文机关名称，一般应当将主办机关名称排列在前；如有"文件"二字，应当置于发文机关名称右侧，以联署发文机关名称为准上下居中排布。

7.2.5 发文字号

编排在发文机关标志下空二行位置，居中排布。年份、发文顺序号用阿拉伯数字标注；年份应标全称，用六角括号"〔〕"括入；发文顺序号不加"第"字，不编虚位（即 1 不编为 01），在阿拉伯数字后加"号"字。

上行文的发文字号居左空一字编排，与最后一个签发人姓名处在同一行。

7.2.6 签发人

由"签发人"三字加全角冒号和签发人姓名组成，居右空一字，编排在发文机关标志下空二行位置。"签发人"三字用 3 号仿宋体字，签发人姓名用 3 号楷体字。

如有多个签发人，签发人姓名按照发文机关的排列顺序从左到右、自上而下依次均匀编排，一般每行排两个姓名，回行时与上一行第一个签发人姓名对齐。

7.2.7 版头中的分隔线

发文字号之下 4 mm 处居中印一条与版心等宽的红色分隔线。

7.3 主体

7.3.1 标题

一般用 2 号小标宋体字，编排于红色分隔线下空二行位置，分一行或多行居中排布；回行时，要做到词意完整，排列对称，长短适宜，间距恰当，标题排列应当使用梯形或菱形。

7.3.2 主送机关

编排于标题下空一行位置，居左顶格，回行时仍顶格，最后一个机关名称后标全角冒号。如主送机关名称过多导致公文首页不能显示正文时，应当将主送机关名称移至版记，标注方法见 7.4.2。

7.3.3 正文

公文首页必须显示正文。一般用 3 号仿宋体字，编排于主送机关名称下一行，每个自然段左空二字，回行顶格。文中结构层次序数依次可以用"一、""（一）""1.""（1）"标注；一般第一层用黑体字、第二层用楷体字、第三层和第四层用仿宋体字标注。

7.3.4 附件说明

如有附件，在正文下空一行左空二字编排"附件"二字，后标全角冒号和附件名称。如有多个附件，使用阿拉伯数字标注附件顺序号（如"附件：1.××××××"）；附件名称后不加标点符号。附件名称较长需回行时，应当与上一行附件名称的首字对齐。

7.3.5 发文机关署名、成文日期和印章

7.3.5.1 加盖印章的公文

成文日期一般右空四字编排，印章用红色，不得出现空白印章。

单一机关行文时，一般在成文日期之上、以成文日期为准居中编排发文机关署名，印章端正、居中下压发文机关署名和成文日期，使发文机关署名和成文日期居印章中心偏下位置，印章顶端应当上距正文（或附件说明）一行之内。

联合行文时，一般将各发文机关署名按照发文机关顺序整齐排列在相应位置，并将印章一一对应、端正、居中下压发文机关署名，最后一个印章端正、居中下压发文机关署名和成文日期，印章之间排列整齐、互不相交或相切，每排印章两端不得超出版心，首排印章顶端应当上距正文（或附件说明）一行之内。

7.3.5.2 不加盖印章的公文

单一机关行文时，在正文（或附件说明）下空一行右空二字编排发文机关署名，在发文机关署名下一行编排成文日期，首字比发文机关署名首字右移二字，如成文日期长于发文机关署名，应当使成文日期右空二字编排，并相应增加发文机关署名右空字数。

联合行文时，应当先编排主办机关署名，其余发文机关署名依次向下编排。

7.3.5.3 加盖签发人签名章的公文

单一机关制发的公文加盖签发人签名章时，在正文（或附件说明）下空二行右空四字加盖签发人签名章，签名章左空二字标注签发人职务，以签名章为准上下居中排布。在签发人签名章下空一行右空四字编排成文日期。

联合行文时，应当先编排主办机关签发人职务、签名章，其余机关签发人职务、签名章依次向下编排，与主办机关签发人职务、签名章上下对齐；每行只编排一个机关的签发人职务、签名章；签发人职务应当标注全称。

签名章一般用红色。

7.3.5.4 成文日期中的数字

用阿拉伯数字将年、月、日标全，年份应标全称，月、日不编虚位（即1不编为01）。

7.3.5.5 特殊情况说明

当公文排版后所剩空白处不能容下印章或签发人签名章、成文日期时，可以采取调整行距、字距的措施解决。

7.3.6 附注

如有附注，居左空两字加圆括号编排在成文日期下一行。

7.3.7 附件

附件应当另面编排，并在版记之前，与公文正文一起装订。"附件"二字及附件顺序号用3号黑体字顶格编排在版心左上角第一行。附件标题居中编排在版心第三行。附件顺序号和附件标题应当与附件说明的表述一致。附件格式要求同正文。

如附件与正文不能一起装订，应当在附件左上角第一行顶格编排公文的发文字号

并在其后标注"附件"二字及附件顺序号。

7.4 版记

7.4.1 版记中的分隔线

版记中的分隔线与版心等宽，首条分隔线和末条分隔线用粗线（推荐高度为 0.35 mm），中间的分隔线用细线（推荐高度为 0.25 mm）。首条分隔线位于版记中第一个要素之上，末条分隔线与公文最后一面的版心下边缘重合。

7.4.2 抄送机关

如有抄送机关，一般用 4 号仿宋体字，在印发机关和印发日期之上一行、左右各空一字编排。"抄送"二字后加全角冒号和抄送机关名称，回行时与冒号后的首字对齐，最后一个抄送机关名称后标句号。

如需把主送机关移至版记，除将"抄送"二字改为"主送"外，编排方法同抄送机关。既有主送机关又有抄送机关时，应当将主送机关置于抄送机关之上一行，之间不加分隔线。

7.4.3 印发机关和印发日期

印发机关和印发日期一般用 4 号仿宋体字，编排在末条分隔线之上，印发机关左空一字，印发日期右空一字，用阿拉伯数字将年、月、日标全，年份应标全称，月、日不编虚位（即 1 不编为 01），后加"印发"二字。

版记中如有其他要素，应当将其与印发机关和印发日期用一条细分隔线隔开。

7.5 页码

一般用 4 号半角宋体阿拉伯数字，编排在公文版心下边缘之下，数字左右各放一条一字线；一字线上距版心下边缘 7 mm。单页码居右空一字，双页码居左空一字。公文的版记页前有空白页的，空白页和版记页均不编排页码。公文的附件与正文一起装订时，页码应当连续编排。

8 公文中的横排表格

A4 纸型的表格横排时，页码位置与公文其他页码保持一致，单页码表头在订口一边，双页码表头在切口一边。

9 公文中计量单位、标点符号和数字的用法

公文中计量单位的用法应当符合 GB 3100、GB 3101 和 GB 3102（所有部分），标点符号的用法应当符合 GB/T 15834，数字用法应当符合 GB/T 15835。

10 公文的特定格式

10.1 信函格式

发文机关标志使用发文机关全称或者规范化简称，居中排布，上边缘至上页边为 30 mm，推荐使用红色小标宋体字。联合行文时，使用主办机关标志。

发文机关标志下 4 mm 处印一条红色双线（上粗下细），距下页边 20 mm 处印一条红色双线（上细下粗），线长均为 170 mm，居中排布。

如需标注份号、密级和保密期限、紧急程度，应当顶格居版心左边缘编排在第一条红色双线下，按照份号、密级和保密期限、紧急程度的顺序自上而下分行排列，第

一个要素与该线的距离为 3 号汉字高度的 7/8。

发文字号顶格居版心右边缘编排在第一条红色双线下,与该线的距离为 3 号汉字高度的 7/8。

标题居中编排,与其上最后一个要素相距二行。

第二条红色双线上一行如有文字,与该线的距离为 3 号汉字高度的 7/8。

首页不显示页码。

版记不加印发机关和印发日期、分隔线,位于公文最后一面版心内最下方。

10.2 命令(令)格式

发文机关标志由发文机关全称加"命令"或"令"字组成,居中排布,上边缘至版心上边缘为 20 mm,推荐使用红色小标宋体字。

发文机关标志下空二行居中编排令号,令号下空二行编排正文。

签发人职务、签名章和成文日期的编排见 7.3.5.3。

10.3 纪要格式

纪要标志由"×××××纪要"组成,居中排布,上边缘至版心上边缘为 35 mm,推荐使用红色小标宋体字。

标注出席人员名单,一般用 3 号黑体字,在正文或附件说明下空一行左空二字编排"出席"二字,后标全角冒号,冒号后用 3 号仿宋体字标注出席人单位、姓名,回行时与冒号后的首字对齐。

标注请假和列席人员名单,除依次另起一行并将"出席"二字改为"请假"或"列席"外,编排方法同出席人员名单。

纪要格式可以根据实际制定。

11 式样

A4 型公文用纸页边及版心尺寸见图 1;公文首页版式见图 2;联合行文公文首页版式 1 见图 3;联合行文公文首页版式 2 见图 4;公文末页版式 1 见图 5;公文末页版式 2 见图 6;联合行文公文末页版式 1 见图 7;联合行文公文末页版式 2 见图 8;附件说明页版式见图 9;带附件公文末页版式见图 10;信函格式首页版式见图 11;命令(令)格式首页版式见图 12。

附录二：中华人民共和国国家标准

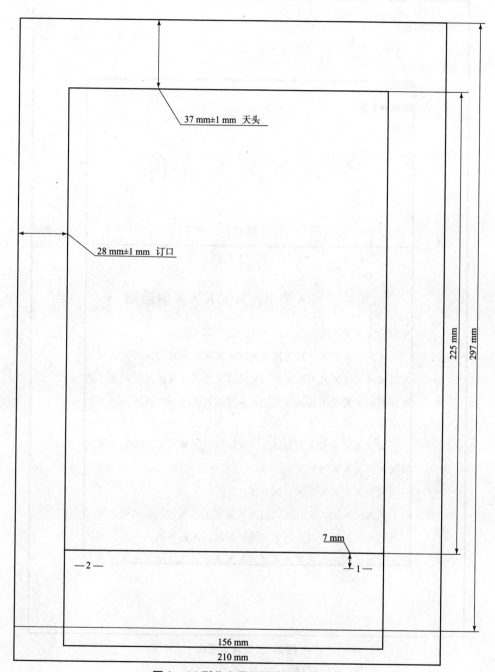

图 1　A4 型公文用纸页边及版心尺寸

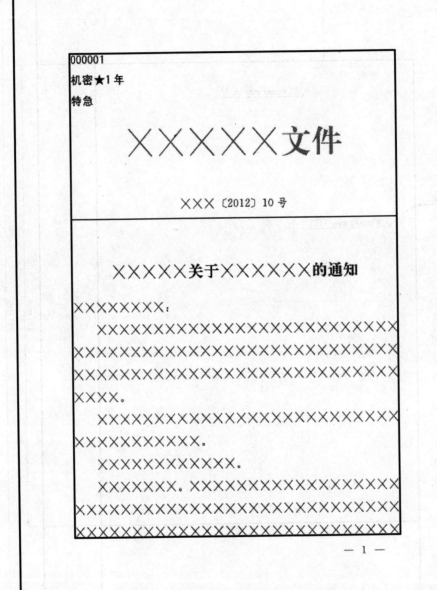

图2 公文首页版式

注：版心实线框仅为示意，在印制公文时并不印出。

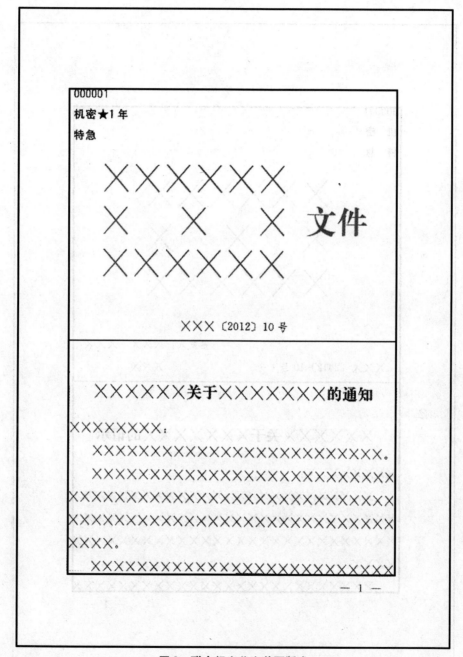

图3 联合行文公文首页版式

注：版心实线框仅为示意，在印制公文时并不印出。

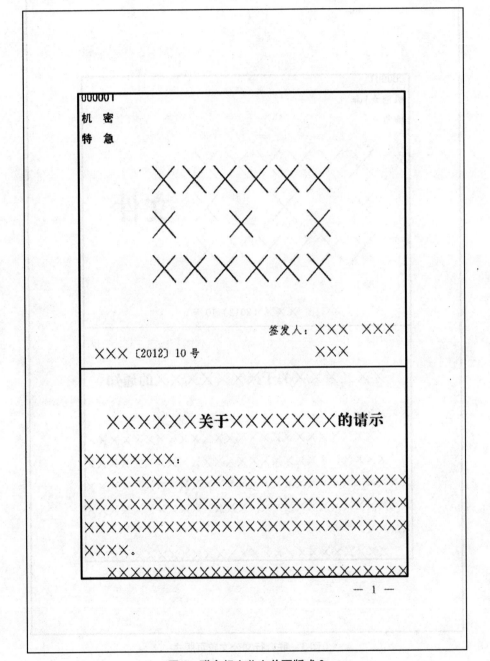

图4 联合行文公文首页版式2
注：版心实线框仅为示意，在印制公文时并不印出。

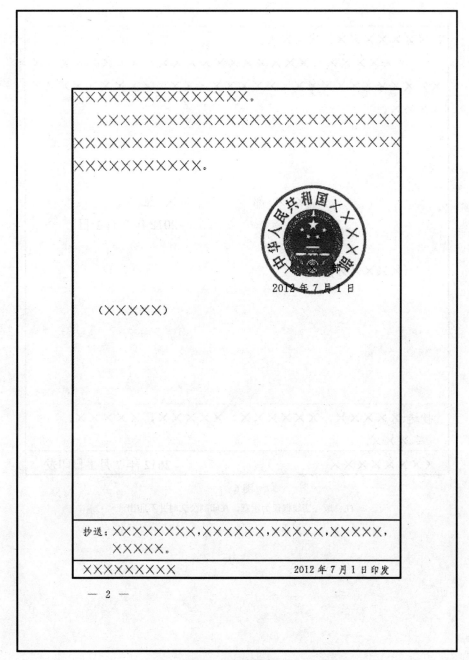

图5 公文末页版式

注：版心实线框仅为示意，在印制公文时并不印出。

```
┌─────────────────────────────────────────────┐
│ ××××××××××××。                              │
│     ××××××××××××××××××××××××××              │
│ ××××××××××××××××××××××××××××××              │
│ ××××。                                      │
│                                             │
│                                             │
│                                             │
│              ××部        ××部               │
│                       2012 年 7 月 1 日      │
│                                             │
│   (×××××)                                   │
│                                             │
│                                             │
│                                             │
│                                             │
│                                             │
│                                             │
│                                             │
│                                             │
├─────────────────────────────────────────────┤
│  抄送:×××××,××××××,×××××,×××××,              │
│      ×××.                                   │
├─────────────────────────────────────────────┤
│  ×××××××                    2012 年 7 月 1 日印发 │
└─────────────────────────────────────────────┘
```

图 6

注：版心实线框仅为示意，在印制公文时并不印出。

附录二：中华人民共和国国家标准

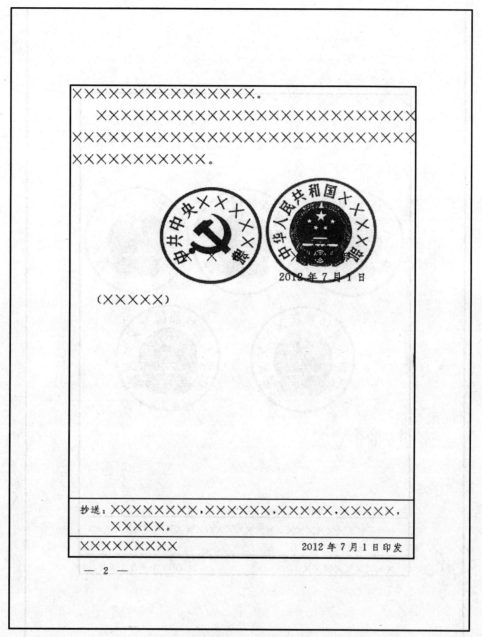

图7　联合行文公文末页版式1
注：版心实线框仅为示意，在印制公文时并不印出。

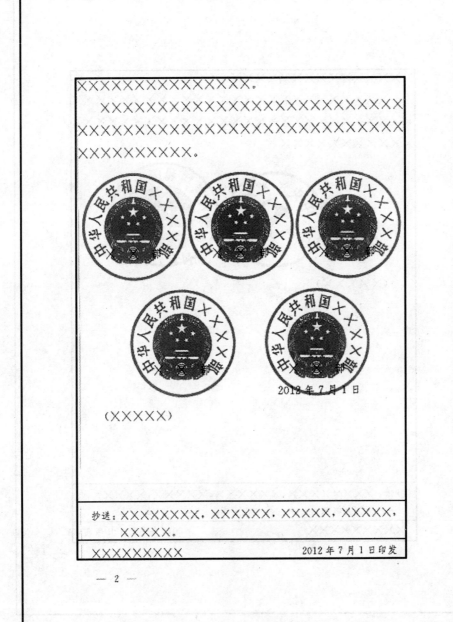

图8 联合行文公文末页版式2

注：版心实线框仅为示意，在印制公文时并不印出。

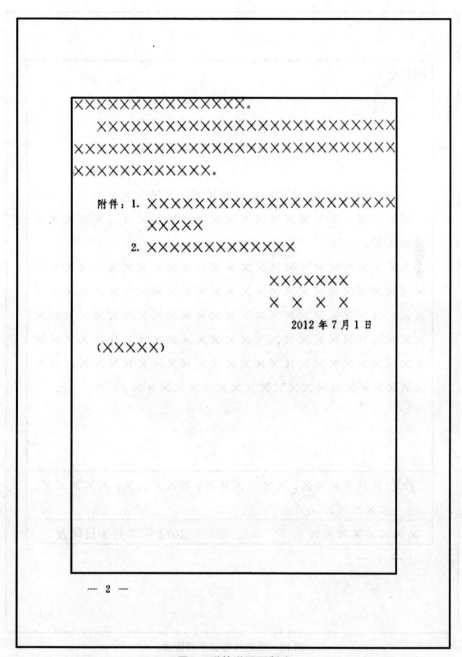

图 9 附件说明页版式

注：版心实线框仅为示意，在印制公文时并不印出。

图10　带附件公文末页版式

注：版心实线框仅为示意，在印制公文时并不印出。

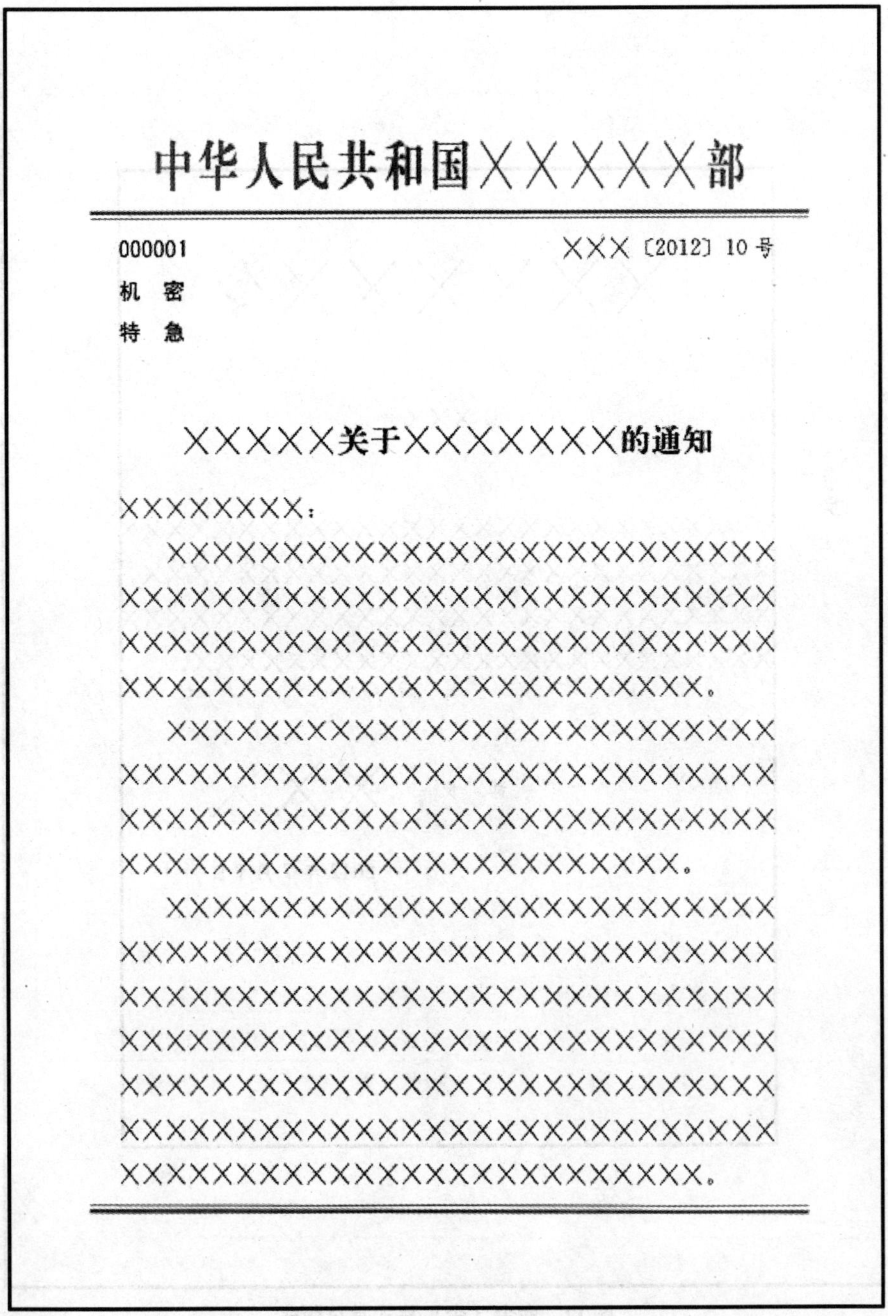

附录二：中华人民共和国国家标准

中华人民共和国×××××部

000001　　　　　　　　　　　　×××〔2012〕10号

机　密

特　急

　　　　×××××关于×××××××的通知

×××××××：

　　××。

　　××。

　　××。

图11　信函格式首页版式

注：版心实线框仅为示意，在印制公文时并不印出。

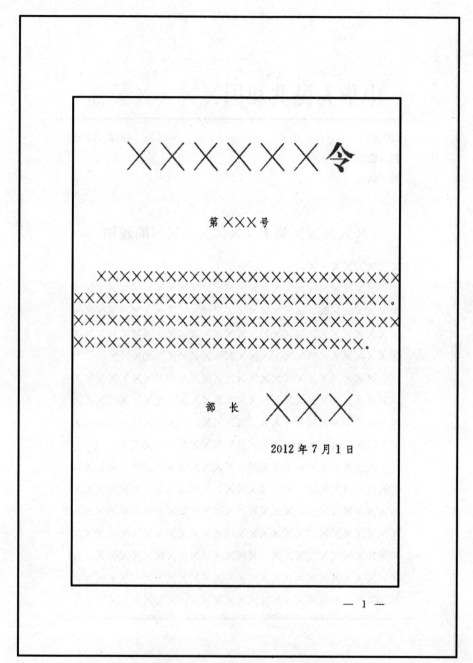

图12 命令（令）格式首页版式

注：版心实线框仅为示意，在印制公文时并不印出。

附录三：标点符号用法

GB/T 15834－2011

1　范围

本标准规定了现代汉语标点符号的用法。

本标准适用于汉语的书面语（包括汉语和外语混合排版时的汉语部分）。

2　术语和定义

下列术语和定义适用于本文件。

2.1

标点符号　punctuation

辅助文字记录语言的符号，是书面语的有机组成部分，用来表示语句的停顿、语气以及标示某些成分（主要是词语）的特定性质和作用。

注：数学符号、货币符号、校勘符号、辞书符号、注音符号等特殊领域的专门符号不属于标点符号。

2.2

句子 sentence

前后都有较大停顿、带有一定的语气和语调、表达相对完整意义的语言单位。

2.3

复句　complex sentence

由两个或多个在意义上有密切关系的分句组成的语言单位，包括简单复句（内部只有一层语义关系）和多重复句（内部包含多层语义关系）。

2.4

分句　clause

复句内两个或多个前后有停顿、表达相对完整意义、不带有句末语气和语调、有的前面可添加关联词语的语言单位。

2.5

语段　expression

指语言片段，是对各种语言单位（如词、短语、句子、复句等）不做特别区分时的统称。

3　标点符号的种类

3.1　点号

　　点号的作用是点断，主要表示停顿和语气。分为句末点号和句内点号。

3.1.1　句末点号

　　用于句末的点号，表示句末停顿和句子的语气。包括句号、问号、叹号。

3.1.2　句内点号

　　用于句内的点号，表示句内各种不同性质的停顿。包括逗号、顿号、分号、冒号。

3.2　标号

　　标号的作用是标明，主要标示某些成分（主要是词语）的特定性质和作用。包括引号、括号、破折号、省略号、着重号、连接号、间隔号、书名号、专名号、分隔号。

4　标点符号的定义、形式和用法

4.1　句号

4.1.1　定义

　　句末点号的一种，主要表示句子的陈述语气。

4.1.2　形式

　　句号的形式是"。"。

4.1.3　基本用法

4.1.3.1　用于句子末尾，表示陈述语气。使用句号主要根据语段前后有较大停顿、带有陈述语气和语调，并不取决于句子的长短。

　　示例1：北京是中华人民共和国的首都。

　　示例2：（甲：咱们走着去吧？）乙：好。

4.1.3.2　有时也可表示较缓和的祈使语气和感叹语气。

　　示例1：请您稍等一下。

　　示例2：我不由得感到，这些普通劳动者也同样是很值得尊敬的。

4.2　问号

4.2.1　定义

　　句末点号的一种，主要表示句子的疑问语气。

4.2.2　形式

　　问号的形式是"？"。

4.2.3　基本用法

4.2.3.1　用于句子末尾，表示疑问语气（包括反问、设问等疑问类型）。使用问号上要根据语段前后有较大停顿、带有疑问语气和语调，并不取决于句子的长短。

　　示例1：你怎么还不回家去呢？

　　示例2：难道这些普通的战士不值得歌颂吗？

　　示例3：（一个外国人，不远万里来到中国，帮助中国的抗日战争。）这是什么精神？这是国际主义的精神。

4.2.3.2　选择问句中，通常只在最后一个选项的末尾用问号，各个选项之间一般用逗号隔开。当选项较短且选项之间几间几乎没有停顿时,选项之间可不用逗号。当选项较多或较长,或有意突出每个选项的独立性时,也可每个选项之后都用问号。

示例1:诗中记述的这场战争究竟是真实的历史描述,还是诗人的虚构?

示例2:这是巧合还是有意安排?

示例3:要一个什么样的结尾:现实主义的?传统的?大团圆的?荒诞的?民族形式的?有象征意义的?

示例4:(他看着我的作品称赞了我。)但到底是称赞我什么:是有几处画得好?还是什么都敢画?抑或只是一种对于失败者的无可奈何的安慰?我不得而知。

示例5:这一切都是由客观的条件造成的?还是由行为的惯性造成的?

4.2.3.3 在多个问句连用或表达疑问语气加重时,可叠用问号。通常应先单用,再叠用,最多叠用三个问号。在没有异常强烈的情感表达需要时不宜叠用问号。

示例:这就是你的做法吗?你这个总经理是怎么当的??你怎么竟敢这样欺骗消费者???

4.2.3.4 问号也有标号的用法,即用于句内,表示存疑或不详。

示例1:马致远(1250—1321),大都人,元代戏曲家、散曲家。

示例2:钟嵘(?-518),颍川长社人,南朝梁代文学批评家。

示例3:出现这样的文字错误,说明作者(编者?校者?)很不认真。

4.3 叹号

4.3.1 定义

句末点号的一种,主要表示句子的感叹语气。

4.3.2 形式

叹号的形式是"!"。

4.3.3 基本用法

4.3.3.1 用于句子末尾,主要表示感叹语气,有时也可表示强烈的祈使语气、反问语气等。使用叹号主要根据语段前后有较大停顿、带有感叹语气和语调或带有强烈的祈使、反问语气和语调,并不取决于句子的长短。

示例1:才一年不见,这孩子都长这么高啦!

示例2:你给我住嘴!

示例3:谁知道他今天是怎么搞的!

4.3.3.2 用于拟声词后,表示声音短促或突然。

示例1:咔嚓!一道闪电划破了夜空。

示例2:咚!咚咚!突然传来一阵急促的敲门声。

4.3.3.3 表示声音巨大或声音不断加大时,可叠用叹号;表达强烈语气时,也可叠用叹号,最多叠用三个叹号。在没有异常强烈的情感表达需要时不宜叠用叹号。

示例1:轰!!在这天崩地塌的声音中,女娲猛然醒来。

示例2:我要揭露!我要控诉!!我要以死抗争!!!

4.3.3.4 当句子包含疑问、感叹两种语气且都比较强烈时(如带有强烈感情的反问句和带有惊愕语气的疑问句），可在问号后再加叹号（问号、叹号各一）。

示例1：这么点困难就能把我们吓倒吗?!

示例2：他连这些最起码的常识都不懂，还敢说自己是高科技人才?!

4.4 逗号

4.4.1 定义

句内点号的一种，表示句子或语段内部的一般性停顿。

4.4.2 形式

逗号的形式是","。

4.4.3 基本用法

4.4.3.1 复句内各分句之间的停顿，除了有时用分号（见4.6.3.1），一般都用逗号。

示例1：不是人们的意识决定人们的存在，而是人们的社会存在决定人们的意识。

示例2：学历史使人更明智，学文学使人更聪慧，学数学使人更精细，学考古使人更深沉。

示例3：要是不相信我们的理论能反映现实，要是不相信我们的世界有内在和谐，那就不可能有科学。

4.4.3.2 用于下列各种语法位置：

a）较长的主语之后。

示例1：苏州园林建筑各种门窗的精美设计和雕镂功夫，都令人叹为观止。

b）句首的状语之后。

示例2：在苍茫的大海上，狂风卷集着乌云。

c）较长的宾语之前。

示例3：有的考古工作者认为，南方古猿生存于上新世至更新世的初期和中期。

d）带句内语气词的主语（或其他成分）之后，或带句内语气词的并列成分之间。

示例4：他呢，倒是很乐意地、全神贯注地干起来了。

示例5：（那是个没有月亮的夜晚。）可是整个村子——白房顶啦，白树木啦，雪堆啦，全看得见。

e）较长的主语中间、谓语中间或宾语中间。

示例6：母亲沉痛的诉说，以及亲眼见到的事实，都启发了我幼年时期追求真理的思想。

示例7：那姑娘头戴一顶草帽，身穿一条绿色的裙子，腰间还系着一根橙色的腰带。

示例8：必须懂得，对于文化传统，既不能不分青红皂白统统抛弃，也不能不管精华糟粕全盘继承。

f）前置的谓语之后或后置的状语、定语之前。

示例9：真美啊，这条蜿蜒的林间小路。

示例10：她吃力地站了起来，慢慢地。

示例11：我只是一个人，孤孤单单的。

4.4.3.3 用于下列各种停顿处：

a）复指成分或插说成分前后。

示例1：老张，就是原来的办公室主任，上星期已经调走了。

示例2：车，不用说，当然是头等。

b）语气缓和的感叹语、称谓语或呼唤语之后。

示例3：哎哟，这儿，快给我揉揉。

示例4：大娘，您到哪儿去啊？

示例5：喂，你是哪个单位的？

c）某些序次语（"第"字头、"其"字头及"首先"类序次语）之后。

示例6：为什么许多人都有长不大的感觉呢？原因有三：第一，父母总认为自己比孩子成熟；第二，父母总要以自己的标准来衡量孩子；第三，父母出于爱心而总不想让孩子在成长的过程中走弯路。

示例7：《玄秘塔碑》所以成为书法的范本，不外乎以下几方面的因素：其一，具有楷书点画、构体的典范性；其二，承上启下，成为唐楷的极致；其三，字如其人，爱人及字，柳公权高尚的书品、人品为后人所崇仰。

示例8：下面从三个方面讲讲语言的污染问题：首先，是特殊语言环境中的语言污染问题；其次，是滥用缩略语引起的语言污染问题；再次，是空话和废话引起的语言污染问题。

4.5 顿号

4.5.1 定义

句内点号的一种，表示语段中并列词语之间或某些序次语之后的停顿。

4.5.2 形式

顿号的形式是"、"。

4.5.3 基本用法

4.5.3.1 用于并列词语之间。

示例1：这里有自由、民主、平等、开放的风气和氛围。

示例2：造型科学、技艺精湛、气韵生动，是盛唐石雕的特色。

4.5.3.2 用于需要停顿的重复词语之间。

示例：他几次三番、几次三番地辩解着。

4.5.3.3 用于某些序次语（不带括号的汉字数字或"天干地支"类序次语）之后。

示例1：我准备讲两个问题：一、逻辑学是什么？二、怎样学好逻辑学？

示例2：风格的具体内容主要有以下四点：甲、题材；乙、用字；丙、表达；丁、色彩。

4.5.3.4 相邻或相近两数字连用表示概数通常不用顿号。若相邻两数字连用为缩略形式，宜用顿号。

示例1：飞机在6 000米高空水平飞行时，只能看到两侧八九公里和前方一二十公里范围内的地面。

示例2：这种凶猛的动物常常三五成群地外出觅食和活动。

示例3：农业是国民经济的基础，也是二、三产业的基础。

4.5.3.5 标有引号的并列成分之间、标有书名号的并列成分之间通常不用顿号。若有其他成分插在并列的引号之间或并列的书名号之间（如引语或书名号之后还有括注），宜用顿号。

示例1："日""月"构成"明"字。

示例2：店里挂着"顾客就是上帝""质量就是生命"等横幅。

示例3：《红楼梦》《三国演义》《西游记》《水浒传》，是我国长篇小说的四大名著。

示例4：李白的"白发三千丈"（《秋浦歌》）、"朝如青丝暮成雪"（《将进酒》）都是脍炙人口的诗句。

示例5：办公室里订有《人民日报》（海外版）、《光明日报》和《时代周刊》等报刊。

4.6 分号

4.6.1 定义

句内点号的一种，表示复句内部并列关系分句之间的停顿，以及非并列关系的多重复句中第一层分句之间的停顿。

4.6.2 形式

分号的形式是"；"。

4.6.3 基本用法

4.6.3.1 表示复句内部并列关系的分句（尤其当分句内部还有逗号时）之间的停顿。

示例1：语言文字的学习，就理解方面说，是得到一种知识；就运用方面说，是养成一种习惯。

示例2：内容有分量，尽管文章短小，也是有分量的；内容没有分量，即使写得再长也没有用。

4.6.3.2 表示非并列关系的多重复句中第一层分句（主要是选择、转折等关系）之间的停顿。

示例1：人还没看见，已经先听见歌声了；或者人已经转过山头望不见了，歌声还余音袅袅。

示例2：尽管人民革命的力量在开始时总是弱小的，所以总是受压的；但是由于革命的力量代表历史发展的方向，因此本质上又是不可战胜的。

示例3：不管一个人如何伟大，也总是生活在一定的环境和条件下；因此，个人的见解总难免带有某种局限性。

示例4：昨天夜里下了一场雨，以为可以凉快些；谁知没有凉快下来，反而更热了。

4.6.3.3 用于分项列举的各项之间。

示例：特聘教授的岗位职责为：一、讲授本学科的主干基础课程；二、主持本学科的重大科研项目;三、领导本学科的学术队伍建设;四、带领本学科赶超或保持世界先进水平。

4.7 冒号

4.7.1 定义

句内点号的一种,表示语段中提示下文或总结上文的停顿。

4.7.2 形式

冒号的形式是":"。

4.7.3 基本用法

4.7.3.1 用于总说性或提示性词语(如"说""例如""证明"等)之后,表示提示下文。

示例1:北京紫禁城有四座城门:午门、神武门、东华门和西华门。

示例2:她高兴地说:"咱们去好好庆祝一下吧!"

示例3:小王笑着点了点头:"我就是这么想的。"

示例4:这一事实证明:人能创造环境,环境同样也能创造人。

4.7.3.2 表示总结上文。

示例:张华上了大学,李萍进了技校,我当了工人:我们都有美好的前途。

4.7.3.3 用在需要说明的词语之后,表示注释和说明。

示例1:(本市将举办首届大型书市。)主办单位:市文化局;承办单位:市图书进出口公司;时间:8月15日-20日;地点:市体育馆观众休息厅。

示例2:(做阅读理解题有两个办法。)办法之一:先读题干,再读原文,带着问题有针对性地读课文。办法之二:直接读原文,读完再做题,减少先入为主的干扰。

4.7.3.4 用于书信、讲话稿中称谓语或称呼语之后。

示例1:广平先生:……

示例2:同志们、朋友们:……

4.7.3.5 一个句子内部一般不应套用冒号。在列举式或条文式表述中,如不得不套用冒号时,宜另起段落来显示各个层次。

示例:第十条 遗产按照下列顺序继承:

第一顺序:配偶、子女、父母。

第二顺序:兄弟姐妹、祖父母、外祖父母。

4.8 引号

4.8.1 定义

标号的一种,标示语段中直接引用的内容或需要特别指出的成分。

4.8.2 形式

引号的形式有双引号""和单引号''两种。左侧的为前引号,右侧的为后引号。

4.8.3 基本用法

4.8.3.1 标示语段中直接引用的内容。

示例:李白诗中就有"白发三千丈"这样极尽夸张的语句。

4.8.3.2 标示需要着重论述或强调的内容。

示例：这里所谓的"文"，并不是指文字，而是指文采。

4.8.3.3 标示语段中具有特殊含义而需要特别指出的成分，如别称、简称、反语等。

示例1：电视被称作"第九艺术"。

示例2：人类学上常把古人化石统称为尼安德特人，简称"尼人"。

示例3：有几个"慈祥"的老板把捡来的菜叶用盐浸浸就算作工友的菜肴。

4.8.3.4 当引号中还需要使用引号时，外面一层用双引号，里面一层用单引号。

示例：他问："老师，'七月流火'是什么意思？"

4.8.3.5 独立成段的引文如果只有一段，段首和段尾都用引号；不止一段时，每段开头仅用前引号，只在最后一段末尾用后引号。

示例：我曾在报纸上看到有人这样谈幸福：

"幸福是知道自己喜欢什么和不喜欢什么。……

"幸福是知道自己擅长什么和不擅长什么。……

"幸福是在正确的时间做了正确的选择。……"

4.8.3.6 在书写带月、日的事件、节日或其他特定意义的短语（含简称）时，通常只标引其中的月和日；需要突出和强调该事件或节日本身时，也可连同事件或节日一起标引。

示例1："5.12"汶川大地震

示例2："五四"以来的话剧，是我国戏剧中的新形式。

示例3：纪念"五四运动"90周年

4.9 括号

4.9.1 定义

标号的一种，标示语段中的注释内容、补充说明或其他特定意义的语句。

4.9.2 形式

括号的主要形式是圆括号"（　）"，其他形式还有方括号"［　］"、六角括号"〔　〕"和方头括号"【　】"等。

4.9.3 基本用法

4.9.3.1 标示下列各种情况，均用圆括号：

a）标示注释内容或补充说明。

示例1：我校拥有特级教师（含已退休的）17人。

示例2：我们不但善于破坏一个旧世界，我们还将善于建设一个新世界！（热烈鼓掌）

b）标示订正或补加的文字。

示例3：信纸上用稚嫩的字体写着："阿夷（姨），你好！"

示例4：该建筑公司负责的建设工程全部达到优良工程（的标准）。

c）标示序次语。

示例5：语言有三个要素：（1）声音；（2）结构；（3）意义。

示例6：思想有三个条件：（一）事理；（二）心理；（三）伦理。

d）标示引语的出处。

示例7：他说得好："未画之前，不立一格；既画之后，不留一格。"（《板桥集·题画》）

e）标示汉语拼音注音。

示例8："的（de）"这个字在现代汉语中最常用。

4.9.3.2 标示作者国籍或所属朝代时，可用方括号或六角括号。

示例1：［英］赫胥黎《进化论与伦理学》

示例2：〔唐〕杜甫著

4.9.3.3 报刊标示电讯、报道的开头，可用方头括号。

示例：【新华社南京消息】

4.9.3.4 标示公文发文字号中的发文年份时，可用六角括号。

示例：国发〔2011〕3号文件

4.9.3.5 标示被注释的词语时，可用六角括号或方头括号。

示例1：〔奇观〕奇伟的景象。

示例2.【爱因斯坦】物理学家。生于德国，1933年因受纳粹政权迫害，移居美国。

4.9.3.6 除科技书刊中的数学、逻辑公式外，所有括号（特别是同一形式的括号）应尽量避免套用。必须套用括号时，宜采用不同的括号形式配合使用。

示例：［茸（rong）毛］很细很细的毛。

4.10 破折号

4.10.1 定义

标号的一种，标示语段中某些成分的注释、补充说明或语音、意义的变化。

4.10.2 形式

破折号的形式是"——"。

4.10.3 基本用法

4.10.3.1 标示注释内容或补充说明（也可用括号，见4.9.3.1；二者的区别另见B.1.7）。

示例1：一个矮小而结实的日本中年人——内山老板走了过来。

示例2：我一直坚持读书，想借此唤起弟妹对生活的希望——无论环境多么困难。

4.10.3.2 标示插入语（也可用逗号，见4.4.3.3）。

示例：这简直就是——说得不客气点——无耻的勾当！

4.10.3.3 标示总结上文或提示下文（也可用冒号，见4.7.3.1、4.7.3.2）。

示例1：坚强，纯洁，严于律己，客观公正——这一切都难得地集中在一个人身上。

示例2：画家开始娓娓道来——

数年前的一个寒冬，……

4.10.3.4 标示话题的转换。

示例:"好香的干菜,——听到风声了吗?"赵七爷低声说道。

4.10.3.5 标示声音的延长。

示例:"嘎——"传过来一声水禽被惊动的鸣叫。

4.10.3.6 标示话语的中断或间隔。

示例1:"班长他牺——"小马话没说完就大哭起来。

示例2:"亲爱的妈妈,你不知道我多爱您。——还有你,我的孩子!"

4.10.3.7 标示引出对话。

示例:——你长大后想成为科学家吗?

——当然想了!

4.10.3.8 标示事项列举分承。

示例:根据研究对象的不同,环境物理学分为以下五个分支学科:

——环境声学;

——环境光学;

——环境热学;

——环境电磁学;

——环境空气动力学。

4.10.3.9 用于副标题之前。

示例:飞向太平洋

——我国新型号运载火箭发射目击记

4.10.3.10 用于引文、注文后,标示作者、出处或注释者。

示例1:先天下之忧而忧,后天下之乐而乐。

——范仲淹

示例2:乐浪海中有倭人,分为百余国。

——《汉书》

示例3:很多人写好信后把信笺折成方胜形,我看大可不必。(方胜,指古代妇女戴的方形首饰,用彩绸等制作,由两个斜方部分叠合而成。——编者注)

4.11 省略号

4.11.1 定义

标号的一种,标示语段中某些内容的省略及意义的断续等。

4.11.2 形式

省略号的形式是"……"。

4.11.3 基本用法

4.11.3.1 标示引文的省略。

示例:我们齐声朗诵起来:"……俱往矣,数风流人物,还看今朝。"

4.11.3.2 标示列举或重复词语的省略。

示例1:对政治的敏感,对生活的敏感,对性格的敏感,……这都是作家必须要有的素质。

示例2：他气得连声说："好，好……算我没说。"

4.11.3.3 标示语意未尽。

示例1：在人迹罕至的深山密林里，假如突然看见一缕炊烟，……

示例2：你这样干，未免太……！

4.11.3.4 标示说话时断断续续。

示例：她磕磕巴巴地说："可是……太太……我不知道……你一定是认错了。"

4.11.3.5 标示对话中的沉默不语。

示例："还没结婚吧？"

"……"他飞红了脸，更加忸怩起来。

4.11.3.6 标示特定的成分虚缺。

示例：只要……就……

4.11.3.7 在标示诗行、段落的省略时，可连用两个省略号（即相当于十二连点）。

示例1：从隔壁房间传来缓缓而抑扬顿挫的吟咏声——

床前明月光，疑是地上霜。

……

示例2：该刊根据工作质量、上稿数量、参与程度等方面的表现，评选出了高校十佳记者站。还根据发稿数量、提供新闻线索情况以及对刊物的关注度等，评选出了十佳通讯员。

……

4.12 着重号

4.12.1 定义

标号的一种，标示语段中某些重要的或需要指明的文字。

4.12.2 形式

着重号的形式是"．"标注在相应文字的下方。

4.12.3 基本用法

4.12.3.1 标示语段中重要的文字。

示例1：诗人需要表现，而不是证明。

示例2：下面对本文的理解，不正确的一项是：……

4.12.3.2 标示语段中需要指明的文字。

示例：下边加点的字，除了在词中的读法外，还有哪些读法？

着急　　　子弹　　　强调

4.13 连接号

4.13.1 定义

标号的一种，标示某些相关联成分之间的连接。

4.13.2 形式

连接号的形式有短横线"-"、一字线"—"和浪纹线"~"三种。

4.13.3 基本用法

4.13.3.1 标示下列各种情况,均用短横线:

a) 化合物的名称或表格、插图的编号。

示例1:3-戊酮为无色液体,对眼及皮肤有强烈刺激性。

示例2:参见下页表2-8、表2-9。

b) 连接号码,包括门牌号码、电话号码,以及用阿拉伯数字表示年月日等。

示例3:安宁里东路26号院3-2-11室

示例4:联系电话:010-88842603

示例5:2011-02-15

c) 在复合名词中起连接作用。

示例6:吐鲁番-哈密盆地

d) 某些产品的名称和型号。

示例7:WZ-10直升机具有复杂天气和夜间作战的能力。

e) 汉语拼音、外来语内部的分合。

示例8:shuoshuo-xiaoxiao(说说笑笑)

示例9:盎格鲁-撒克逊人

示例10:让-雅克·卢梭("让-雅克"为双名)

示例11:皮埃尔·孟戴斯-弗朗斯("孟戴斯-弗朗斯"为复姓)

4.13.3.2 标示下列各种情况,一般用一字线,有时也可用浪纹线:

a) 标示相关项目(如时间、地域等)的起止。

示例1:沈括(1031—1095),宋朝人。

示例2:2011年2月3日—10日

示例3:北京—上海特别旅客快车

b) 标示数值范围(由阿拉伯数字或汉字数字构成)的起止。

示例4:25~30 g

示例5:第五~八课

4.14 间隔号

4.14.1 定义

标号的一种,标示某些相关联成分之间的分界。

4.14.2 形式

间隔号的形式是"·"

4.14.3 基本用法

4.14.3.1 标示外国人名或少数民族人名内部的分界。

示例1:克里丝蒂娜·罗塞蒂

示例2:阿依古丽·买买提

4.14.3.2 标示书名与篇(章、卷)名之间的分界。

示例:《淮南子·本经训》

4.14.3.3 标示词牌、曲牌、诗体名等和题名之间的分界。

示例1：《沁园春·雪》

示例2：《天净沙·秋思》

示例3：《七律·冬云》

4.14.3.4 用在构成标题或栏目名称的并列词语之间。

示例：《天·地·人》

4.14.3.5 以月、日为标志的事件或节日，用汉字数字表示时，只在一、十一和十二月后用间隔号；当直接用阿拉伯数字表示时，月、日之间均用间隔号（半角字符）。

示例1："九一八"事变 "五四"运动

示例2："一·二八"事变 "一二·九"运动

示例3："3·15"消费者权益日 "9·11"恐怖袭击事件

4.15 书名号

4.15.1 定义

标号的一种，标示语段中出现的各种作品的名称。

4.15.2 形式

书名号的形式有双书名号"《 》"和单书名号"〈 〉"两种。

4.15.3 基本用法

4.15.3.1 标示书名、卷名、篇名、刊物名、报纸名、文件名等。

示例1：《红楼梦》（书名）

示例2：《史记·项羽本纪》（卷名）

示例3：《论雷峰塔的倒掉》（篇名）

示例4：《每周关注》（刊物名）

示例5：《人民日报》（报纸名）

示例6：《全国农村工作会议纪要》（文件名）

4.15.3.2 标示电影、电视、音乐、诗歌、雕塑等各类用文字、声音、图像等表现的作品的名称。

示例1：《渔光曲》（电影名）

示例2：《追梦录》（电视剧名）

示例3：《勿忘我》（歌曲名）

示例4：《沁园春·雪》（诗词名）

示例5：《东方欲晓》（雕塑名）

示例6：《光与影》（电视节目名）

示例7：《社会广角镜》（栏目名）

示例8：《庄子研究文献数据库》（光盘名）

示例9：《植物生理学系列挂图》（图片名）

4.15.3.3 标示全中文或中文在名称中占主导地位的软件名。

示例：科研人员正在研制《电脑卫士》杀毒软件。

4.15.3.4 标示作品名的简称。

示例：我读了《念青唐古拉山脉纪行》一文（以下简称《念》），收获很大。

4.15.3.5 当书名号中还需要书名号时，里面一层用单书名号，外面一层用双书名号。

示例：《教育部关于提请审议〈高等教育自学考试试行办法〉的报告》

4.16 专名号

4.16.1 定义

标号的一种，标示古籍和某些文史类著作中出现的特定类专有名词。

4.16.2 形式

专名号的形式是一条直线，标注在相应文字的下方。

4.16.3 基本用法

4.16.3.1 标示古籍、古籍引文或某些文史类著作中出现的专有名词，主要包括人名、地名、国名、民族名、朝代名、年号、宗教名、官署名、组织名等。

示例1：孙坚人马被刘表率军围得水泄不通。（人名）

示例2：于是聚集冀、青、幽、并四州兵马七十多万准备决一死战。（地名）

示例3：当时乌孙及西域各国都向汉派遣了使节。（国名、朝代名）

示例4：从咸宁二年到太康十年，匈奴、鲜卑、乌桓等族人徙居塞内。（年号、民族名）

4.16.3.2 现代汉语文本中的上述专有名词，以及古籍和现代文本中的单位名、官职名、事件名、会议名、书名等不应使用专名号。必须使用标号标示时，宜使用其他相应标号（如引号、书名号等）。

4.17 分隔号

4.17.1 定义

标号的一种，标示诗行、节拍及某些相关文字的分隔。

4.17.2 形式

分隔号的形式是"/"。

4.17.3 基本用法

4.17.3.1 诗歌接排时分隔诗行（也可使用逗号和分号，见4.4.3.1/4.6.3.1）。

示例：春眠不觉晓/处处闻啼鸟/夜来风雨声/花落知多少。

4.17.3.2 标示诗文中的音节节拍。

示例：横眉/冷对/千夫指，俯首/甘为/孺子牛。

4.17.3.3 分隔供选择或可转换的两项，表示"或"。

示例：动词短语中除了作为主体成分的述语动词之外，还包括述语动词所带的宾语和/或补语。

4.17.3.4 分隔组成一对的两项，表示"和"。

示例1：13/14 次特别快车

示例2：羽毛球女双决赛中国组合杜婧/于洋两局完胜韩国名将李孝贞/李敬元。

4.17.3.5 分隔层级或类别。

示例：我国的行政区划分为：省（直辖市、自治区）/省辖市（地级市）/县（县级市、区、自治州）／乡（镇）／村（居委会）。

5 标点符号的位置和书写形式

5.1 横排文稿标点符号的位置和书写形式

5.1.1 句号、逗号、顿号、分号、冒号均置于相应文字之后，占一个字位置，居左下，不出现在一行之首。

5.1.2 问号、叹号均置于相应文字之后，占一个字位置，居左，不出现在一行之首。两个问号（或叹号）叠用时，占一个字位置；三个问号（或叹号）叠用时，占两个字位置；问号和叹号连用时，占一个字位置。

5.1.3 引号、括号、书名号中的两部分标在相应项目的两端，各占一个字位置。其中前一半不出现在一行之末，后一半不出现在一行之首。

5.1.4 破折号标在相应项目之间，占两个字位置，上下居中，不能中间断开分处上行之末和下行之首。

5.1.5 省略号占两个字位置，两个省略号连用时占四个字位置并须单独占一行。省略号不能中间断开分处上行之末和下行之首。

5.1.6 连接号中的短横线比汉字"－"略短，占半个字位置；一字线比汉字"一"略长，占一个字位置；浪纹线占一个字位置。连接号上下居中，不出现在一行之首。

5.1.7 间隔号标在需要隔开的项目之间，占半个字位置，上下居中，不出现在一行之首。

5.1.8 着重号和专名号标在相应文字的下边。

5.1.9 分隔号占半个字位置，不出现在一行之首或一行之末。

5.1.10 标点符号排在一行末尾时，若为全角字符则应占半角字符的宽度（即半个字位置），以使视觉效果更美观。

5.1.11 在实际编辑出版工作中，为排版美观、方便阅读等需要，或为避免某一小节最后一个汉字转行或出现在另外一页开头等情况（浪费版面及视觉效果差），可适当压缩标点符号所占用的空间。

5.2 竖排文稿标点符号的位置和书写形式

5.2.1 句号、问号、叹号、逗号、顿号、分号和冒号均置于相应文字之下偏右。

5.2.2 破折号、省略号、连接号、间隔号和分隔号置于相应文字之下居中，上下方向排列。

5.2.3 引号改用双引号"﹃""﹄"和单引号"﹁""﹂"，括号改用"︵""︶"，标在相应项目的上下。

5.2.4 竖排文稿中使用浪线式书名号"﹏﹏"，标在相应文字的左侧。

5.2.5 着重号标在相应文字的右侧，专名号标在相应文字的左侧。

5.2.6 横排文稿中关于某些标点不能居行首或行末的要求，同样适用于竖排文稿。

附录四：标点符号用法的补充规则

GB/T 15834-2011

A.1 句号用法补充规则

图或表的短语式说明文字，中间可用逗号，但末尾不用句号。即使有时说明文字较长，前面的语段已出现句号，最后结尾处仍不用句号。

  示例1：行进中的学生方队

  示例2：经过治理，本市市容市貌焕然一新。这是某区街道一景

A.2 问号用法补充规则

使用问号应以句子表示疑问语气为依据，而并不根据句子中包含有疑问词。当含有疑问词的语段充当某种句子成分，而句子并不表示疑问语气时，句末不用问号。

  示例1：他们的行为举止、审美趣味，甚至读什么书，坐什么车，都在媒体掌握之中。

  示例2：谁也不见，什么也不吃，哪儿也不去。

  示例3：我也不知道他究竟躲到什么地方去了。

A.3 逗号用法补充规则

用顿号表示较长、较多或较复杂的并列成分之间的停顿时，最后一个成分前可用"以及（及）"进行连接，"以及（及）"之前应用逗号。

  示例：压力过大、工作时间过长、作息不规律，以及忽视营养均衡等，均会导致健康状况的下降。

A.4 顿号用法补充规则

A.4.1 表示含有顺序关系的并列各项间的停顿，用顿号，不用逗号。下例解释"对于"一词用法，"人""事物""行为"之间有顺序关系（即人和人、人和事物、人和行为、事物和事物、事物和行为、行为和行为等六种对待关系），各项之间应用顿号。

  示例：［对于］表示人，事物，行为之间的相互对待关系。（误）

     ［对于］表示人、事物、行为之间的相互对待关系。（正）

A.4.2 用阿拉伯数字表示年月日的简写形式时，用短横线连接号，不用顿号。

  示例：2010、03、02（误）

    2010-03-02（正）

A.5　分号用法补充规则

分项列举的各项有一项或多项已包含句号时,各项的末尾不能再用分号。

示例:本市先后建立起三大农业生产体系:一是建立甘蔗生产服务体系。成立糖业服务公司,主要给农民提供机耕等服务;二是建立蚕桑生产服务体系。……;三是建立热作服务体系。……。(误)

本市行先后建市起三大农业生产体系:一是建立甘蔗生产服务体系。成立糖业服务公司,主要给农民提供机耕等服务。二是建立蚕桑生产服务体系。……。三是建立热作服务体系。……。(正)

A.6　冒号用法补充规则

A.6.1　冒号用在提示性话语之后引起下文。表面上类似但实际不是提示性话语的,其后用逗号。

示例1:郦道元《水经注》记载:"沼西际山枕水,有唐叔虞祠。"(提示性话语)

示例2:据《苏州府志》载,苏州城内大小园林约有150多座,可算名副其实的同林之城。(非提示性话语)

A.6.2　冒号提示范围无论大小(一句话、几句话甚至几段话),都应与提示性话语保持一致(即在该范围的末尾要用句号点断)。应避免冒号涵盖范围过窄或过宽。

示例:艾滋病有三个传播途径:血液传播、性传播和母婴传播,日常接触是不会传播艾滋病的。(误)

艾滋病有三个传播途径:血液传播、性传播和母婴传播。日常接触是小会传播艾滋病的。(正)

A.6.3　冒号应用在有停顿处,无停顿处不应用冒号。

示例1:他头也不抬,冷冷地问:"你叫什么名字?"(有停顿)

示例2:这事你得拿主意,光说"不知道"怎么行?(无停顿)

A.7　引号用法补充规则

"丛刊""文库""系列""书系"等作为系列著作的选题名,宜用引号标引。当"丛刊"等为选题名的部分时,放在引号之内,反之则放在引号之外。

示例1:"汉译世界学术名著丛书"

示例2:"中国哲学典籍文库"

示例3:"20世纪心理学通览"丛书

A.8　括号用法补充规则

括号可分为句内括号和句外括号。句内括号用于注释句子里的某些词语,即本身就是句子的一部分,应紧跟在被注释的词语之后。句外括号则用于注释句子、句群或段落,即本身结构独立,不属于前面的句子、句群或段落,应位于所注释语段的句末点号之后。

示例:标点符号足辅助文字记录语言的符号,是书面语的有机组成部分,用来表示语句的停顿、语气以及标示某些成分(主要是词语)的特定性质和作用。(数学符号、货币符号、校勘符号等特殊领域的专门符号不属于标点符号。)

A.9 省略号用法补充规则

A.9.1 不能用多于两个省略号（多于12点）连在一起表示省略。省略号须与多点连续的连珠号相区别（后者主要是用于表示目录中标题和页码对应和连接的专门符号）。

A.9.2 省略号和"等""等等""什么的"等词语不能同时使用。在需要读出来的地方用"等""等等""什么的"等词语，不用省略号。

  示例：含有铁质的食物有猪肝、大豆、油菜、菠菜……等。（误）

  含有铁质的食物有猪肝、大豆、油菜、菠菜等。（正）

A.10 着重号用法补充规则

不应使用文字下加直线或波浪线等形式表示着重。文字下加直线为专名号形式（4.16）；文字下加浪纹线是特殊书名号（A.13.6）。着重号的形式统一为相应项目下加小圆点。

  示例：下面对本文的理解，<u>不正确</u>的一项是（误）

  下面对本文的理解，不正确的一项是（正）

A.11 连接号用法补充规则

浪纹线连接号用于标示数值范围时，在不引起歧义的情况下，前一数值附加符号或计量单位可省略。

  示例：5公斤~100公斤（正）

    5~100公斤（正）

A.12 间隔号用法补充规则

当并列短语构成的标题中已用间隔号隔开时，不应再用"和"类连词。

  示例：《水星·火星和金星》（误）

    《水星·火星·金星》（正）

A.13 书名号用法补充规则

A.13.1 不能视为作品的课程、课题、奖品奖状、商标、证照、组织机构、会议、活动等名称，不应用书名号。下面均为书名号误用的示例：

  示例1：下学期本中心将开设《现代企业财务管理》《市场营销》两门课程。

  示例2：明天将召开《关于"两保两挂"的多视觉理论思考》课题立项会。

  示例3：本市将向70岁以上（含70岁）老年人颁发《敬老证》。

  示例4：本校共获得《最佳印象》《自我审美》《卡拉OK》等六个奖杯。

  示例5：《闪光》牌电池经久耐用。

  示例6：《文史杂志社》编辑力量比较雄厚。

  示例7：本市将召开《全国食用天然色素应用研讨会》。

  示例8：本报将于今年暑假举行《墨宝杯》书法大赛。

A.13.2 有的名称应根据指称意义的不同确定是否用书名号。如文艺晚会指一项活动时，不用书名号；而特指一种节目名称时，可用书名号。再如展览作为一种文化传播的组织形式时，不用书名号；特定情况下将某项展览作为一种创作的作品时，可用书名号。

示例1：2008年重阳联欢晚会受到观众的称赞和好评。

示例2：本台将重播《2008年重阳联欢晚会》。

示例3："雪域明珠——中国西藏文化展"今天隆重开幕。

示例4：《大地飞歌艺术展》是一部大型现代艺术作品。

A.13.3　书名后面表示该作品所属类别的普通名词不标在书名号内。

示例：《我们》杂志

A.13.4　书名有时带有括注。如果括注是书名、篇名等的一部分，应放在书名号之内，反之则应放在书名号之外。

示例1：《琵琶行（并序）》

示例2：《中华人民共和国民事诉讼法（试行）》

示例3：《新政治协商会议筹备会组织条例（草案）》

示例4：《百科知识》（彩图本）

示例5：《人民日报》（海外版）

A.13.5　书名、篇名末尾如有叹号或问号，应放在书名号之内。

示例1：《日记何罪！》

示例2：《如何做到同工又同酬？》

A.13.6　在古籍或某些文史类著作中，为与专名号配合，书名号也可改用浪线式"﹏﹏"，标注在书名下方。这可以看作是特殊的专名号或特殊的书名号。

A.14　分隔号用法补充规则

分隔号又称正斜线号，须与反斜线号"\"相区别（后者主要是用于编写计算机程序的专门符号）。使用分隔号时，紧贴着分隔号的前后通常不用点号。

附录五：标点符号若干用法的说明

GB/T 15834－2011

B.1 易混标点符号用法比较

B.1.1 逗号、顿号表示并列词语之间停顿的区别

逗号和顿号都表示停顿，但逗号表示的停顿长，顿号表示的停顿短。并列词语之间的停顿一般用顿号，但当并列词语较长或其后有语气词时，为了表示稍长一点的停顿，也可用逗号。

示例1：我喜欢吃的水果有苹果、桃子、香蕉和菠萝。

示例2：我们需要了解全局和局部的统一，必然和偶然的统一，本质和现象的统一。

示例3：看游记最难弄清位置和方向，前啊，后啊，左啊，右啊，看了半天，还是不明白。

B.1.2 逗号、顿号在表列举省略的"等""等等"之类词语前的使用

并列成分之间用顿号，末尾的并列成分之后用"等""等等"之类词语时，"等"类词前不用顿号或其他点号；并列成分之间用逗号，末尾的并列成分之后用"等"类词时，"等"类词前应用逗号。

示例1：现代生物学、物理学、化学、数学等基础科学的发展，带动了医学科学的进步。

示例2：写文章前要想好：文章主题是什么，用哪些材料，哪些详写，哪些略写，等等。

B.1.3 逗号、分号表示分句间停顿的区别

当复句的表述不复杂、层次不多，相连的分句语气比较紧凑、分句内部也没有使用逗号表示停顿时，分句间的停顿多用逗号。当用逗号不易分清多重复句内部的层次（如分句内部已有逗号），而用句号又可能割裂前后关系的地方，应用分号表示停顿。

示例1：她拿起钥匙，开了箱上的锁，又开了首饰盒上的锁，往老地方放钱。

示例2：纵比，即以一事物的各个发展阶段作比；横比，则以此事物与彼事物相比。

B.1.4 顿号、逗号、分号在标示层次关系时的区别

句内点号中，顿号表示的停顿最短、层次最低，通常只能表示并列词语之间的停

顿；分号表示的停顿最长、层次最高，可以用来表示复句的第一层分句之间的停顿；逗号介于两者之间，既可表示并列词语之间的停顿，也可表示复句中分句之间的停顿。若分句内部已用逗号，分句之间就应用分号（见 B.1.3 示例2）。用分号隔开的几个并列分句不能由逗号统领或总结。

示例1：有的学会烤烟，自己做挺讲究的纸烟和雪茄；有的学会蔬菜加工，做的番茄酱能吃到冬天；有的学会蔬菜腌渍、窖藏，使秋菜接上春菜。

示例2：动物吃植物的方式多种多样，有的是把整个植物吃掉，如原生动物；有的是把植物的大部分吃掉，如鼠类；有的是吃掉植物的要害部位，如鸟类吃掉植物的嫩芽。(误)。

动物吃植物的方式多种多样：有的是把整个植物吃掉，如原生动物；有的是把植物的大部分吃掉，如鼠类；有的是吃掉植物的要害部位，如鸟类吃掉植物的嫩芽。(正)。

B.1.5 冒号、逗号用于"说""道"之类词语后的区别

位于引文之前的"说""道"后用冒号。位于引文之后的"说""道"分两种情况：处于句末时，其后用句号；"说""道"后还有其他成分时，其后用逗号。插在话语中间的"说""道"类词语后只能用逗号表示停顿。

示例1：他说："晚上就来家里吃饭吧。"

示例2："我真的很期待。"他说。

示例3："我有件事忘了说……"他说，表情有点为难。

示例4："现在请皇上脱下衣服，"两个骗子说，"好让我们为您换上新衣。"

B.1.6 不同点号表示停顿长短的排序

各种点号都表示说话时的停顿。句号、问号、叹号都表示句子完结，停顿最长。分号用于复句的分句之间，停顿长度介于句末点号和逗号之间，而短于冒号。逗号表示一句话中间的停顿，又短于分号。

顿号用于并列词语之间，停顿最短。通常情况下，各种点号表示的停顿由长到短为：句号＝问号＝叹号＞冒号（指涵盖范围为一句话的冒号）＞分号＞逗号＞顿号。

B.1.7 破折号与括号表示注释或补充说明时的区别

破折号用于表示比较重要的解释说明，这种补充是正文的一部分，可与前后文连读；而括号表示比较一般的解释说明，只是注释而非正文，可不与前后文连读。

示例1：在今年——农历虎年，必须取得比去年更大的成绩。

示例2：哈雷在牛顿思想的启发下，终于认出了他所关注的彗星（该星后人称为哈雷彗星）。

B.1.8 书名号、引号在"题为……""以……为题"格式中的使用

"题为……""以……为题"中的"题"，如果是诗文、图书、报告或其他作品可作为篇名、书名看待时，可用书名号；如果是写作、科研、辩论、谈话的主题，非特定作品的标题，应用引号。即"题为……""以……为题"中的"题"应根据其类别分别按书名号和引号的用法处理。

示例1：有篇题为《柳宗元的诗》的文章，全文才2 000字，引文不实却达11处之多。

示例2：今天一个以"地球·人口·资源·环境"为题的大型宣传活动在此间举行。

示例3：《我的老师》写于1956年9月，是作者应《教师报》之约而写的。

示例4："我的老师"这类题目，同学们也许都写过。

B.2 两个标点符号连用的说明

B.2.1 行文中表示引用的引号内外的标点用法

当引文完整且独立使用，或虽不独立使用但带有问号或叹号时，引号内句末点号应保留。除此之外，引号内不用句末点号。当引文处于句子停顿处（包括句子末尾）且引号内未使用点号时，引号外应使用点号；当引文位于非停顿处或者引号内已使用句末点号时，引号外不用点号。

示例1："沉舟侧畔千帆过，病树前头万木春。"他最喜欢这两句诗。

示例2：书价上涨令许多读者难以接受，有些人甚至发出"还买得起书吗？"的疑问。

示例3：他以"条件还不成熟，准备还不充分"为由，否决了我们的提议。

示例4：你这样"明日复明日"地要拖到什么时候？

示例5：司马迁为完了成《史记》的写作，使之"藏之名山"，忍受了人间最大的侮辱。

示例6：在施工中要始终坚持"把质量当生命"。

示例7："言之无文，行而不远"这句话，说明了文采的重要。

示例8：俗话说："墙头一根草，风吹两边倒。"用这句话来形容此辈再恰当不过。

B.2.2 行文中括号内外的标点用法

括号内行文末尾需要时可用问号、叹号和省略号。除此之外，句内括号行文末尾通常不用标点符号。句外括号行文末尾是否用句号由括号内的语段结构决定：若语段较长、内容复杂，应用句号。句内括号外是否用点号取决于括号所处位置：若句内括号处于句子停顿处，应用点号。句外括号外通常不用点号。

示例1：如果不采取（但应如何采取呢？）十分具体的控制措施，事态将进一步扩大。

示例2：3分钟过去了（仅仅才3分钟！），从眼前穿梭而过的出租车竟达32辆！

示例3：她介绍时用了一连串比喻（有的状如树枝，有的貌似星海……），非常形象。

示例4：科技协作合同（包括科研、试制、成果推广等）根据上级主管部门或有关部门的计划签订。

示例5：应把夏朝看作原始公社向奴隶制国家过渡时期。（龙山文化遗址里，也有俯身葬。俯身者很可能就是奴隶。）

示例6：问：你对你不喜欢的上司是什么态度？

答：感情上疏远，组织上服从。（掌声，笑声）

示例7：古汉语（特别是上古汉语），对于我来说，有着常人无法想象的吸引力。

示例8：由于这种推断尚未经过实践的考验，我们只能把它作为假设（或假说）提出来。

示例9：人际交往过程就是使用语词传达意义的过程。（严格说，这里的"语词"应为语词指号。）

B.2.3 破折号前后的标点用法

破折号之前通常不用点号；但根据句子结构和行文需要，有时也可分别使用句内点号或句末点号。破折号之后通常不会紧跟着使用其他点号；但当破折号表示语音的停顿或延长时，根据语气表达的需要，其后可紧接问号或叹号。

示例1：小妹说："我现在工作得挺好，老板对我不错，工资也挺高。——我能抽支烟吗？"（表示话题的转折）

示例2：我不是自然主义者，我主张文学高于现实，能够稍稍居高临下地去看现实，因为文学的任务不仅仅在于反映现实。光描写现存的事物还不够，还必须记住我们所希望的和可能产生的事物。必须使现象典型化。应该把微小而有代表性的事物写成重大的和典型的事物。——这就是文学的任务。（表示对前几句话的总结）

示例3："是他——？"石一川简直不敢相信自己的耳朵。

示例4："我终于考上大学啦！我终于考上啦——！"金石开兴奋得快要晕过去了。

B.2.4 省略号前后的标点用法

省略号之前通常不用点号。以下两种情况例外：省略号前的句子表示强烈语气、句末使用问号或叹号时；省略号前不用点号就无法标示停顿或表明结构关系时。省略号之后通常也不用点号，但当句末表达强烈的语气或感情时，可在省略号后用问号或叹号；当省略号后还有别的话、省略的文字和后面的话不连续且有停顿时，应在省略号后用点号；当表示特定格式的成分虚缺时，省略号后可用点号。

示例1：想起这些，我就觉得一辈子都对不起你。你对梁家的好，我感激不尽！……

示例2：他进来了，……一身军装，一张朴实的脸，站在我们面前显得很高大，很年轻。

示例3：这，这是……？

示例4：动物界的规矩比人类还多，野骆驼、野猪、黄羊……，直至塔里木兔、跳鼠，都是各行其路，决不混淆。

示例5：大火被渐渐扑灭，但一片片油污又旋即出现在遇难船旁……。清污船迅速赶来，并施放围栏以控制油污。

示例6：如果……，那么……。

B.3 序次语之后的标点用法

B.3.1 "第""其"字头序次语，或"首先""其次""最后"等做序次语时，后用逗号（见4.4.3.3）。

B.3.2　不带括号的汉字数字或"天干地支"做序次语时，后用顿号（见4.5.3.2）。

B.3.3　不带括号的阿拉伯数字、拉丁字母或罗马数字做序次语时，后面用下脚点（该符号属于外文的标点符号）。

示例1：总之，语言的社会功能有三点：1. 传递信息，交流思想；2. 确定关系，调节关系；3. 组织生活，组织生产。

示例2：本课一共讲解三个要点：A. 生理停顿；B. 逻辑停顿；C. 语法停顿。

B.3.4　加括号的序次语后面不用任何点号。

示例1：受教育者应履行以下义务：（一）遵守法律、法规；（二）努力学习，完成规定的学习任务；（三）遵守所在学校或其他教育机构的制度。

示例2：科学家很重视下面几种才能：（1）想象力；（2）直觉的理解力；（3）数学能力。

B.3.5　阿拉伯数字与下脚点结合表示章节关系的序次语末尾不用任何点号。

示例：3 停顿

　　　3.1　生理停顿

　　　3.2　逻辑停顿

B.3.6　用于章节、条款的序次语后宜用空格表示停顿。

示例：第一课　春天来了

B.3.7　序次简单、叙述性较强的序次语后不用标点符号。

示例：语言的社会功能共有三点：一是传递信息；二是确定关系；三是组织生活。

B.3.8　同类数字形式的序次语，带括号的通常位于不带括号的下一层。通常第一层是带有顿号的汉字数字；第二层是带括号的汉字数字；第三层是带下脚点的阿拉伯数字；第四层是带括号的阿拉伯数字；

再往下可以是带圈的阿拉伯数字或小写拉丁字母。一般可根据文章特点选择从某一层序次语开始行文，选定之后应顺着序次语的层次向下行文，但使用层次较低的序次语之后不宜反过来再使用层次更高的序次语。

示例：一、……

（一）……

1. ……

（1）……

①/a. ……

B.4　文章标题的标点用法

文章标题的末尾通常不用标点符号，但有时根据需要可用问号、叹号或省略号。

示例1：看看电脑会有多聪明，让它下盘围棋吧

示例2：猛龙过江：本店特色名菜

示例3：严防"电脑黄毒"危害少年

示例4：回家的感觉真好
　　　　——访大赛归来的本市运动员
示例5：里海是湖，还是海？
示例6：人体也是污染源！
示例7：和平协议签署之后……

附录六：出版物上数字用法

GB/T 15835－2011

1 范围

本标准规定了出版物上汉字数字和阿拉伯数字的用法。

本标准适用于各类出版物（文艺类出版物和重排古籍除外）。政府和企事业单位公文，以及教育、媒体和公共服务领域的数字用法，也可参照本标准执行。

2 规范性引用文件

下列文件对于本文件的应用是必不可少的。凡是注日期的引用文件，仅注日期的版本适用于本文件。凡是不注日期的引用文件，其最新版本（包括所有的修改单）适用于本文件。

GB/T 7408－2005 数据元和交换格式 信息交换 日期和时间表示法

3 术语和定义

下列术语和定义适用于本文件。

3.1 计量 measuring

将数字用于加、减、乘、除等数学运算。

3.2 编号 numbering

将数字用于为事物命名或排序，但不用于数学运算。

3.3 概数 approximate number

用于模糊计量的数字。

4 数字形式的选用

4.1 选用阿拉伯数字

4.1.1 用于计量的数字

在使用数字进行计量的场合，为达到醒目、易于辨识的效果，应采用阿拉伯数字。

示例1：－1/5.03　34.05%　63%~68%　1:500　97/108

当数值伴随有计量单位时，如：长度、容积、面积、体积、质量、温度、经纬度、音量、频率等，特别是当计量单位以字母表达时，应采用阿拉伯数字。

示例2：523.56 km（523.56 千米）346.87 l.（346.87 升）　5.34 m^2（5.34 平方米）

567 mm³（567 立方毫米）　　605 g（605 克）　　100～150kg（100～150 千克）
34～39 ℃（34～39 摄氏度）北纬40°（40 度）120 dB（120 分贝）

4.1.2　用于编号的数字

在使用数字进行编号的场合，为达到醒目、易于辨识的效果，应采用阿拉伯数字。

示例：电话号码：98888

邮政编码：100871

通信地址：北京市海淀区复兴路 11 号

电子邮件地址：×186@186. net

网页地址：http：∥127. 0. 0. 1

汽车号牌：京 A00001

公交车号：302 路公交车

道路编号：101 国道

公文编号：国办发〔1987〕9 号

图书编号：ISBN 978 - 7 - 80184 - 224 - 4

刊物编号：CN11 - 1399

章节编号：4. 1. 2

产品型号：PH - 3000 型计算机

产品序列号：C84XB - JYVFD - P7HC4 - 6XKRJ - 7M6XH

单位注册号：02050214

行政许可登记编号：0684D10004 - 828

4.1.3　已定型的含阿拉伯数字的词语

现代社会生活中出现的事物、现象、事件，其名称的书写形式中包含阿拉伯数字，已经广泛使用而稳定下来，应采用阿拉伯数字。

示例：3G 手机　　MP3 播放器　　G8 峰会　　维生素 B_{12}　　97 号汽油　　"5·27"事件　　"12.5"枪击案

4.2　选用汉字数字

4.2.1　非公历纪年

干支纪年、农历月日、历史朝代纪年及其他传统上采用汉字形式的非公历纪年等等，应采用汉字数字。

示例：丙寅年十月十五日　　庚辰年八月五日　　腊月二十一　　正月初五
　　　八月十五中秋　　秦文公四十四年　　太平天国庚辰十年九月二十四日　　清咸丰十年九月二十　　藏历阳木龙年八月二十六　　日本庆应三年

4.2.2　概数

数字连用表示的概数、含"几"的概数，应采用汉字数字。

示例：三四个月　　一二十个　　四十五六岁　　五六万套
　　　几千　　二十几　　一百几十　　几万分之一

4.2.3　已定型的含汉字数字的词语

汉语中长期使用已经稳定下来的包含汉字数字形式的词语，应采用汉字数字。

示例：万一　一律　一旦　三叶虫　四书五经　星期五　四氧化三铁　八国联军
　　　　七上八下　一心一意　不管三七二十一　一方面　二百五　半斤八两
　　　　五省一市　"五讲四美"　相差十万八千里　八九不离十　白发三千丈
　　　　不二法门　二八年华　五四运动　"一·二八"事变　"一二·九"运动

4.3　选用阿拉伯数字与汉字数字均可

如果表达计量或编号所需要用到的数字个数不多，选择汉字数字还是阿拉伯数字在书写的简洁性和辨识的清晰性两方面没有明显差异时，两种形式均可使用。

示例 1：17 号楼（十七号楼）　3 倍（三倍）　第 5 个工作日（第五个工作日）
　　　　100 多件（一百多件）　20 余次（二十余次）　约 300 人（约三百人）
　　　　40 左右（四十左右）　50 上下（五十上下）　50 多人（五十多人）
　　　　第 25 页（第二十五页）　第 8 天（第八天）　第 4 季度（第四季度）
　　　　第 45 份（第四十五份）　共 235 位同学（共二百三十五位同学）
　　　　0.5（零点五）
　　　　76 岁（七十六岁）　120 周年（一百二十周年）　1/3（三分之一）
　　　　公元前 8 世纪（公元前八世纪）　20 世纪 80 年代（二十世纪八十年代）
　　　　公元 253 年（公元二五三年）　1997 年 7 月 1 日（一九九七年七月一日）
　　　　下午 4 点 40 分（下午四点四十分）　4 个月（四个月）　12 天（十二天）

如果要突出简洁醒目的表达效果，应使用阿拉伯数字；如果要突出庄重典雅的表达效果，应使用汉字数字。

示例 2：北京时间 2008 年 5 月 12 日 14 时 28 分
　　　　十一届全国人大一次会议（不写为"11 届全国人大 1 次会议"）
　　　　六方会谈（不写为"6 方会谈"）

在同一场合出现的数字，应遵循"同类别同形式"原则来选择数字的书写形式。如果两数字的表达功能类别相同（比如都是表达年月日时间的数字），或者两数字在上下文中所处的层级相同（比如文章目录中同级标题的编号），应选用相同的形式。反之，如果两数字的表达功能不同，或所处层级不同，可以选用不同的形式。

示例 3：2008 年 8 月 8 日　二〇〇八年八月八日（不写为"二〇〇八年 8 月 8 日"）
　　　　第一章 第二章……第十二章（不写为"第一章 第二章……第 12 章"）
　　　　第二章的下一级标题可以用阿拉伯数字编号：2.1，2.2，……

应避免相邻的两个阿拉伯数字造成歧义的情况。

示例 4：高三 3 个班　高三三个班（不写为"高 33 个班"）
　　　　高三 2 班　高三（2）班　（不写为"高 32 班"）

有法律效力的文件、公告文件或财务文件中可同时采用汉字数字和阿拉伯数字。

示例 5：2008 年 4 月保险账户结算日利率为万分之一点五七五零（0.015 750%）
　　　　35.5 元（35 元 5 角　三十五元五角　叁拾伍圆伍角）

5 数字形式的使用

5.1 阿拉伯数字的使用

5.1.1 多位数

为便于阅读,四位以上的整数或小数,可采用以下两种方式分节:

——第一种方式:千分撇

整数部分每三位一组,以",""分节。小数部分不分节。四位以内的整数可以不分节。

示例1:624,000 92,300,000 19,351,235.235 767 1256

——第二种方式:千分空

从小数点起,向左和向右每三位数字一组,组间空四分之一个汉字,即二分之一个阿拉伯数字的位置。四位以内的整数可以不加千分空。

示例2:55 235 367.346 23 98 235 358.238 368

注:各科学技术领域的多位数分节方式参照 GB 3101-1993 的规定执行。

5.1.2 纯小数

纯小数必须写出小数点前定位的"0",小数点是齐阿拉伯数字底线的实心点"."。

示例:0.46 不写为.46 或 0.46

5.1.3 数值范围

在表示数值的范围时,可采用浪纹式连接号"~"或一字线连接号"—"。前后两个数值的附加符号或计量单位相同时,在不造成歧义的情况下,前个数值的附加符号或计量单位可省略。如果省略数值的附加符号或计量单位会造成歧义,则不应省略。

示例: -36~-8C° 400~429 页 100—150 kg 12 500~20 000 元 9 亿~16 亿(不写为 9~16 亿) 13 万元~17 万元(不写为 13~17 万元)

15%~30%(不写为 15~30%)

4.3×10^6~5.7×10^6(不写为 4.3~5.7×10^6)

5.1.4 年月日

年月日的表达顺序应按照口语中年月日的自然顺序书写。

示例1:2008 年 8 月 8 日 1997 年 7 月 1 日

"年""月"可按照 GB/T 7408—2005 的 5.2.1.1 中的扩展格式,用"-"替代,但年月日不完整时不能替代。

示例2:2008-8-8 1997-7-1 8 月 8 日(不写为 8-8) 2008 年 8 月(不写为 2008-8)

四位数字表示的年份不应简写为两位数字。

示例3:"1990 年"不写为"90 年"

月和日是一位数时,可在数字前补"0"。

示例4:2008-08-08 1997-07-01

5.1.5 时分秒

计时方式既可采用 12 小时制,也可采用 24 小时制。

示例1：11时40分（上午11时40分）　21时12分36秒（晚上9时12分36秒）

时分秒的表达顺序应按照口语中时、分、秒的自然顺序书写。

示例2：15时40分　14时12分36秒

"时""分"也可按照（GB/T 7408－2005）的5.3.1.1和5.3.1.2中的扩展格式，用"："替代。

示例3：15：40　14：12：36

5.1.6　含有月日的专名

含有月日的专名采用阿拉伯数字表示时，应采用间隔号"·"将月、日分开，并在数字前后加引号。

示例："3·15"消费者权益日

5.1.7　书写格式

5.1.7.1　字体

出版物中的阿拉伯数字，一般应使用正体二分字身，即占半个汉字位置。

示例：234　57.236

5.1.7.2　换行

一个用阿拉伯数字书写的数值应在同一行中，避免被断开。

5.1.7.3　竖排文本中的数字方向

竖排文字中的阿拉伯数字按顺时针方向转90度。旋转后要保证同一个词语单位的文字方向相同。

示例：

> 示例一
> 雪花牌BCD188型家用电冰箱容量是一百八十八升，功率为一百二十五瓦，市场销售两千零五十元，退修率仅为百分之零点一五。
>
> 示例二
> 海军J112号打捞救生船在太平洋上航行了十三天，于一九九〇年八月六日零时

5.2　汉字数字的使用

5.2.1　概数

两个数字连用表示概数时，两数之间不用顿号"、"隔开。

示例：二三米　一两个小时　三五天　一二十个　四十五六岁

5.2.2　年份

年份简写后的数字可以理解为概数时，一般不简写。

示例："一九七八年"不写为"七八年"

5.2.3　含有月日的专名

　　含有月日的专名采用汉字数字表示时,如果涉及一月、十一月、十二月,应用间隔号"·"将表示月和日的数字隔开,涉及其他月份时,不用间隔号。

　　示例:"一·二八"事变　"一二·九"运动　五一国际劳动节

5.2.4　大写汉字数字

　　——大写汉字数字的书写形式

　　零、壹、贰、叁、肆、伍、陆、柒、捌、玖、拾、佰、仟、万、亿

　　——大写汉字数字的适用场合

　　法律文书和财务票据上,应采用大写汉字数字形式记数。

　　示例:3,504元(叁仟伍佰零肆圆)　　39,148元(叁万玖仟壹佰肆拾捌圆)

5.2.5　"零"和"〇"

　　阿拉伯数字"0"有"零"和"〇"两种汉字书写形式。一个数字用作计量时,其中"0"的汉字书写形式为"零",用作编号时,"0"的汉字书写形式为"〇"。

　　示例:"3 052(个)"的汉字数字形式为"三千零五十二"(不写为"三千〇五十二")

　　　　　"95.06"的汉字数字形式为"九十五点零六"(不写为"九十五点〇六")

　　　　　"公元2012(年)"的汉字数字形式为"二〇一二"(不写为"二零一二")

5.3　阿拉伯数字与汉字数字同时使用

　　如果一个数值很大,数值中的"万""亿"单位可以采用汉字数字,其余部分采用阿拉伯数字。

　　示例1:我国1982年人口普查人数为10亿零817万5 288人

　　除上面情况之外的一般数值,不能同时采用阿拉伯数字与汉字数字。

　　示例2:108可以写作"一百零八",但不应写作"1百零8""一百08"

　　　　　4 000可以写作"四千",但不应写作"4千"

主要参考文献

［1］耿云巧，马俊霞．现代应用文写作［M］．北京：清华大学出版社，2005．
［2］张中伟．应用文写作［M］．北京：中国财政经济出版社，2007．
［3］董小玉．现代实用写作训练教程［M］．北京：高等教育出版社，2006．
［4］裴显生，岳海翔．公文写作教程［M］．北京：高等教育出版社，2005．
［5］王粤钦，刘洪英．新编应用写作［M］．大连：大连理工大学出版社，2005．
［6］徐成华等．党政机关公文格式国家标准应用指南［M］．北京：中国质检出版社，中国标准出版社，2012．